甘肃省馆藏祁连山与黄河历史生态环境档案叙录

GANSUSHENG GUANCANG QILIANSHAN YU HUANGHE LISHI SHENGTAI HUANJING DANGAN XULU

丛书主编 / 张秀丽　张景平

● 洮河大夏河卷

TAOHEDAXIAHEJUAN

主编 / 储竞争
李永新
杜　刚
仇　红

兰州大学出版社
LANZHOU UNIVERSITY PRESS

图书在版编目（CIP）数据

甘肃省馆藏祁连山与黄河历史生态环境档案叙录. 洮河大夏河卷 / 张秀丽，张景平丛书主编；储竞争等主编. 兰州 ：兰州大学出版社，2024. 12. -- ISBN 978-7-311-06779-3

Ⅰ. X321.242

中国国家版本馆 CIP 数据核字第 20247LM543 号

责任编辑　熊　芳　张国梁　冯宜梅　武素珍
封面设计　汪如祥

书　　名	**甘肃省馆藏祁连山与黄河历史生态环境档案叙录** **洮河大夏河卷**
作　　者	储竞争　李永新　杜　刚　仇　红　主编
出版发行	兰州大学出版社　（地址:兰州市天水南路222号　730000）
电　　话	0931-8912613(总编办公室)　0931-8617156(营销中心)
网　　址	http://press.lzu.edu.cn
电子信箱	press@lzu.edu.cn
印　　刷	陕西龙山海天艺术印务有限公司
开　　本	880 mm×1230 mm　1/16
成品尺寸	210 mm×285 mm
印　　张	14(插页8)
字　　数	341千
版　　次	2024年12月第1版
印　　次	2024年12月第1次印刷
书　　号	ISBN 978-7-311-06779-3
定　　价	160.00元

《甘肃省馆藏祁连山与黄河历史生态环境档案叙录》

编纂委员会

名誉主任	卢琼华
主　任	张秀丽　张景平

委　员　白　静　马保福　李海洋　李永新　陈乐道

　　　　寇　雷　刘永明　王杰元　孟晓婕　赵玉梅

　　　　强德雄　李艳萍　何忠兰　杜　刚　仇　红

　　　　杨红星　王敏丽　冯丽莉　张　琼　梁　鹰

　　　　郭潇月　陈志刚　储竞争　王兴振

参与编纂单位

牵头单位	甘肃省档案馆　　兰州大学
合作单位	酒泉市档案馆　　张掖市档案馆
	武威市档案馆　　白银市档案馆
	定西市档案馆　　天水市档案馆
	平凉市档案馆　　临夏回族自治州档案馆
	庆阳市档案馆　　甘南藏族自治州档案馆

依托课题

本丛书系国家重点档案保护与开发项目成果

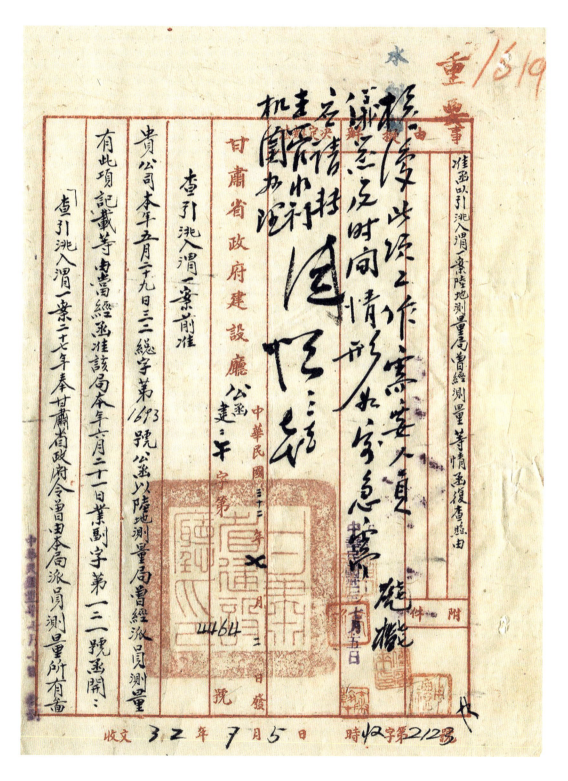

▲《甘肃省建设厅与甘肃水利林牧实业股份有限公司等单位关于引洮入渭的往来公文与相关文件》
〔039-001-0506-（0001-0007），甘肃省档案馆藏〕

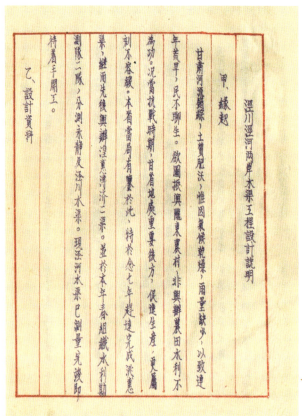

《洮河水文渠道工程计划书》(027-004-0507-0001,甘肃省档案馆藏)

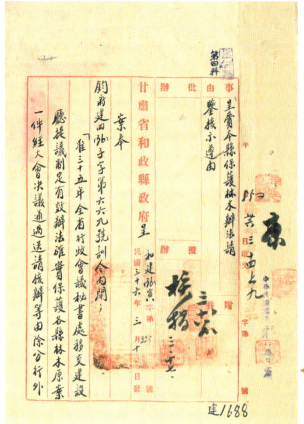

《和政县、定西县、西吉县等县政府关于报送保护林木实施办法的呈文及甘肃省政府的训令》[027-001-0635-(0001-0012),甘肃省档案馆藏]

甘肃省临泽县二十六年度上季农林建设实施情形报告表

工作类别	工作项目	实施情形	备考
育苗及造林及林护	（1）育苗	甲、县苗圃之育苗，省有青苗五种，本年共育各种苗木，楡柳杨等苗共计贰拾市亩，约10000尺。县属各村苗圃约13000株，约20000圆之林。乙、低岩四周现正着手办理中。	
	（2）造林	甲、县属团体植树共育绿拾叁株，共音绿拾叁株。乙、人民植树，公路植树各乡壹千株，荒山植树群壹伍千株。	
	（3）护林	甲、本年所植树木之保护情形各乡镇分别保护之。乙、森林落案，甘肃森林落案第六条规定各村保护之。丙、树木价值之规定，约公债金之数，即行保护植树。	
土木工程	甲、堤坝	甲、所报本季之工程，计有堤坝新筑各乡镇。乙、疏浚河渠，每年均须疏浚主要公尺，共支乡渠，总计之二五〇〇公尺。丙、每户均须设五尺公尺。	
防治病虫害	春疫、黑穗病小治	甲、达疫情形，楡柳前送辉山粉堆满，小疫症举。乙、楡柳前定咨查堆视定用灰水堆楂，每本年春辰候。丙、每户定咨堆视定设五宣程区不咨调理。	

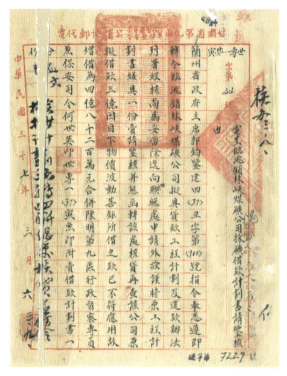

▲《甘肃省第九区行政督察专员公署兼保安司令公署报送临洮锁林峡煤矿公司采矿借款计划书致甘肃省政府的代电》（027-005-0634-0012，甘肃省档案馆藏）

▲《甘肃水文总站与李家村水文气象站就发给水文流量记载表的往来公文》[039-001-0572-（0007-0008），甘肃省档案馆藏]

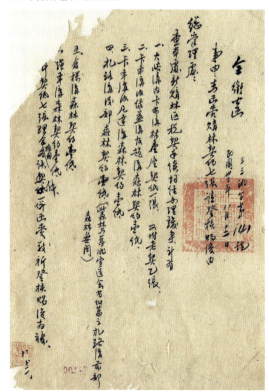

▼《民国三十三年（1944）洮河林场函送7张购林契约给甘肃水利林牧公司总管理处》（039-001-0228-0023，甘肃省档案馆藏）

▼《民勤、榆中、文县、夏河、通渭、武都、泾川、景泰、成县县政府报送甘肃省政府本县畜牧概况表及交通略图》（027-002-0128，甘肃省档案馆藏）

前　言

　　党的十八大以来，生态文明建设被纳入中国特色社会主义事业"五位一体"总体布局，融入经济、政治、文化、社会建设的各方面和全过程。在习近平生态文明思想指引下，我国生态环境事业取得历史性成就，美丽中国日益从蓝图成为现实，中华民族永续发展得到了更好的保障。甘肃地处中国西北，是全国生态文明建设的重要区域，森林草原保护、水源涵养、荒漠化防治、水土流失治理方面的任务十分繁重。习近平总书记对甘肃生态环境保护工作始终高度关注，多次对祁连山治理作出重要批示，强调要筑牢生态安全屏障，推动祁连山生态环境保护由乱到治；两次亲临黄河兰州段视察，擘画并推动了黄河流域生态保护和高质量发展战略的全面展开。从"黄河之滨也很美"的寄语到"黄河很美，将来会更美"的期待，习近平总书记的关怀与嘱托，为甘肃省生态环境事业指明了方向。

　　党的二十届三中全会明确指出，必须完善生态文明制度体系，协同推进降碳、减污、扩绿、增长，积极应对气候变化，加快完善落实绿水青山就是金山银山理念的体制机制。注重从历史中挖掘精神价值、总结经验教训，并为现实与未来提供借鉴，是中华文化的突出特点。历史档案作为珍贵的第一手文献，对研究区域生态环境的长时段演化规律以及特定时空范围内人与自然互动机制有着独特而不可替代的价值和作用。面对时代的召唤，档案界与史学界应主动作为，积极回应国家关切、面向现实需求，努力为生态文明建设做出自己应有的贡献。

　　甘肃省档案馆与兰州大学在历史档案开发编研方面有着长时间的合作历史，双方致力于历史档案中生态环境资料的联合挖掘与共同研究。在实践中我们意识到，有必要提出"历史生态环境档案"这一概念，将记录历史时期"山水林田湖草沙"等生态要素客观状况以及人类的认识开发活动的档案文献视为一个整体，围绕当前生态文明建设的实际需求，以多学科协作、系统化推进的方式加以整理研究。

　　甘肃省各级档案部门收藏的历史生态环境档案以民国档案为主，数量丰富、来源明晰、谱系完整。但这些珍贵文献散布于篇帙浩瀚的档案海洋中，分属不同全宗、没有专门标签，不利于全面有效检索，更遑论系统开发利用。为此，我们借鉴了古籍整理与历史文献学经典工作方式，将撰写"叙录"作为甘肃馆藏历史生态环境档案整理研究的第一突破口，开启了"甘肃省馆藏祁连山与黄河历史生态环境档案叙录"丛书的编写工作。"叙录"是古代目录学体系中的重要载体，是历史文献学研究的必备工具，具有勾勒源流、略观大意的指示功能，与档案系统熟悉的各类档案馆指南存在明显的亲缘关系。我们首次将"叙录"编写引入历史档案编研工作中，旨在通过对甘肃省各级馆藏档案的深入调查，探索大批量专题历史档案的信息提取汇集，提升历史档案检索与体系化运用的效率。

"甘肃省馆藏祁连山与黄河历史生态环境档案叙录"丛书共分为7卷，分别为《总叙卷》《黄河干流卷》《洮河大夏河卷》《渭河卷》《泾河卷》《祁连山河西走廊西部卷》和《祁连山河西走廊东部卷》。本套丛书按祁连山-河西走廊与黄河流域甘肃境内主要水系为原则进行分卷，原因有三：其一，甘肃省地域面积广大，涉及档案数量众多，以地域与流域为标准的划分，有助于读者更为精准地检索相关信息；其二，甘肃省内部各区域生态环境禀赋差异极大，涉及的经济、社会、文化问题差异极大，以地域与流域为标准分卷，有助于展现各区域生态环境演化史的内在规律、增强文献获取的针对性；其三，此种以地域与流域为单位的整理思路渊源有自，承袭自中国治水文献整理方法与地理学著作修纂原则，展现出对文化传统的继承。在丛书各卷之下，我们兼顾当前生态环境工作所涉及的主要方面与历史档案的内容特点进行分类，有助于有关单位及学术工作者全面、准确、方便检索档案文献，为相关档案的全面整理、系统刊布与深入研究打下坚实基础，也将为全国历史生态环境类档案的编研工作提供某些有益的借鉴。

"甘肃省馆藏祁连山与黄河历史生态环境档案叙录"丛书的正式谋划开启于2019年9月，获得了国家档案局与甘肃省档案局的大力支持，被列入国家重点档案保护与开发项目，于2021年初正式开展有关工作。甘肃省档案馆与兰州大学派出精兵强将组成联合课题组，将档案部门的馆藏资源优势与高等院校的智力资源优势充分结合起来，克服各种困难、跋涉上万公里，于2024年全面完成甘肃省各级档案馆藏祁连山与黄河历史生态环境档案的调查与叙录编写任务，相关成果获得了验收专家的高度肯定。在调查与编写工作中，甘肃省各市州档案馆领导及一线工作人员对我们的工作给予全力支持，来自省内外各领域、各行业的专家学者为我们的工作厘清思路、把脉问诊，提出了诸多提纲挈领的建设性意见。在此，我们谨向参与、关心、支持"甘肃省馆藏祁连山与黄河历史生态环境档案叙录"丛书编写工作的社会各界人士，表示由衷的感谢。

"甘肃省馆藏祁连山与黄河历史生态环境档案叙录"丛书的编写工作无先例可循，于档案部门还是历史学界，都是一次全新的尝试。限于学力与水平，本套丛书在体例设计等方面还存在诸多不足；各档案收藏单位的著录与开放情况不尽相同，加之任务繁重、工期紧迫，内容搜罗难免有所遗漏，我们诚恳接受方家与读者的批评。我们期待丛书出版能够抛砖引玉，为推动中国历史生态环境档案的整理研究工作做出甘肃贡献。

张秀丽　张景平

2024年11月20日

《洮河大夏河卷》叙记

一、洮河、大夏河流域自然概况

（一）洮河

洮河，位于中国甘肃省南部，是甘肃省境内黄河的第一大支流，也是黄河上游地区的第二大支流，甘肃第三大河。藏语称"碌曲"，意为龙水或神水[1]。洮河发源于青海省河南蒙古族自治县境内的西倾山东麓勒尔当草原，在甘肃省碌曲县境西部的西倾山东麓流入甘肃省。洮河向东流经碌曲、卓尼、岷县，汇下巴沟、车巴沟、卡车沟、大峪沟、迭藏河，至岷县茶埠急转向西北，汇羊沙河、冶木河，穿白石山区的石门，出九甸峡与海甸峡后入临洮盆地，右有南川河、东峪河，左有三岔河、广通河汇入，最终在临夏回族自治州永靖县境内的刘家峡水库大坝上游汇入黄河。洮河自源头至刘家峡水库，形如一横卧的字母"L"。其总长度为673.0公里。[2]

洮河流域地跨两大地貌单元：甘南高原和陇西黄土高原。南部为甘南高原，北部属陇西黄土高原。流域上游在甘南高原。甘南高原是青藏高原的东北缘，海拔3500～4000米，最高峰额尔宰峰高4483米。甘南高原地势坦荡，河流切割轻微。山间除森林覆盖外，大部分是平坦开阔的草滩和山坡牧场。牧草丰盛，是本流域的牧业基地。流域中游地处甘南高原、陇西黄土高原和陇南山地的交错地带，海拔2500～3000米，露骨山高3941米，是黄土高原的最高峰[3]。这里地形陡峻，山大沟深，多峡谷，如石门峡、九甸峡、海甸峡等均在此段。流域下游位于陇西黄土高原，黄土覆盖深厚，地形破碎，植被覆盖率低，水土流失较重，是洮河的主要产沙区。地层方面，上游主要是三叠系地层；中游以泥盆系、石炭系、二叠系地层为主；下游则是白垩系、第三系地层。第四系沉积堆积物在流域内广泛分布。泥盆系至三叠系地层，因受不同程度造山运动的影响，稍有变质。岩性主要是砂岩、板岩、页岩、灰岩等，局部见有大理岩、闪长岩、花岗岩。白垩系、第三系地层较完整，岩性为砾岩、砂砾岩、砂岩、页岩、砂质黏土等[4]。

洮河流域范围约为25527平方千米[5]，涉及青海省黄南藏族自治州的河南蒙古族自治县；甘

---

[1] 甘肃省地方史志编纂委员会编：《甘肃省志·自然地理志》，甘肃文化出版社，2018，第293页。

[2] 甘肃省地方史志编纂委员会编：《甘肃省志·自然地理志》，甘肃文化出版社，2018，第293-294页。

[3] 杨成有、刘进琪：《甘肃江河地理名录》，甘肃人民出版社，2014，第66页。

[4] 杨成有、刘进琪：《甘肃江河地理名录》，甘肃人民出版社，2014，第67页。

[5] 杨林山：《气候变化与人类活动对洮河流域水文过程的影响》，兰州大学硕士学位论文，2015年，第1页。

肃省甘南藏族自治州的碌曲县、临潭县、卓尼县、夏河县、合作市、迭部县；临夏回族自治州的和政县、广河县、东乡族自治县、康乐县、永靖县；定西市的岷县、渭源县和临洮县，一共15个县（市）[①]。洮河多年平均径流量53亿立方米，占兰州以上黄河总径流量的15.4%。在黄河几大支流中，洮河河长居第八位，流域面积居第六位。流域内年平均降水总量为155亿立方米，占黄河流域总降水量的4.17%，居第二位；地表水年平均资源量53.1亿立方米，占黄河流域总地表水年平均资源量的8.02%，居第二位；地下水年平均资源量为21亿立方米，占黄河流域总地下水资源量的5.17%，居第四位；平均年产水模数为20.81万立方米/平方公里，[②]为甘肃中部提供了丰富的水资源。从洮河流域的水资源理论蕴藏量来看，洮河干流及其主要支流水力资源理论蕴藏量190.8万千瓦，其中干流为146.9千瓦，占80%，技术可开发装机容量74.4万千瓦，经济可开发装机容量63.4千瓦[③]。洮河的水资源对于甘肃省中部地区的农林业生产、自然环境和人民群众生活具有极为重要的意义。洮河流域内人均水资源占有量和耕地亩均水资源占有量都较高，分别相当于全省平均数的225%和272%，可见流域内水资源相当丰富。年输沙量2910万吨，平均含沙量仅为黄河流域平均数的1/6，是一条少沙支流。洮河水力资源开发条件好，开发前景十分可观。[④]

洮河流域面积较大，同时高程变化也较大。该流域由一系列西北—东南走向的山地组成，山地内形成明显的气候垂直带，即低山温暖半湿润气候、中山温凉湿润气候和高山寒冷湿润气候[⑤]。自北向南来看，白石山、腊利大山、大石山、迭山等山脉层峦叠嶂[⑥]，山间仍保有诸多古冰川遗留的冰蚀遗迹、神秘的溶岩洞穴和奇特的风蚀地貌。流域上下游之气候亦不一，各地相差较大。总的而言，洮河流域属于甘南高寒湿润气候区。洮河上游地区包括岷县西寨以上部分，约长384千米，气候寒冷、阴湿，降水较多。以冶木河上游之美武草原等地区为例，此地年降水量可达到650毫米。[⑦]西寨至临洮县的海甸峡为洮河中游地区长148千米，开始由高寒阴湿向湿润、半湿润过渡。下游地区包括海甸峡以下部分，趋向干旱温和[⑧]。这就形成了洮河流域森林与草地镶嵌分布的植被景观。[⑨]

（二）大夏河

大夏河，位于黄河右岸，古称"漓水"。大夏河发源于青海省同仁县南部和甘肃省夏河县西部交界，流经甘肃省临夏市，于临夏县塔庄张村注入黄河刘家峡水库。河道全长215千米，流域面积7169平方千米，面积50平方千米以上河流37条，面积500平方千米以上河流5条。其多年平均流量28.4立方米/秒，年径流量11.41亿立方米，多年平均输沙量249万吨，平均含沙量2.96

① 杨林山：《气候变化与人类活动对洮河流域水文过程的影响》，兰州大学硕士学位论文，2015，第8页。
② 薄乖民、何录德主编：《甘肃洮河自然保护区科学考察报告》，西安地图出版社，2006，第40页。
③ 杨成有、刘进琪：《甘肃江河地理名录》，甘肃人民出版社，2014，第67页。
④ 甘肃省地方史志编纂委员会编：《甘肃省志·自然地理志》，甘肃文化出版社，2018，第294页。
⑤ 薄乖民、何录德主编：《甘肃洮河自然保护区科学考察报告》，西安地图出版社，2006，第65页。
⑥ 冯绳武：《甘肃地理概论》，甘肃教育出版社，1989，第223页。
⑦ 薄乖民、何录德主编：《甘肃洮河自然保护区科学考察报告》，西安地图出版社，2006，第45页。
⑧ 甘肃省中职业学校专业学科课程组编：《甘肃地理》，甘肃人民出版社，2016，第34页。
⑨ 尹祚栋、赫卓峰、姚刚：《白龙江、洮河林区综合考察报告》；尹祚栋、赫卓峰主编：《白龙江、洮河林区综合考察论文集》，上海科学技术出版社，1991，第3页。

千克/立方米。①

大夏河亦属黄河水系，其流域整体位于洮河西部。上游在土门关以上，地处甘南高原，支流众多。上源由尕尔玛河与桑科曲汇合而成。西源尕尔玛河发源于青海省东部同仁县南部海拔4281米的尕浪寺东南，北流折向东北流，经多哇河转向东南流，进入夏河县，在桑科汇合南源；南源桑科曲发源于夏河县西北海拔4221米的加威也卡山北侧，东北流至桑科汇合西源后始称大夏河②。大夏河过夏河县折向东流，至完尕滩再折而北流，在完尕滩有咯河自南来汇。北行至麻当有铁龙河自西汇入，再东北流至土门关进入中下游。中下游位于临夏市和临夏县境内，地处黄土高原，地形比较开阔，两岸亦有短小支流汇入。大夏河出土门关东北流至双城，左岸有老鸦关河、右岸有槐树关河相对汇入，再东北流入临夏市，左有红河、右有牛津河相对汇入，然后北流经折桥、山根村又转向西北流，经泄湖峡到河西乡塔张村注入黄河刘家峡水库③。主要流经夏河、临夏、东乡三县④。

大夏河上游气候湿冷，多为石质山区，海拔2500米以上。除太子山有部分林木外，余均为甘南藏族自治州草场。相对来说植被较好，水分涵养能力较强。下游流经黄土高原，沟壑纵横，植被较差，水土流失严重，暴雨、泥石流、滑坡频发。降水具有北多南少的特征，南部双城到太子山山前地带为降水高值区⑤。

大夏河水资源和水能资源丰富。它的支流中，大纳昂河、咯河、铁龙沟是最为重要的。大纳昂河水能资源较为丰富，有20世纪80年代建成的桑科电站，装机容量1130千瓦，年发电量600千瓦时。如今已运行近40年，为大夏河水能资源开发做出了重要的贡献。进入21世纪后，桑科电站坝内淤泥有一定淤积，调节作用减弱⑥。咯河又称喀河，其流域是甘南藏族自治州政治、经济、文化中心及州府所在地——合作市，流域内人口较为密集⑦。铁龙沟是大夏河左岸支流，发源于夏河县甘加乡西部甘青边界群乌雷更山，流经甘加、麻当两乡，于麻当乡前汇入大夏河。铁龙沟流域地势西北高、东南低，在甘加乡境内的草原极为广阔、地势平坦，而进入麻当乡后则呈现出沟壑纵横、山峦重叠的景观，令人流连忘返⑧。

洮河、大夏河作为黄河干流，对甘肃省来说具有极为重要的意义。它在兰州以上的流域面积较小，年降水量又较中下游少，但由于地势高、蒸发量小、地面渗水较弱，所以径流深度均大于兰州以东各段。而且，由于兰州以上冰雪融水补给多，每年仅12月到次年3月出现枯水现象，年径流变化均较中下游小，河流平均含沙量小⑨。如此情况，皆是下游所不具备的，都是开发黄河的有利条件。

① 甘肃省地方史志编纂委员会编：《甘肃省志·自然地理志》，甘肃文化出版社，2018，第288页。
② 杨成有、刘进琪：《甘肃江河地理名录》，甘肃人民出版社，2014，第83页。
③ 杨成有、刘进琪：《甘肃江河地理名录》，甘肃人民出版社，2014，第85页。
④ 李小荣：《大夏河流域水文特性分析》，《甘肃水利水电技术》第46卷第7期，2010，第17页。
⑤ 李小荣：《大夏河流域水文特性分析》，《甘肃水利水电技术》第46卷第7期，2010，第17页。
⑥ 杨成有、刘进琪：《甘肃江河地理名录》，甘肃人民出版社，2014，第86-87页。
⑦ 杨成有、刘进琪：《甘肃江河地理名录》，甘肃人民出版社，2014，第88-89页。
⑧ 杨成有、刘进琪：《甘肃江河地理名录》，甘肃人民出版社，2014，第90页。
⑨ 兰州大学地质地理系编：《甘肃省地理》，商务印书馆，1960，第39页。

二、洮河、大夏河流域历史概况

洮河、大夏河流域是我国地形地貌上的一级台地向二级台地的过渡地带。在历史上，该区域是游牧文化与农耕文化交汇之地，曾活跃过汉族以及羌、氐、匈奴、鲜卑族、藏族、蒙古族、回族等众多民族。这些民族在漫长的时间里交往交流交融，最终形成了今天该区域的汉族、藏族、回族等多民族聚居的局面。

在1.5万年前的旧石器时代，洮河、大夏河流域即有先民活动的痕迹[①]；而进入新石器时代，人类在该区域的活动则更为频繁，以今天临夏州为核心区域的马家窑文化和以齐家坪遗址为代表的齐家文化、辛店文化、寺洼文化等新石器时代的文化遗存反映出该时期的洮河、大夏河流域的人类活动踪迹的广布和社会文化的繁荣。

先秦时期，洮河、大夏河流域为西戎、羌、氐等游牧民族所据，是为"故罕羌侯邑"与"禹贡雍州之地，故西羌地也[②]"。但随着秦国的崛起，该流域的部分地区开始纳入到中原政权的管辖范围内，秦穆公三十七年（前623），"秦用由余谋伐戎王，益国十二，拓地千里，遂霸西戎[③]"，中原政权的影响力开始进入洮河、大夏河流域；至秦昭襄王二十八年（前279）时，秦置陇西郡，辖临洮、狄道等县，后又灭罕羌侯，置枹罕县，洮河及大夏河的中下游地区即纳入中原政权的直接管辖。再至秦代修筑长城，其起始段"就是顺着洮河而下到今天的永靖县附近，以'堑溪谷'的形式铲削洮河右岸，使之陡峭如墙[④]"，是为中原政权加强对洮河、大夏河流域管理的力证。在汉代，洮河、大夏河的大部分区域归属于凉州刺史部下的陇西郡、金城郡管辖，两郡之下又设有狄道、大夏、临洮（南部都尉治）、枹罕、白石等县[⑤]；此时的大夏河、洮河流域是西汉、东汉政权与羌族交锋的前线，羌族、汉族正是在血与火的碰撞中逐渐交融。三国时，洮河、大夏河流域的大部分地区都属魏，依旧是由陇西郡及金城郡管辖；西晋时，属秦州陇西国；在十六国及南北朝时期，该区域曾先后归前赵、前凉、前秦、后凉、西秦、后秦、南凉、北魏、西魏、北周统治，其下州、郡、县置废改易无常，但后世所熟知的河州、洮州建置之始可追溯到此时。至隋大业年间，洮河、大夏河流域大部分地区则是属于临洮郡、枹罕郡、金城郡管辖；唐贞观年间，分天下为十道，洮河、大夏河流域的诸州则属陇右道管辖。自东晋十六国时期至唐高宗年间，在洮河、大夏河流域的中上游地区，吐谷浑政权也不断在扩张自己的势力，并与在该区域的中央或地方政权产生诸多纷争纠葛。在唐龙朔三年（663）吐谷浑被吐蕃所灭后，吐蕃政权则替代吐谷浑在该区域与中原王朝争夺统治权，至安史之乱期间，唐军东撤，洮河、大夏河流域的岷州、河州、洮州等地于761—763年相继陷于吐蕃，之后该区域成为吐蕃王朝与内地中原王朝接壤的重要政治、经济、文化中心。至北宋真宗咸平年间，河湟地区的吐蕃人拥立唃厮啰建立地方政权，洮河、大夏河流域广大地区为其所统治，宋仁宗宝元元年（1038），仁宗加封唃厮啰保顺、河西节度使，洮、凉州刺史。至神宗熙宁年间，王韶进取河湟，

① 谢骏义：《甘肃西部和中部旧石器考古的新发现及其展望》，《人类学学报》1991年第1期，第28页。
② 〔唐〕李吉甫：《元和郡县图志》卷39"陇右道上"，中华书局，1983，第988、995、997页。
③ 〔汉〕司马迁：《史记》卷5《秦本纪》，中华书局，1959，第194页。
④ 徐卫民：《秦始皇长城研究综述》；梁安和、徐卫民编：《秦汉研究》（第6辑），陕西人民出版社，2012，第319页。
⑤ 《汉书》卷28下《地理志》，中华书局，1962，第1610-1611页。

熙宁六年（1073），熙、河、洮、岷等州收复，属秦凤路管辖，结束了吐蕃政权对于大夏河、洮河流域300多年的统治。至南宋与金签订绍兴和议（1141）后，洮河、大夏河流域洮州、河州等地被割让于金，金置临洮路，在此期间，该地一直为金、宋、吐蕃之间交流碰撞的战略要地。元朝时，洮河、大夏河流域除了洮河下游的部分地区属于陕西行省临洮府管辖，其余地区皆置于宣政院辖地脱思麻路吐蕃宣慰司下管辖。

自先秦至元，由于朝代政权的更迭，汉族、羌族、鲜卑族、藏族、蒙古族等诸民族间的交流与碰撞，洮河、大夏河流域的政权归属、行政区划设置屡有变动，成为不同势力展开激烈争夺的战略要地，同时也是不同政权、民族进行贸易、文化交流的重要场所。至明清时期，由于中央王朝的统治趋于稳定及其影响力的扩张，洮河、大夏河流域的政权归属较为明确固定，中央对该地区的管理进一步加强。在政治方面，明洪武初年，中央相继在洮河、大夏河流域设立河州卫（后改其右卫为河州卫军民指挥使司）、洮州千户所（初属河州卫管辖，后改为洮州卫军民指挥使司）、岷州千户所（后次第改为岷州卫、岷州卫军民指挥使司）管辖①；同时封授大批土司、土官、僧纲等来管理该地区民族事务。明永乐二年，卓泥（尼）族番人"率叠番、达拉等族投诚，十六年授土官指挥佥事，正德间玄孙旺秀调京引见，赐姓名杨洪"②，是为卓尼杨土司之最初形成。清朝统一全国后，初沿袭明制，洮河、大夏河流域属陕西布政使司临洮府、巩昌府管辖，康熙初年陕甘分治，后该区域属甘肃省兰州府、巩昌府管辖，其下辖诸州县卫所也多有变化，雍正初年，并河州卫入河州，属兰州府管辖，岷州卫则是先裁卫置厅，后又改厅为州，仍属巩昌府；乾隆十三年（1748）洮州卫改卫为厅，属巩昌府；清乾隆二十七年（1762）设循化理番厅，辖南番21寨（大夏河上游部分地涵盖其中）；在行政建置上，由卫改州、厅的转变，也彰显着中央对于洮河、大夏河流域的政治控制的加强。在经济上，明清时期汉族、藏族贸易更加频繁，明洪武初"设茶马司于秦、洮、河、雅诸州，自碉门、黎、雅抵朵甘、乌斯藏，行茶之地五千余里，西方诸部落无不以马售者"③，"茶马互市"的传统得到了政府的支持与管控，得以进一步发展与繁荣，而当茶马贸易重要交通孔道的洮河、大夏河流域其经济得到迅速发展，形成了河、洮、岷诸多贸易市场。清初仍沿袭明制，在洮州、岷州、河州等地设茶马司，管理茶马贸易，雍正十二年（1734），清廷将茶马贸易改征税款，茶马制度结束，但民间汉族、藏族、回族等民族间的商业贸易仍进一步繁荣。在旧有河、洮、岷等重要贸易中心的基础上，以及藏区与内地往来的日益频繁与拉卜楞寺的建立，大夏河中上游的拉卜楞地区成为该流域的重要市场。明清时期，洮河、大夏河流域也是各式宗教、文化发展与碰撞的区域。在洮河及大夏河的中上游地区，藏传佛教在民众信仰中占据着主要地位。明代以前，藏传佛教萨迦派就在元政府的支持下在洮河、大夏河流域建寺弘法，明朝又在藏族人民聚居区先后封了三大法王、五个王及其他各级僧官，扩大了藏传佛教的影响力；永乐四年（1417）岷州卫地区在政府支持下所建的大崇教寺便为其重要代表；景泰三年（1452）大崇教寺高僧班丹扎释还被明廷封为大智法王；至明天顺三年（1459）卓尼二世土司之弟仁钦龙布从西藏返回卓尼后，将卓尼萨迦寺强行改名为"甘丹谢珠林"，并改宗格鲁派，从此卓尼大寺成为安多地区的主要格鲁派寺院，为

① 〔明〕李贤等撰：《大明一统志》卷37，据明弘治十八年建阳慎独斋刻本影印，三秦出版社，1990，第646-648页。

② 《清史稿》卷517《土司六·甘肃》，中华书局，1977，第14307页。

③ 《明史》卷80《食货四·茶法》，中华书局，2013，第1947页。

格鲁派在洮河、大夏河流域的发展奠定了基础；康熙四十八年（1709）第一世嘉木样阿旺宗哲从西藏返回祖籍建寺弘法，在大夏河上游的扎西滩创建拉卜楞寺，之后寺院不断发展兴盛，使得格鲁派在洮河、大夏河流域的影响力更为强大，至此该区域的藏传佛教寺院几乎都为格鲁派统辖，其局面一直延续至今天。而在洮河、大夏河流域，伊斯兰教文化也发挥着重要的影响力，穆斯林早在唐宋时期就已在该区域进行活动，元代随着蒙古的扩张，大量西域信仰伊斯兰教的人士随蒙古军东来，在洮河、大夏河下游地区屯田定居，至明清时期，这一地区的穆斯林人口进一步增长，在河、洮地区占有重要地位，并与当地的汉、蒙古等族交流交往交融，今天的洮河、大夏河流域生活的东乡族、保安族便在这一时期形成。

辛亥革命之后，甘肃省初仍沿清代道、府、州、县的旧制。民国二年（1913）废清旧制，一律改县，原道制暂存，改称"观察使"，洮河、大夏河流域诸州厅也皆改为县，狄道州改为狄道县，并分原狄道州所属沙泥分州改置为沙县（次年改名为洮沙县），河州改为导河县、洮州厅改为临潭县，岷州改为岷县，诸县皆隶兰山道；民国八年（1919），析导河县东南部分地区置宁定县（今广河县）；民国十六年（1927），甘肃省政府废省、道、县旧制，洮河、大夏河流域诸县皆直隶于省，同年，甘肃省于拉卜楞寺地区设拉卜楞设治局。民国十七年（1928），导河县更名为临夏县，同年，拉卜楞设治局改局为县，因地临大夏河，故名夏河县。民国十八年（1929），国民政府内政部核定改狄道县为临洮县，同年，由临夏县析置和政县，并划入临洮部分地区。民国二十一年（1932），于临洮县划出洮西部分设立洮西设治局（次年改名为康乐设治局）；民国二十六年（1937），设卓尼设治局；民国二十九年（1940），康乐设治局改局为县，置康乐县[1]。在上述叙述中，可见民国时期洮河、大夏河流域的行政区划变迁的特征即是新的县、设治局不断地从过去的河、洮、岷三州中析置出来，这无疑反映出对该地区管理与开发的进一步加强。而在经济方面，民国时期，洮河、大夏河流域的汉、藏、回等民族间的贸易继续发展，临洮、拉卜楞（夏河）等重镇商业贸易相当繁盛，临洮县城"总共二百余家店铺，面食店似乎最多，其他杂货洋货也莫不充斥于市"，一到市集"街市便挤满了人"[2]。拉卜楞也为"汉藏贸易之一重镇"，"每年出口货值五十万元，入口货值二十八万元，出超年约十七万元"[3]，而"在此经商的回民号称八百户"[4]。在宗教文化方面，自清末至民国，洮河、大夏河流域的藏族的宗教文化仍旧以拉卜楞寺与卓尼禅定寺为中心。而以河州为中心区域的伊斯兰教也进一步发展，最终形成了"包括了格底目、伊赫瓦尼、西道堂、赛莱菲耶四大教派，赫嘎的林耶、虎夫耶、哲赫忍耶、和库布林耶四大门宦及其多个支系"的庞大体系[5]。

在政治上，今天的洮河、大夏河流域的各州、市县的行政区划设置都可以在该区域的历史中寻到渊源；而在经济上，处于游牧文明与农耕文明交汇处的洮河、大夏河流域，也一直是不

---

① 参见临洮县志编委会编：《临洮县志》，甘肃人民出版社，1990，第26页；临夏州志编委会编：《临夏回族自治州志》，甘肃人民出版社，1993年，第78-80页；甘南州州志编委会编：《甘南藏族自治州州志》，民族出版社，1999年，第168、172页。

② 徐知免：《辛甸——一个西北的古地》，《新亚细亚》第3卷第1期，1931，第47页。

③ 张其昀编：《夏河县志》卷6《商业志》，成文出版社，1970。据民国二十三年（1934）手抄本影印，第63页。

④ 黄正清：《黄正清的回忆》，中国人民政治协商会议甘肃省委员会文史资料研究委员会编：《甘肃文史资料选辑第30辑：黄正清与五世嘉木样专辑》，甘肃人民出版社，1989，第40页。

⑤ 范卫平、袁建勋编：《河洮岷文化概论》，甘肃人民出版社，2012，第88页。

同政权、民族进行贸易往来的重要地区；在文化上，藏传佛教的扩张、伊斯兰教文化的发展是洮河、大夏河流域文化发展的鲜明特征。当然，洮河、大夏河流域的历史发展中最突出的特征无疑还是其民族结构的复杂性。著名民族学家、社会学家费孝通于20世纪80年代提出"民族走廊"的学术概念，其中他将从甘肃到喜马拉雅山南坡的落瑜地区这一地带称之为"藏彝走廊"[①]。洮河、大夏河流域正位于这一走廊的北端，其在漫长历史中的汉族、藏族、蒙古族等诸民族间不断地交流与碰撞的活动无疑也是为这一概念做出了历史的脚注。

三、洮河、大夏河流域生态环境档案提要

洮河、大夏河流域在历史发展的过程中，产生了一大批历史文献资料，本书所关注的民国时期档案资料，即为我们了解当时该流域的生态环境保护与开发状况提供了重要窗口。

甘肃省档案馆所藏档案数量庞大，涉及洮河、大夏河流域的档案零散分布其中，并不集中。本书通过精细化筛查的方式，完成了对本流域有关历史档案的识别，基本上摸清了该流域民国时期的档案馆藏情况。同时，临夏回族自治州、甘南藏族自治州档案馆亦有零星档案涉及生态环境问题。现做一总述如下。

（一）本流域档案总述

1.生态环境调查类档案

此类档案整体上存量不大，但涉及领域较广，提供了丰富的历史信息。综合类调查档案中，主要有夏河县畜牧概况表及本县略图，另有夏河、卓尼、临洮、洮沙等县的农业调查表，但大多数仅为来往行政公文，缺少附表。

气象类档案，主要为本流域内各县报送的雨量月报表及水文气象资料的综合报表。如甘肃省档案馆藏"027-001-0800-（0021-0032）"填报了民国三十三年（1944）临夏等地3—4月雨量统计表；甘肃省档案馆藏"039-001-0025-0010"则记载有洮河各水文站的水文气象资料。但可惜的是，此类档案中亦有部分遗失了重要的报表文件，仅存训令、呈文等程式化的行政公文。

地质矿产类档案，主要内容集中在临夏、和政、康乐、临洮县各处勘测煤矿，并形成了较为完整的报告书，包括序言、地层、构造、煤矿、结论等。除此之外，还有临丰渠、等高线地形图等内容。

土地资源类档案，主要包括洮河流域多县地图及临洮县官堡镇第十一保等地籍坵形图。

水资源类档案，包括流域内多县水文流量、水利工程、灌溉状况、水道航道等事项的勘测报表。如甘肃省档案馆藏"039-001-0572-（0007-0008）"存有李家村水文气象站函报甘肃水文总站发给水文流量记载表，同馆藏"038-001-0227-0003"则为临潭、卓尼设治局水利勘察报告，档案"038-001-0231-（0002-0007）"收有临洮县叶家坪的灌溉渠查勘报告书、灌溉区地形略图、附近灌溉渠形势图、附近汉渠概算表、前后年获量估计比较表及附近汉渠年纯益估计表等多份文件。

林草动物类档案，主要涉及农林部洮河流域国有林区管理处的相关文件，并有夏河县等森林用地调查表，包括所在地、四至、面积、地形、土地所有权所属等内容。

[①] 费孝通:《谈深入开展民族调查问题》,《中南民族学院学报》1982年第3期。

2. 自然灾害与赈济类档案

本部分档案收有水灾、地震及地质灾害、其他灾害与复合灾害、综合赈务类档案四部分。本流域内的主要灾害类型为水灾、雹灾、山洪灾害等，如甘肃省档案馆藏"027-001-0031-0004"档案记载了洮河暴涨，永宁浮桥及堤工被冲毁一事，详细报告了河堤工程、永宁浮桥冲毁原因与情形；档案"027-001-0316-0012"记载临洮县农业推广所报临洮县民国三十五年（1946）6月28日冰雹及山洪灾害状况。

除此之外，本部分档案主要为各类灾害发生后的赈灾情况记载，各地民众在发生灾害后都请求缓征甚至蠲免各类税收，而政府则通过派员勘测、填报受灾清册等方式进行核实，这样完整的赈济过程均被记录了下来。如档案"015-006-0477-（0027-0028）"记载，洮沙县中孚乡民杨成祯等呈文省民政厅土地干旱严重，雹伤农田难以缴纳亩款，恳将客岁尾欠亩款准予蠲免。省民政厅呈文省政府，省政府回文令禁烟局核查决定是否豁免，将办理情形具报备查。

3. 自然资源开发与生态保护类档案

本部分档案收有综合开发与保护类档案、矿产资源开发类档案、土地资源开发类档案、水资源开发管理类档案、林草动物资源开发与保护类档案四部分。

综合开发与保护类档案，涉及内容较广，如有民国三十五年（1946）全省行政会议（临夏区）讨论记录，包括区铺砂合作业务与小型农田水利改良土壤、防治小麦黑穗病、保育苗圃等事宜；各地农会章程、米粮草束银钱统计报告表、建设工作报告表等，主要涉及交通道路修筑、水利设施兴建、防治小麦黑穗病、牲畜生长、工程所需物料运输等内容。

矿产资源开发类档案，主要包括锁林峡煤矿、黑甸峡煤矿的勘测情况、施工进度、施工方案、开采计划等事，其中有多件矿区图、工程施工图等，详细记录了本流域的矿产资源开发状况。

土地资源开发类档案，涉及机构、地域较多，主要包括荒地清查与开发、各机构与个人之间协调土地利用问题、土地产权转移的各类凭证等，其中附土地买卖的契约、荒地登记表、荒地略图等文件。

水资源开发管理类档案，存量较大，主要以洮惠渠、德远渠、引洮入渭、溥惠渠、临夏南川北塬灌溉区为代表的水利开发工程为主，收有各渠建设的勘察报告书、工程实施计划、各类勘测图及工程图等资料，内容极为详备。如《洮河水文渠道工程计划书》记录：洮河为有渠引水，渠口设置水尺，最低水位为海拔2024公尺，雪融化涨6～7公尺，流量为140立方公尺/秒，大于灌溉需要，附设计概要，测量灌区四周渠口，灌溉面积22平方公里，渠水口位于靳家泉，渠道需水量1.94立方公尺/秒，进水闸、减水闸及泄水闸、隧洞、桥涵、木架槽，跌水与急泄槽，土石方及排水设备情况、灌溉台地之研究，工费估计、灌溉之利益农业试验之需要情况。

林草动物资源开发与保护类档案，其中大宗为农业部洮河流域国有林区管理处的相关档案，此处不做介绍，下文详述。其次还有本流域各地植树造林及护林的工作计划、工作办法及工作报表等内容。

4. 资源环境纠纷与诉讼类档案

本部分档案主要分为土地纠纷与诉讼类档案、水利纠纷与诉讼类档案、林草纠纷与诉讼类档案三类，其中以林草纠纷与诉讼类档案占比最大。这一部分档案主要涉及土地、森林、水权等产权归属问题，其中包括大量的诉状、判决书及相关司法文件，显示了生态环境问题的特殊性与复杂性。

（二）农林部洮河流域国有林区管理处相关档案撷英

民国二十九年（1940），国民党中央在岷县设立"农林部洮河流域国有林区管理处"，内设办公室、林务室、总务室、会计室和林警队。下设拉扎河口、新堡、野狐桥、包舌口、门楼寺、冶木河口、黄家路林业站和南川苗圃。共有管理干部、技术员、林警、工人50多人。主要任务是：林区砍伐管理、森林经营管理、森林调查研究、林权普查登记、林区护林防火等。新中国成立后，甘肃省农林厅派军事代表来岷县接管。

近代以来，不同区域的城市与工业发展向来是"近代化"问题研究的核心内容，而城市与工业发展必需的原材料——木材，也一直是学者重点关注的对象。西北开发的浪潮也得益于充足的林木资源，而临洮林场作为其重要的提供者之一，肩负起了"保护与开发"的双重功能，在历史上发挥了巨大作用。本类档案馆藏数量庞大，内容丰富，值得重点介绍。

洮河流域是兰州和周边地区最为重要的木材供应地之一[1]。洮河上游的林业资源相当丰富，树种以杉树、桦树、杨树等经济树种为主，3寸以上林木有8476.16万棵。洮河流域内的林区主要有5个：叠岷林区、莲花山林区、洋沙河林区、冶木河林区、黑虎河林区。

据民国三十年（1941）统计，洮河流域的木材产量甚多，又以洮河上游产量为最大，计245259株，合419558立方公尺；次为中游，计莲花山产6万～7万株，冶木河产10万余株，洋沙河产2万余株，总计达18万～19万株，合2万余立方公尺。该年洮河流域直接向兰州输送达4.78万株。洮河流域最高年产70万株，折合10万立方公尺[2]。兰州市场中的木材也有相当一部分来自大夏河流域。大夏河流域的林木基地包括土门关、清水沟、柏木沟、牙寿沟、且隆沟、观音沟、隆瓦沟、达买沟、江玛沟等，森林资源达259平方公里，3寸以上林木数1541.12万棵[3]。这些情况都在档案中得到了印证，本类档案中有大量记载都包括了当时临洮林场的工作报表、仓库贮存情况、林场工作方案等，记载十分详尽，可细密地勾勒出当时临洮林场的规模与林木生长状况。

在各个木材产地，待木材采伐之后，多以人力或者畜力运送至各个山口的小河边，单株下放，待漂至大河边再由水手编筏，每筏可串木材20～30根，需2～3名水手进行管理[4]。洮河流域的筏运路程自洮河上游的卓尼起至黄河口，途经野狐桥、上浪、下浪、岷县包舌口、九甸峡、碱城、临洮、刘家峡、小川子等地到达兰州，约400公里。洮河流域峡谷众多，水流湍急，险阻频频，运输途中每至一峡，需将木筏散开，或重新编筏，或单株下放。一方面，险象环生的峡口、河道延长了运输的时间，增加了运输的成本。木材从洮河上游运输至兰州，有时需要3个月；另一方面，危险复杂的运输航程和途中木材被盗的现象加大了运输过程中木材的损耗。根据周重光的统计，木材在洮河流域运输过程中，"由卓尼至岷县损失达2%～15%，运临洮者20%～40%，运兰州者30%～60%，其中被盗窃者，约占损失之半数，过浪峡损毁者20%，因燃

---

[1] ［德］芬茨尔著，齐敬鑫译：《甘宁青三省林政之概况及其改进刍议》，《西北农林》创刊号，1936年7月，第3页。

[2] 周重光：《甘肃洮河流域木材产销之初步调查》，《中农月刊》第5卷第1期，1944年，第94页。

[3] 邓叔群、周重光：《甘肃林业的基础》第18卷第8期，1948年8月，第37页。

[4] 王兆凤：《兰州木材商况初步调查》，《国立西北技艺专科学校校刊》1942年第7-8期，第3页。

烧及洪水吹散者30%^①"。这些情况在档案中均有体现,尤其是木材在运输途中被盗,档案中可见大量案卷均为关于此类事宜的公文。

除此之外,本类档案中还包括临洮林场育林造林、禁止砍伐林木的大量通告。同时,应当指出,临洮林场的建设与发展本身也被详尽地记录下来,其中关于办公地点的选址、职员薪津的发放、建设管理办法的修订与完善,均是我们了解此段史事的重要凭依。

四、本卷编写情况概述

在国家档案局与甘肃省档案局关心支持下《甘肃省馆藏祁连山与黄河历史生态环境档案叙录》丛书编写工作于2021年2月正式启动。《洮河大夏河卷》所涉及的档案文献收藏于甘肃省档案馆、临夏回族自治州档案馆与甘南藏族自治州档案馆。兰州大学与甘肃省档案馆组成联合课题组,在两州档案馆同仁的大力支持下共同开展了一系列紧张而有序的工作。课题组成员奔波于兰州、临夏、合作诸地,克服了许多无法预期的困难与不可抗力的干扰。至2023年10月,档案分条目提要初稿撰写工作基本完成;2024年3月,本卷初稿校订工作完成。

在《洮河大夏河卷》的编纂过程中,四位分卷主编各司其职,高效推进相关工作。兰州大学历史文化学院副教授储竞争负责主导技术层面的工作,确立了本卷的基础架构及档案检索的范畴;甘肃省档案馆一级巡视员李永新全面统筹本卷的编纂工作,并与储竞争深入探讨,共同制定了档案分类及提要撰写的准则;临夏回族自治州档案馆馆长杜刚则始终驻守工作一线,亲自指导提要的撰写,处理档案解读中遇到的各种复杂问题;甘南藏族自治州档案馆馆长仇红亦亲赴现场,悉心指导团队成员进行档案的查询与解析工作,确保了项目的顺利进行。

曾经或正在在兰州大学求学的众多学子是本卷工作的主力军,他们在丛书主编与分卷主编的带领下投入艰苦工作当中。民国时期的函电稿和政府公文,多为繁体行草或草书写就,不仅笔迹难以辨认,其间涉及的制度、事件、人物对多数青年学子而言都觉陌生。各位同学迎难而上,边学习边工作,虚心向各位前辈请教,出色地完成了任务。他们是:中央民族大学历史文化学院博士研究生陈智威,云南大学历史与档案学院博士研究生王瑞雪,四川大学历史文化学院博士研究生王乔娜,南开大学历史学院博士研究生王申元、硕士研究生王嘉宇,复旦大学中国历史地理研究中心博士研究生王稔知,中共香河县委组织部汪梦媛,北京大学医学人文学院硕士研究生何昕玥,北京师范大学历史学院硕士研究生李世财,中山大学历史学系硕士研究生王艺融,兰州大学历史文化学院博士研究生吴华锋以及硕士研究生范雯晓、杨璐、张好、郭泰乐、陈言冰、黄唯依、雷海楠、张琦、罗巨扬。在此,谨向他们表示诚挚的感谢。

---

① 周重光:《甘肃洮河流域木材产销之初步调查》,《中农月刊》第5卷第1期,1944年,第94页。

凡　例

一、甘肃省馆藏祁连山与黄河历史生态环境档案，指记录今甘肃省辖境内祁连山–河西走廊以及黄河流域生态环境客观状况、人与自然互动关系的历史档案。这些档案涉及山、水、林、田、湖、草等多类型生态单元，涵盖历史上国家与社会认识、开发、保护生态环境的各种活动。这些档案成文于1949年9月30日前，现收藏于甘肃省各级档案馆，其中绝大多数档案为民国档案、少数为清代档案。近年来，甘肃省历史档案绝大多数已集中至市（州）以上档案馆收藏保管，故本叙录所涉及的祁连山与黄河历史生态环境档案主要收藏于省、市（州）两级档案馆。相关档案类型以官文书为主，包括各类调查报告、表册、会议记录、提案、函电、司法诉讼文书、红契等，兼涉少数收藏于档案系统的民间文书。

二、本叙录以案卷为单位介绍甘肃省馆藏祁连山与黄河历史生态环境档案收藏信息及主要内容，一案卷一叙录。每一则叙录包括叙录编号、题名、发文单位、收文单位、收藏单位、档案编号、成文时间、涉及地域、关键词、内容提要等信息。叙录编号记录该条目在相关分卷中的位置，系编写者添加。题名照录各收藏单位目录中的原题名；个别文件没有题名或题名不完整、不能揭示内容的，编写者则根据通行著录原则拟写题名。发文单位、收文单位皆尊重案卷原文。档案编号一般为四组数字（极个别档案依据其原始编目情况为三组），分别为全宗号、目录号、案卷号、卷内顺序号，各组数字间以连接号；一条叙录涉及多个卷内顺序号的，第三组数字后同时保留多个卷内顺序号（以顿号隔开、连续者间以连接号）并整体加括号，如001-003-221-（0001、0007-0009）。成文时间主要为文件的正式，清代档案以汉字书写之年号纪年、农历月日表示，民国档案按阿拉伯数字书写的公历"年-月-日"表示；部分档案无日或无月、日的，分别精确到月、年，年月日俱无的直接标明"不详"。涉及地域精确到县，对涉及地名及其政区性质一概遵循文本原貌，如导河县（今临夏县）、会川县（今已撤销并入渭源）、卓尼设治局（今卓尼县）等。内容提要力求以简练文字介绍案卷大意，对于部分题名详尽足以概括内容的案卷、或目录开放但内容尚待审核开放的案卷，内容提要简化为"如题"。《总叙卷》因其文献全部收藏于甘肃省档案馆，内容涉及全省或省内较大范围地区，为使结构紧凑，省略"收藏单位""涉及地域"两项信息。

三、为便于检索，同时体现甘肃省各区域生态环境事务的内在差异，本叙录以地域-流域原则划分各卷。各卷中将涉及的历史生态环境档案分为生态环境调查与监测、资源开发与建设、自然灾害与赈济、资源环境纠纷与诉讼等四大类，冠以一级标题壹、贰、叁……；每个大别又分为若干小类，冠以二级中文标题一、二、三……。每一小类下，各条叙录依据档案号顺序排列，并根据收藏单位相对集中。

四、本叙录中少数档案同时涉及多个分卷、多个分类内容的，为了不拆解原始文件，相关叙录在多个分卷与分类中一概并存。

五、本叙录为最大程度保留档案原始风貌，对文中所涉及的各类数字书写方法以及计量单位如公里、公尺、方、担等，皆未做统一。

六、本叙录各类信息中，原文件漫漶不清者，用□代替，一字一□。

目　录

壹　生态环境调查类档案 ··· 1

　　一、综合调查类档案 ·· 3

　　二、气象类档案 ·· 4

　　三、地质矿产类档案 ·· 6

　　四、土地资源类档案 ·· 8

　　五、水资源类档案 ·· 9

　　六、林草动物类档案 ··· 11

贰　自然灾害与赈济类档案 ·· 13

　　一、旱灾类档案 ··· 15

　　二、水灾类档案 ··· 18

　　三、地震及地质灾害类档案 ····································· 18

　　四、其他灾害与复合灾害类档案 ································· 19

　　五、综合赈务类档案 ··· 20

叁　自然资源开发与生态保护类档案 ································ 25

　　一、综合开发与保护类档案 ····································· 27

　　二、矿产资源开发类档案 ······································· 40

　　三、土地资源开发类档案 ······································· 43

　　四、水资源开发管理类档案 ····································· 47

　　五、林草动物资源开发与保护类档案 ····························· 67

肆　资源环境纠纷与诉讼类档案 ··································· 191

　　一、土地纠纷与诉讼类档案 ···································· 193

　　二、水利纠纷与诉讼类档案 ···································· 193

　　三、林草纠纷与诉讼类档案 ···································· 194

壹　生态环境调查类档案

一、综合调查类档案

【叙录编号】　0001

【档案题名】

民勤、榆中、文县、夏河、通渭、武都、泾川、景泰、成县等县政府报送甘肃省政府本县畜牧概况表及交通略图

【发文单位】　夏河县政府等

【收文单位】　甘肃省政府

【档案编号】　027-002-0128

【成文时间】　1940-02-17—1940-07-18

【收藏单位】　甘肃省档案馆

【涉及地域】　夏河县等

【关 键 词】　畜牧；交通

【内容提要】

民勤、榆中、镇原、文县、夏河、通渭、武都、泾川、景泰、成县、临泽等县政府报送甘肃省政府本县畜牧概况表，均附各县《畜牧概况调查表》。除此外还附《民勤县境教育略图》《文县县境交通略图》《榆中县交通略图》《夏河县略图》《通渭县交通略图》《泾川县交通略图》《景泰县交通略图》《成县交通略图》《临泽县交通公路略图》。

【叙录编号】　0002

【档案题名】

卓尼设治局，夏河、泾川、民勤、礼县、榆中、西吉等县政府报送农业调查表及甘肃省政府回令

【发文单位】　卓尼设治局；夏河县政府等

【收文单位】　甘肃省政府

【档案编号】

027-002-0298-（0001-0018）；

027-002-0299-（0001-0007）；

027-002-0300-（0001-0027）；

027-002-0301-（0001-0011）；

027-002-0302-（0001-0030）；

027-002-0303-（0001-0020）；

027-002-0304-（0001-0023）

【成文时间】　1944-10-12—1944-10-31

【收藏单位】　甘肃省档案馆

【涉及地域】　夏河等县

【关 键 词】　调查表

【内容提要】

甘肃省政府训令崇信、文县、华亭等各县政府报送农业调查表，卓尼设治局、夏河、泾川、民勤、礼县、榆中、西吉县、漳县、定西、庆阳、庄浪、通渭县、民乐县、清水县、瓜州、西固县、临洮县、鼎新县、皋兰县、民乐县、华亭县、临泽县、安西县、洮沙县、敦煌报送农业调查表及甘肃省政府回令，大多数不附表。甘肃省政府回令准予备查。附几件旅费报告书、工作日记及领款收据，几件会计单。例如0298-0018为《西吉县政府农村调查差旅费》《工作日记簿》《西吉县政府农村概况调查员王宗克出差旅费单据附属表》。

【叙录编号】　0003

【档案题名】

农林部甘肃岷县垦区管理局警察所平价米调查表

【发文单位】　农林部甘肃岷县垦区管理局；农

林部垦区总务局

【收文单位】　农林部甘肃岷县垦区管理局；农林部垦区总务局

【档案编号】

历04-01-0365-2；历04-01-0366-1

【成文时间】　1942

【收藏单位】　酒泉市档案馆

【涉及地域】　岷县

【关 键 词】　平价米调查表

【内容提要】

农林部甘肃岷县垦区管理局警察所平价米调查表。

二、气象类档案

【叙录编号】　0004

【档案题名】

甘肃省建设厅、各县县政府向农林部汇报雨量情况表的文件

【发文单位】　甘肃省各县县政府

【收文单位】　甘肃省政府；甘肃省建设厅

【档案编号】　027-001-0776-（0001-0015）

【成文时间】　1941-05-23—1941-09-11

【收藏单位】　甘肃省档案馆

【涉及地域】　临洮县等

【关 键 词】　雨量表

【内容提要】

各县汇报民国三十年（1941）雨量记载表呈文。清水县、武威、临洮、灵台汇报4月、5月雨量站记载表。省建设厅转报农林部。

【叙录编号】　0005

【档案题名】

甘肃省政府、第八战区司令部、气象测候所关于报送雨量表的呈文训令

【发文单位】　临夏县等

【收文单位】　气象测候所等

【档案编号】　027-001-0800-（0021-0032）

【成文时间】　1944-01-15—1944-05-17

【收藏单位】　甘肃省档案馆

【涉及地域】　临夏县等

【关 键 词】　雨量统计表

【内容提要】

第八战区司令部长官训令各县区限期填报雨量表，气象测候所将此事呈文甘肃省政府，甘肃省政府训令气象测候所并报送第八战区司令部。0027为气象测候所报送《民国三十三年（1944）3、4月各地雨量统计表》，填报平凉、庆阳、敦煌、临夏、靖远等地的雨量记载表。

【叙录编号】　0006

【档案题名】

甘肃省建设厅、水利局、临洮县政府关于借用、归还仪器的文件

【发文单位】　黄河水利委员会上游工程处；气象测候所

【收文单位】　甘肃省建设厅

【档案编号】　027-004-0609-（0001-0002）

【成文时间】　1945-09-18—1948-03-09

【收藏单位】　甘肃省档案馆

【涉及地域】　临洮县

【关 键 词】　仪器借用

【内容提要】

黄河水利委员会上游工程送还仪器致函建设厅；气象测候所报送损坏仪器情况；建设厅请临洮县政府归还仪器，临洮县政府请暂缓归还仪器，水利局请续借仪器。

【叙录编号】　0007
【档案题名】

康乐县政府报送本县7—8月份雨量记载表的呈文
【发文单位】　康乐县政府
【收文单位】　甘肃省政府
【档案编号】　027-007-0128-（0014、0023）
【成文时间】　1945-08-10—1945-10-04
【收藏单位】　甘肃省档案馆
【涉及地域】　康乐县
【关　键　词】　雨量记载表
【内容提要】

如题，仅为呈文，无表。

【叙录编号】　0008
【档案题名】

卓尼设治局关于报送民国三十四年（1945）9—12月份、民国三十五年（1946）1—2月份雨量记载表的代电、呈文
【发文单位】　卓尼设治局
【收文单位】　甘肃省政府
【档案编号】

027-007-0128-（0026-0028、0030）
【成文时间】　1945-10-09—1946-03-09
【收藏单位】　甘肃省档案馆
【涉及地域】　卓尼设治局
【关　键　词】　雨量记载表
【内容提要】

如题，仅为报送代电及呈文，无表。

【叙录编号】　0009

【档案题名】

康乐县政府报送本县6月份雨量记载表的呈文
【发文单位】　康乐县政府
【收文单位】　甘肃省政府
【档案编号】　027-007-0129-0006
【成文时间】　1945-07-13
【收藏单位】　甘肃省档案馆
【涉及地域】　康乐县
【关　键　词】　雨量记载表
【内容提要】

如题，仅为文书存稿，无表。

【叙录编号】　0010
【档案题名】

卓尼设治局关于报送本县8月份雨量记载表致甘肃省政府的呈文
【发文单位】　卓尼设治局
【收文单位】　甘肃省建设厅
【档案编号】　027-007-0129-0010
【成文时间】　1945-09-12
【收藏单位】　甘肃省档案馆
【涉及地域】　卓尼设治局
【关　键　词】　雨量记载表
【内容提要】

如题，仅为文书存稿，无表。

【叙录编号】　0011
【档案题名】

临洮县逐月气象要素平均表
【发文单位】　不详
【收文单位】　不详
【档案编号】　038-001-0231-0008
【成文时间】　不详
【收藏单位】　甘肃省档案馆
【涉及地域】　临洮县等
【关　键　词】　气象要素表

【内容提要】

此案卷共1份文件。内容如题。

【叙录编号】　0012
【档案题名】

为请协晒黄河及洮河各水文站水文气象等资料的函
【发文单位】　黄河水利委员会上游工程处
【收文单位】　甘肃水利林牧公司
【档案编号】　039-001-0025-0010
【成文时间】　1946-01-21
【收藏单位】　甘肃省档案馆
【涉及地域】　甘肃省
【关　键　词】　黄河水文；洮河水文
【内容提要】

此案卷主要涉及请水利林牧公司寄发黄河

及洮河各水文站水文气象等资料。

【叙录编号】　0013
【档案题名】

甘肃省黄番寺水位气象站为领用气象月报表雨量站月报表等的报告
【发文单位】　甘肃省黄番寺水位气象站
【收文单位】　甘肃水文总站
【档案编号】　039-001-0573-0001
【成文时间】　1948-07-02
【收藏单位】　甘肃省档案馆
【涉及地域】　甘南县
【关　键　词】　气象月报表；雨量站月报表
【内容提要】

此案卷共1份文件。内容如题。

三、地质矿产类档案

【叙录编号】　0014
【档案题名】

中央地质调查所西北分所矿产简报第32号（调查临洮县黑巅峡煤矿地质）
【发文单位】　中央地质调查所西北分所
【收文单位】　甘肃省建设厅
【档案编号】　027-002-0907-0001
【成文时间】　1946-04
【收藏单位】　甘肃省档案馆
【涉及地域】　甘肃省
【关　键　词】　地质；矿产
【内容提要】

此案卷内容包含：序言、地层、构造、煤矿、结论。此文件还有成县石门沟铁矿地质简

报，内容包含：引言、位置及交通、地质、铁矿、矿业概况、结论。附成县石门沟铁矿位置交通图、地形地质图、地质剖面图。

【叙录编号】　0015
【档案题名】

甘肃临丰渠地形图
【发文单位】　甘肃水利第一勘测队
【收文单位】　甘肃省建设厅
【档案编号】　027-004-0173-0001
【成文时间】　不详
【收藏单位】　甘肃省档案馆
【涉及地域】　临洮县
【关　键　词】　临丰渠；地形

【内容提要】

临丰渠地形图17张。均为等高线地形图。

【叙录编号】　0016

【档案题名】

甘肃各分队8、9月份勘察煤矿情况的呈文

【发文单位】　甘肃省矿产勘测总队

【收文单位】　甘肃省政府

【档案编号】　027-006-0499-（0003、0005）

【成文时间】　1941-09-13—1941-10-16

【收藏单位】　甘肃省档案馆

【涉及地域】　临洮县等

【关　键　词】　矿产勘测；煤矿

【内容提要】

甘肃省矿产勘测总队报送各分队民国三十年（1941）8月份工作进度情况。其中包括第一分队在通渭碧玉调查附近地质煤田；第二分队在临夏城东、和政县旁、康乐县、临洮县各处勘测煤矿等内容。9月份则包括第一分队在秦安县、甘谷县、通渭县、武山县各处进行调查；第二分队在临洮县、康乐县、漳县、岷县、渭源县、陇西县、榆中县进行调查；第三分队在平凉县、崇信县勘察煤田等。

【叙录编号】　0017

【档案题名】

暂代甘肃矿产勘测队总队长阎锡珍报送各分队11—12月份勘察煤矿旬报表的呈文

【发文单位】　暂代甘肃矿产勘测队总队长阎锡珍

【收文单位】　甘肃省建设厅

【档案编号】　027-006-0499-0014

【成文时间】　1941-12-19

【收藏单位】　甘肃省档案馆

【涉及地域】　临洮县等

【关　键　词】　矿产勘测；煤矿

【内容提要】

第一分队呈送勘察成县塔崖子山石炭、徽县老君殿包家沟褐铁矿、徽县嘉陵乡东沟松树坝褐铁矿、后沟梅落石赤铁矿、三滩老红山赤铁矿、两当县云坪乡龙王庙道江寺一带煤矿等；第二分队呈送榆中县周家湾、皋兰县水岔沟簸箕湾各地煤矿、皋兰县张家寺崖沟石膏矿、临洮县茨泉梁家庄砂金矿；第三分队呈送会宁县松树岔煤矿旬报表。表头中包括调查地点、地层时代、岩层、岩石、化石、构造、矿产类型、产地、成因、矿质、厚度、面积、气候交通、水量等情况。

【叙录编号】　0018

【档案题名】

甘肃省矿产勘察总队报送7月份各分队勘察煤矿情况的呈文

【发文单位】　甘肃省矿产勘测总队

【收文单位】　甘肃省政府

【档案编号】　027-006-0500-0012

【成文时间】　1941-08-02

【收藏单位】　甘肃省档案馆

【涉及地域】　洮沙县等

【关　键　词】　矿产勘测；煤矿

【内容提要】

第一分队调查了通渭县东北乡各地地质、煤田矿产情形；第二分队调查了洮沙县各地地质、砂金分布情形及开采条件；第三分队赴太同山及华亭县调查煤矿。

四、土地资源类档案

【叙录编号】　0019

【档案题名】

　　宁定地图

【发文单位】　不详

【收文单位】　不详

【档案编号】　004-004-0298-0006

【成文时间】　不详

【收藏单位】　甘肃省档案馆

【涉及地域】　不详

【关　键　词】　不详

【内容提要】

　　此案卷内容具备参考意义，约有450多幅甘肃省各地具体到小地名，以及全国地图，不备载。

【叙录编号】　0020

【档案题名】

　　为函索洮河等20县地图等致甘肃省建设厅公函

【发文单位】　甘肃水利林牧公司；甘肃省建设厅

【收文单位】　甘肃省建设厅；甘肃水利林牧公司

【档案编号】　039-001-0029-（0016、0022）

【成文时间】　1944-08-21；1922-09-08

【收藏单位】　甘肃省档案馆

【涉及地域】　甘肃省

【关　键　词】　地图

【内容提要】

　　民国三十三年（1944）8月21日，甘肃水利林牧公司总管理处函甘肃省建设厅，请发洮河等20县地图以备参考。9月8日，建设厅函甘肃水利林牧公司，请该处派员洽取。

【叙录编号】　0021

【档案题名】

　　临洮县官堡镇第十一保地籍坵形图

【发文单位】　临洮县政府

【收文单位】　不详

【档案编号】　129-1-192

【成文时间】　1940-12

【收藏单位】　定西市档案馆

【涉及地域】　临洮县

【关　键　词】　地籍

【内容提要】

　　此案卷为临洮县官堡镇第十一保的地籍坵形图。

五、水资源类档案

【叙录编号】 0022

【档案题名】

　　岷县各类水利查勘报告书

【发文单位】 不详

【收文单位】 不详

【档案编号】 038-001-0027-（0001-0005）

【成文时间】 不详

【收藏单位】 甘肃省档案馆

【涉及地域】 岷县

【关 键 词】 岷县水利

【内容提要】

　　包括《岷县西川灌溉渠查勘报告书》《岷县荔川谷地农田水利查勘报告书》《岷县蒋台乡八娘寺灌溉区查勘报告》《岷县北乡梅川镇查勘报告》《岷县南川查勘报告》。

【叙录编号】 0023

【档案题名】

　　康乐县、岷县查勘报告

【发文单位】 不详

【收文单位】 不详

【档案编号】 038-001-0030-（0003、0005）

【成文时间】 不详

【收藏单位】 甘肃省档案馆

【涉及地域】 岷县

【关 键 词】 水利工程

【内容提要】

　　内容如题。

【叙录编号】 0024

【档案题名】

　　沙沟寺蓄水库址地形图、蓄水面积及蓄水量曲线图

【发文单位】 不详

【收文单位】 不详

【档案编号】 038-001-0219-（0004-0005）

【成文时间】 不详

【收藏单位】 甘肃省档案馆

【涉及地域】 夏河县

【关 键 词】 沙沟寺蓄水库

【内容提要】

　　此案卷共2份文件。内容如题。

【叙录编号】 0025

【档案题名】

　　临潭县政府、卓尼设治局水利勘察报告

【发文单位】 临潭县政府；卓尼设治局

【收文单位】 不详

【档案编号】 038-001-0227-0003

【成文时间】 不详

【收藏单位】 甘肃省档案馆

【涉及地域】 临潭县；卓尼设治局

【关 键 词】 勘察报告

【内容提要】

　　此案卷共1份文件。内容如题。

【叙录编号】 0026

【档案题名】

　　洮河航道勘察报告及水道略图

【发文单位】 不详

【收文单位】　不详

【档案编号】　038-001-0229-（0003-0005）

【成文时间】　不详

【收藏单位】　甘肃省档案馆

【涉及地域】　临洮县

【关　键　词】　洮河航道

【内容提要】

　　此案卷共3份文件。内容如题。

【叙录编号】　0027

【档案题名】

　　临洮县叶家坪的灌溉渠查勘报告书、灌溉渠地形略图、附近灌溉渠形势图、附近汉渠概算表、前后年获量估计比较表及附近汉渠年纯益估计表

【发文单位】　不详

【收文单位】　不详

【档案编号】　038-001-0231-（0002-0007）

【成文时间】　1942-05

【收藏单位】　甘肃省档案馆

【涉及地域】　临洮县

【关　键　词】　叶家坪灌溉渠

【内容提要】

　　此案卷共6份文件。内容如题。

【叙录编号】　0028

【档案题名】

　　《陇西区水力勘察报告》

【发文单位】　甘肃水利林牧公司

【收文单位】　无

【档案编号】　039-001-0219-0008

【成文时间】　无

【收藏单位】　甘肃省档案馆

【涉及地域】　陇西区

【关　键　词】　勘察报告

【内容提要】

　　此案卷共1份文件。内容如题。

【叙录编号】　0029

【档案题名】

　　甘肃水文总站与李家村水文气象站就发给水文流量记载表的往来公文

【发文单位】　甘肃水文总站；李家村水文气象站

【收文单位】　李家村水文气象站；甘肃水文总站

【档案编号】　039-001-0572-（0007-0008）

【成文时间】　1947-11-24

【收藏单位】　甘肃省档案馆

【涉及地域】　临洮县

【关　键　词】　流量记载表

【内容提要】

　　李家村水文气象站函报甘肃水文总站发给水文流量记载表（0007），甘肃水文总站指令准予下发（0008）。

【叙录编号】　0030

【档案题名】

　　甘肃水利林牧公司就该年5月4日，水利查勘第一分队队长孙玟祐率李锡山、李昌荣前往黄河、洮河、大夏河三流域勘测事致水利查勘总队的函

【发文单位】　甘肃水利林牧公司

【收文单位】　水利查勘总队

【档案编号】　039-001-0693-0022

【成文时间】　1932-05-07

【收藏单位】　甘肃省档案馆

【涉及地域】　甘肃省

【关　键　词】　黄河；洮河；大夏河；流域勘测

【内容提要】

　　此案卷共1份文件。内容如题。

六、林草动物类档案

【叙录编号】　0031
【档案题名】
　　农林部洮河流域国有林区管理处关于本处无法绘制林区图给甘肃省政府的公函
【发文单位】　农林部洮河流域国有林区管理处
【收文单位】　甘肃省政府
【档案编号】　027-006-0067-0001
【成文时间】　1948-08-31
【收藏单位】　甘肃省档案馆
【涉及地域】　洮河流域
【关　键　词】　国有林区；林场
【内容提要】
　　农林部洮河流域国有林区管理处致函甘肃省政府，称该地区林区图因办理登记时林区由洮河林场代为填表，因此本处无图可送，请省政府查照。

【叙录编号】　0032
【档案题名】
　　甘肃省夏河县森林用地调查表
【发文单位】　夏河县政府
【收文单位】　不详
【档案编号】　027-006-0067-0004
【成文时间】　1948
【收藏单位】　甘肃省档案馆
【涉及地域】　夏河县
【关　键　词】　森林用地；调查
【内容提要】
　　如题。表中包括森林用地所在地、四至、面积、地形、土地所有权之所属等内容。

【叙录编号】　0033
【档案题名】
　　导河县旱灾救济会地亩调查草图
【发文单位】　导河县旱灾救济会
【收文单位】　不详
【档案编号】　113-001-0010-（0001-0169）
【成文时间】　不详
【收藏单位】　临夏回族自治州档案馆
【涉及地域】　导河县
【关　键　词】　旱灾救济会；地亩调查
【内容提要】
　　此案卷为导河县旱灾救济会对当地的地亩调查的草图，内容是绘制土地形状并标注其名称、数值、调查人等内容，大多为规则图形。

【叙录编号】　0034
【档案题名】
　　临夏县政府、县苗圃关于造林调查表、苗圃实施办法的令、呈文
【发文单位】　临夏县政府；临夏县苗圃
【收文单位】　临夏县苗圃
【档案编号】　126-001-0001-（0001-0006）
【成文时间】　1938—1942
【收藏单位】　临夏市档案馆
【涉及地域】　临夏县
【关　键　词】　造林；苗圃
【内容提要】
　　此案卷共有6个文件。其中包括临夏县政府民国二十七年（1938）至民国三十年（1941）的造林调查表4份及填表说明1份，调

查表内填写内容包括造林类别、造林地点、树种、种植方法、苗木来源、种植株数、成活株数、造林面积、保护概况；另有《甘肃省政府关于民国三十年（1941）全省苗圃实施计划及实施办法给临夏县苗圃的训令》1份，后附《甘肃省农业改进所中心苗圃负责指导县苗圃实施办法》。

【叙录编号】 0035

【档案题名】

临夏县政府关于苗圃苗木成活总面积总林数调查表填赍呈送以凭核转给临夏县农事试验场的训令；临夏县农事试验场关于苗圃及苗木调查表；临夏县农事试验场关于缮造本场民国三十年（1941）造林调查表、苗木调查表及农事试验场现有职员履历表给临夏县政府的呈

【发文单位】 临夏县政府；临夏县农事试验场

【收文单位】 临夏县农事试验场；临夏县政府

【档案编号】

126-001-0003-（0020、0032、0038）

【成文时间】

1941-07-21；1941-10-20；1941-11-29

【收藏单位】 临夏回族自治州档案馆

【涉及地域】 临夏县

【关 键 词】 造林调查表；农事试验场

【内容提要】

此案卷共有3个文件。内容主要是临夏县政府要求临夏县农事试验场填写苗圃造林情况相关表格以及农事试验场的回复。其中，第2件档案为农事试验场的苗圃及苗木调查表；第3件档案只见呈文未见造林调查表及苗木调查表。

贰　自然灾害与赈济类档案

一、旱灾类档案

【叙录编号】　0036

【档案题名】

　　导河县旱灾救济会借款籽种、银两、四联单存根

【发文单位】　导河县旱灾救济会

【收文单位】　不详

【档案编号】　113-001-0008-（0001-0101）

【成文时间】　1927-02-05

【收藏单位】　临夏回族自治州档案馆

【涉及地域】　导河县

【关 键 词】　旱灾救济会

【内容提要】

　　此案卷内容涉及旱灾救济会给导河县居民借款籽种、银两、四联单存根。

【叙录编号】　0037

【档案题名】

　　导河县旱灾救济会报告书、办事规则、募捐启

【发文单位】　导河县

【收文单位】　不详

【档案编号】　113-001-0009-（0001-0003）

【成文时间】　时间不详［但档案目录标注为1927年2月（1927-02）］

【收藏单位】　临夏回族自治州档案馆

【涉及地域】　导河县

【关 键 词】　旱灾救济会

【内容提要】

　　此案卷涉及旱灾救济会的报告书、办事规则、募捐启，也提及旱灾救济会在灾荒时期借出籽粮等措施。

【叙录编号】　0038

【档案题名】

　　导河县旱灾救济会北区第一段二、七、八、九、十、二十一、二十二、二十三、二十四等会调查册

【发文单位】　不详

【收文单位】　不详

【档案编号】　113-001-0001-0001

【成文时间】　1927-02

【收藏单位】　临夏回族自治州档案馆

【涉及地域】　导河县

【关 键 词】　旱灾救济会

【内容提要】

　　此案卷涉及导河县旱灾救济会民国十六年（1927）2月对北区第一段二、七、八、九、十、二十一、二十二、二十三、二十四等会社村的调查，包括村民的姓名、与荒灾相关的经历和困难群众情况。

【叙录编号】　0039

【档案题名】

　　导河县旱灾救济会北区第二段二至六、十一、十二、三十四等会调查册

【发文单位】　不详

【收文单位】　不详

【档案编号】　113-001-0002-0001

【成文时间】　1927-02

【收藏单位】　临夏回族自治州档案馆

【涉及地域】　导河县

【关　键　词】　旱灾救济会

【内容提要】

　　此案卷涉及导河县旱灾救济会民国十六年（1927）2月对北区第二段二至六、十一、十二、三十四等会社村的调查，包括村民的姓名、与荒灾相关的经历和困难群众情况。

【叙录编号】　0040

【档案题名】

　　导河县旱灾救济会北区五、六、十一、十二、十三、十四、十五等会调查册

【发文单位】　不详

【收文单位】　不详

【档案编号】　113-001-0003-0001

【成文时间】　1927-02

【收藏单位】　临夏回族自治州档案馆

【涉及地域】　导河县

【关　键　词】　旱灾救济会

【内容提要】

　　此案卷涉及导河县旱灾救济会民国十六年（1927）2月对北区五、六、十一、十二、十三、十四、十五等会社村的调查，包括村民的姓名、与荒灾相关的经历和困难群众情况。此册为第二册。

【叙录编号】　0041

【档案题名】

　　导河县旱灾救济会北区第三段十二、十三、二十、二十一等会调查册

【发文单位】　不详

【收文单位】　不详

【档案编号】　113-001-0004-0001

【成文时间】　1927-02

【收藏单位】　临夏回族自治州档案馆

【涉及地域】　导河县

【关　键　词】　旱灾救济会

【内容提要】

　　此案卷涉及导河县旱灾救济会民国十六年（1927）2月对西区第三段十二、十三、二十、二十一等会社村的调查，包括村民的姓名、与荒灾相关的经历和困难群众情况。

【叙录编号】　0042

【档案题名】

　　导河县旱灾救济会北区一、四、八、九、十、二十、二十一、二十二等会调查册

【发文单位】　不详

【收文单位】　不详

【档案编号】　113-001-0005-0001

【成文时间】　1927-02

【收藏单位】　临夏回族自治州档案馆

【涉及地域】　导河县

【关　键　词】　旱灾救济会

【内容提要】

　　此案卷涉及导河县旱灾救济会民国十六年（1927）2月对北区一、四、八、九、十、二十、二十一、二十二等会社村的调查，包括村民的姓名、与荒灾相关的经历和困难群众情况。

【叙录编号】　0043

【档案题名】

　　导河县旱灾救济会北区第三段二、三、七、十六、十七、十八、十九等会调查册

【发文单位】　不详

【收文单位】　不详

【档案编号】　113-001-0006-0001

【成文时间】　1927-02

【收藏单位】　临夏回族自治州档案馆

【涉及地域】　导河县

【关　键　词】　旱灾救济会

【内容提要】

　　此案卷涉及导河县旱灾救济会民国十六年

（1927）2月对北区第三段二、三、七、十六、十七、十八、十九等会社村的调查，包括村民的姓名、与荒灾相关的经历和困难群众情况。此册为第一册。

【叙录编号】　0044
【档案题名】

导河县旱灾救济会北区第三段二、三、七、十六、十七、十八、十九等会调查册

【发文单位】　不详
【收文单位】　不详
【档案编号】　113-001-0007-0001
【成文时间】　1927-02
【收藏单位】　临夏回族自治州档案馆
【涉及地域】　导河县
【关　键　词】　旱灾救济会
【内容提要】

此案卷涉及导河县旱灾救济会民国十六年（1927）2月对北区第三段二、三、七、十六、十七、十八、十九等会社村的调查，包括村民的姓名、与荒灾相关的经历和困难群众情况。此册为第二册。

【叙录编号】　0045
【档案题名】

临夏县救济院在本县鱼池乡灾民调查清册

【发文单位】　临夏县救济院
【收文单位】　不详
【档案编号】　127-001-0001-0001
【成文时间】　不详
【收藏单位】　临夏回族自治州档案馆
【涉及地域】　临夏县
【关　键　词】　救济院
【内容提要】

此案卷涉及临夏县救济院在鱼池乡的灾民调查情况，包括灾民的姓名、家庭人口数量、

应领赈粮的信息。

【叙录编号】　0046
【档案题名】

临夏县救济院民国三十六年（1947）1—7月份食粮、经费、四柱清册；8—12月份生活补助费存数清册及支薪俸食粮单据

【发文单位】　临夏县救济院
【收文单位】　不详
【档案编号】　127-001-0003-0001
【成文时间】　1947-05—1948-01
【收藏单位】　临夏回族自治州档案馆
【涉及地域】　临夏县
【关　键　词】　救济院
【内容提要】

此案卷主要涉及救济院民国三十六年（1947）的食粮、经费、四柱清册等方面的资料，其中救济院收支有一项为存储粮食。

【叙录编号】　0047
【档案题名】

临夏县救济院发放信义乡、和平镇、城关镇救济灾民赈款清册

【发文单位】　临夏县救济会
【收文单位】　临夏县县长
【档案编号】　127-001-0005-0001
【成文时间】　不详
【收藏单位】　临夏回族自治州档案馆
【涉及地域】　临夏县
【关　键　词】　救济院
【内容提要】

此案卷涉及临夏县救济院发放给信义乡、和平镇、城关镇救济灾民赈款清册、救济院向临夏县政府汇报救济情况和索要救济款项的呈。

二、水灾类档案

【叙录编号】　0048

【档案题名】

　　甘肃省建设厅技正盛石如、黄河水利委员会助理工程师段注才关于报送洮河暴涨永宁浮桥被水冲毁情况致甘肃省政府的签呈

【发文单位】　甘肃省建设厅

【收文单位】　甘肃省政府

【档案编号】　027-001-0031-0004

【成文时间】　1943

【收藏单位】　甘肃省档案馆

【涉及地域】　甘肃省

【关 键 词】　洮河

【内容提要】

　　据临洮县电，该县洮河暴涨，永宁浮桥及堤工被冲毁，工程量甚大，请派员查勘，特此签呈。以下具言河堤工程、永宁浮桥冲毁原因与详细情形。

【叙录编号】　0049

【档案题名】

　　甘肃省临夏县苗圃关于请款修理永利水渠及场内八卦亭并造具详细预算表给临夏县政府的呈

【发文单位】　临夏县苗圃

【收文单位】　临夏县政府

【档案编号】　126-001-0002-0004

【成文时间】　1939-03-10

【收藏单位】　临夏市档案馆

【涉及地域】　临夏县

【关 键 词】　永利水渠；水灾

【内容提要】

　　此案卷是临夏县苗圃向县政府报告民国二十年（1938）8,月该县西郊永利水渠、场内八卦亭及办公场所被遭水灾受损情况，并向县政府请求拨款兴修。后附预算表1份。

三、地震及地质灾害类档案

【叙录编号】　0050

【档案题名】

　　甘肃省社会处关于临洮县卧龙、玉井、瑞谭3乡遭受冰雹山洪灾害致甘肃省建设厅的便函

【发文单位】　甘肃省社会处

【收文单位】　甘肃省建设厅

【档案编号】　027-001-0316-0011

【成文时间】　1946-07-26

【收藏单位】　甘肃省档案馆

【涉及地域】　临洮县

【关 键 词】　工作报告

【内容提要】

　　查甘肃省社会处关于临洮县卧龙、玉井、瑞谭3乡遭受冰雹、山洪,何专员及县政府电报甘肃省建设厅当电令后复勘详报在案合并说明,社会处。

【叙录编号】　0051

【档案题名】

　　甘肃省农业改进所关于报送临洮县卧龙、玉井、瑞谭3乡遭受冰雹山洪灾害情形致甘肃省建设厅的呈文

【发文单位】　甘肃省农业改进所

【收文单位】　甘肃省社会处

【档案编号】　027-001-0316-0012

【成文时间】　1946-07-17

【收藏单位】　甘肃省档案馆

【涉及地域】　临洮县

【关 键 词】　工作报告

【内容提要】

　　甘肃省农业改进所报送临洮县农业推广所报临洮县6月28日被冰雹打得寸草无根,秋夏田禾均无完整,受灾面积1.2万亩。卧龙受灾2.1万亩左右。

四、其他灾害与复合灾害类档案

【叙录编号】　0052

【档案题名】

　　甘肃省政府等关于洮沙县何家岭受灾情况的各类文件

【发文单位】　甘肃省政府;洮沙县政府

【收文单位】　洮沙县政府;甘肃省政府

【档案编号】　004-004-0111-(0001-0002)

【成文时间】　1937-08-09;1937-08-02

【收藏单位】　甘肃省档案馆

【涉及地域】　洮沙县

【关 键 词】　受灾;粮草

【内容提要】

　　甘肃省政府令洮沙县速速填报何家岭灾害损失报告表。在此之前,该县已向甘肃省政府呈报何家岭的受灾情况。

【叙录编号】　0053

【档案题名】

　　因民夫见背遵遗顾加匪灾天旱钜困已经三载,时于本年应完粮赋无法负担,珍念钧座饬员勘察豁免或减少田粮,蒙念再生之德呈请

【发文单位】　吴生安妻吴赵氏

【收文单位】　临洮县县长;临洮县副处长

【档案编号】　133-1-39-47

【成文时间】　1947-11-16

【收藏单位】　定西市档案馆

【涉及地域】　临洮县

【关 键 词】　减免赋税

【内容提要】

　　吴赵氏上呈临洮县政府,因其夫已亡,近年又屡遭匪灾、旱灾,今年又大旱,麦苗多枯死,待秋季种糜谷时又遇阴雨天气,实在无法完纳税粮,故恳请豁免或减少田赋。

【叙录编号】　0054
【档案题名】
　　铁坝乡公所奉办民政、禁政工作的呈文、训令及卓尼设治局关于民政、禁政工作的训令、捐令、密令（下）
【发文单位】　卓尼设治局
【收文单位】　铁坝乡公所
【档案编号】　1-3-2-31-2
【成文时间】　1946-08-23
【收藏单位】　甘南藏族自治州档案馆
【涉及地域】　铁坝乡
【关　键　词】　调查；蝗灾
【内容提要】
　　调查该县受蝗虫伤害的田禾及冰雹等灾情，汇制成表向卓尼设治局汇报。

【叙录编号】　0055
【档案题名】
　　临潭县西平乡公所灾情卷
【发文单位】　临潭县西平乡第二保上寨民众；第三水磨川全体民众
【收文单位】　西平乡公所
【档案编号】　1-2-1-223-（001-0042）
【成文时间】　1948-04-20
【收藏单位】　甘南藏族自治州档案馆
【涉及地域】　临潭县

【关　键　词】　雹灾
【内容提要】
　　此案卷主要呈现临潭县西平乡在民国三十六年（1947）发生的雹灾情况。其中包括雹灾对农业的破坏和对当地民众的影响以及当地的募捐举措。

【叙录编号】　0056
【档案题名】
　　临夏县锁南镇公所雹灾调查及各保住户名单、民呈状子、派令
【发文单位】　临夏县锁南镇公所第九保
【收文单位】　锁南镇
【档案编号】
　　153-0001-（0002、0003、0009）
【成文时间】　1945-01-24—1947-04-08
【收藏单位】　临夏回族自治州档案馆
【涉及地域】　临夏县
【关　键　词】　冰雹；洪水暴涨
【内容提要】
　　临夏县锁南镇公所第九保松树庄、哇房庄、大树庄、老庄、什若岭（石若莲）向锁南镇汇报冰雹灾害对农业的破坏情况，并请求免税。副镇长查看完情况向镇长汇报。锁南镇发生横水暴涨，锁南镇向公所报告。

五、综合赈务类档案

【叙录编号】　0057
【档案题名】
　　甘肃省民政厅、财政厅呈甘肃省政府陇西、永靖2县；榆中等11县；宁定、临夏、临泽3县；华亭等11县；康乐设治局；泾川、礼县等因水旱雹灾请蠲缓银粮的各类文件
【发文单位】　甘肃省民政厅；甘肃省财政厅等
【收文单位】　甘肃省民政厅；甘肃省财政厅等

【档案编号】 015-005-0225-（0001-0026）

【成文时间】 1935-02-12—1935-11-30

【收藏单位】 甘肃省档案馆

【涉及地域】 康乐设治局等

【关 键 词】 水灾；税款

【内容提要】

此案卷共26份文件。包括陇西、永靖2县（0001-0007）；榆中等11县（榆中、永登、甘谷、崇信、永靖、高台、皋兰、定西、岷县、民勤、文县）（0008-0010）；宁定、临夏、临潭3县（0011-0015）；华亭等11县（华亭、渭源、靖远、临夏、陇西、海原、礼县、临洮、高台、民勤、天水）及康乐设治局（0016-0018）；会宁、泾川、礼县、华亭（0019-0026）等地民国二十三年（1934）遭水旱雹灾请蠲缓银粮5案，每案均由省民政厅、财政厅会呈案情，并报蠲缓银粮清册或简明表于甘肃省政府电鉴核转，省政府咨内政部、财政部核查回文两厅，相符者准予备案并由两厅知照县政府公示蠲缓数额，抄布告1份以备查。不相符者更造清册再请呈转。

【叙录编号】 0058

【档案题名】

甘肃省民政厅关于岷县灾荒请缓征丁粮亩款的各类文件

【发文单位】 岷县政府；甘肃省民政厅等

【收文单位】 岷县政府；甘肃省民政厅等

【档案编号】 015-006-0099-（0004-0006）

【成文时间】 1935-06-28—1935-07-16

【收藏单位】 甘肃省档案馆

【涉及地域】 岷县

【关 键 词】 雹灾；旱灾；丁粮亩款

【内容提要】

岷县政府呈文省民政厅该县良恭、马坞、宕昌、中寨等乡镇因雹、旱灾导致青黄不接，民生困顿，请暂缓征丁粮亩款。省民政厅咨财政厅主稿会办，财政厅回文已指令岷县县长酌情办理，咨复民政厅查照。

【叙录编号】 0059

【档案题名】

甘肃省政府关于送各县被灾蠲免田赋简明表咨省民政厅的各类文件

【发文单位】 甘肃省政府

【收文单位】 甘肃省民政厅；甘肃省财政厅等

【档案编号】 015-006-0333-（0013-0024）

【成文时间】 1936—1938

【收藏单位】 甘肃省档案馆

【涉及地域】 甘肃受灾各县

【关 键 词】 灾害；蠲免田赋

【内容提要】

此案卷共12份文件，均与省政府报送内政部、财政部省内受灾县情况及蠲免田赋简明表，咨文省民政厅有关。其中报送民国二十四年（1935）受灾县包含平凉、定西、临潭、洮沙、榆中、崇信、临洮、皋兰、华亭、庄浪、岷县及康乐设治局。民国二十六年（1937）受灾县包含临夏、和政、宁定、榆中、临洮、西固、临潭、陇西、华亭、会宁县。内政、财政部会同复核备案，令省政府训令各县布告民众周知。

【叙录编号】 0060

【档案题名】

甘肃省政府送榆中、洮沙、西固等县民国二十六年（1937）被灾蠲免田赋简明表请查核转报并希见复的咨文

【发文单位】 甘肃省政府

【收文单位】 甘肃省内政部；甘肃省财政部

【档案编号】 015-006-0333-0015

【成文时间】 1937-02-04

【收藏单位】 甘肃省档案馆

【涉及地域】 榆中县；洮沙县

【关 键 词】 灾害；蠲免田赋

【内容提要】

　　表中记载榆中县民国二十五年（1936）第4、5两区金家崖等庄；洮沙县第2、3、4区中咀寺儿等庄被雹灾。

【叙录编号】 0061

【档案题名】

　　送华亭、庄浪、岷县、临潭、陇西等县被灾蠲免田赋简明表请查核转报并希见复的咨文

【发文单位】 甘肃省政府

【收文单位】 甘肃省内政部；甘肃省财政部

【档案编号】 015-006-0333-0024

【成文时间】 1937-10-27

【收藏单位】 甘肃省档案馆

【涉及地域】 华亭县；庄浪县；岷县；临潭县；陇西县

【关 键 词】 灾害；蠲免田赋

【内容提要】

　　表中记载华亭县第2、3、4区各村庄；庄浪县第1、3、4、5、6各区；岷县宕昌等乡；临潭县第6区旧城；陇西县西区各保被雹灾。

【叙录编号】 0062

【档案题名】

　　送平凉县、康乐设治局民国二十五年（1936）被灾蠲免田赋简明表请查核转报并希见复的咨文

【发文单位】 甘肃省政府

【收文单位】 甘肃省内政部；甘肃省财政部

【档案编号】 015-006-0333-0013

【成文时间】 1937-04-30

【收藏单位】 甘肃省档案馆

【涉及地域】 平凉县；康乐设治局

【关 键 词】 灾害；蠲免田赋

【内容提要】

　　表中记载平凉县第2、3、5各区；康乐设治局第1、2两区被雹灾。

【叙录编号】 0063

【档案题名】

　　送定西县、临潭县民国二十五年（1936）被灾蠲免田赋简明表请查核转报并希见复的咨文

【发文单位】 甘肃省政府

【收文单位】 甘肃省内政部；甘肃省财政部

【档案编号】 015-006-0333-0014

【成文时间】 1937-02-27

【收藏单位】 甘肃省档案馆

【涉及地域】 定西县；临潭县

【关 键 词】 灾害；蠲免田赋

【内容提要】

　　表中记载定西县第2、5两区各村；临潭县第2区唐旗等寨被雹灾。

【叙录编号】 0064

【档案题名】

　　甘肃省民政厅关于洮沙县乡民请豁免亩款减轻负担的往来文件

【发文单位】 杨成祯等；甘肃省政府

【收文单位】 杨成祯等；甘肃省民政厅等

【档案编号】 015-006-0477-（0027-0028）

【成文时间】 1936-03-20—1936-03-21

【收藏单位】 甘肃省档案馆

【涉及地域】 洮沙县

【关 键 词】 雹灾；旱灾；亩款

【内容提要】

　　洮沙县中孚乡民杨成祯等呈文省民政厅土地干旱严重，雹伤农田难以缴纳亩款，恳将客岁尾欠亩款准予豁免。省民政厅呈文省政府，省政府回文令禁烟局核查决定是否豁免，将办理情形具报备查。

【叙录编号】 0065

【档案题名】

甘肃省财政厅不同意暂缓开设临夏唐汪乡被灾地亩民国三十一年（1942）田赋给唐百川的批示

【发文单位】 甘肃省财政厅

【收文单位】 唐百川

【档案编号】 027-006-0456-0019

【成文时间】 1943-03-25

【收藏单位】 甘肃省档案馆

【涉及地域】 临夏县

【关 键 词】 灾害；水利；修渠

【内容提要】

财政厅对临夏唐百川等人呈缓征被灾地亩赋税及以工代赈修渠一事予以回复。不批准蠲缓一事，令其照小型水利贷款办法进行水利修渠建设。

【叙录编号】 0066

【档案题名】

临洮县第一保乡民送临洮县政府请求救济并减免负担的呈

【发文单位】 瓦光隆；郭子修

【收文单位】 临洮县县长

【档案编号】 133-1-39-52

【成文时间】 1948-01

【收藏单位】 定西市档案馆

【涉及地域】 临洮县

【关 键 词】 减免赋税

【内容提要】

该县第一保乡民上呈临洮县政府，因今年古六月二十日陡降冰雹，不幸竟将秋夏田禾损伤净尽，没有收成。加之山洪暴发，家家室如悬罄生活无法继续，故请求救济并减免一切负担。

【叙录编号】 0067

【档案题名】

插岗乡公所奉办民政等项工作呈文、训令及卓尼设治局关于民政等工作的训令、指令

【发文单位】 农林部洮河流域国有林区管理处

【收文单位】 临潭县政府

【档案编号】

1-3-2-20-（0007-0010、0088-0093）

【成文时间】 1948-01-27

【收藏单位】 甘南藏族自治州档案馆

【涉及地域】 卓尼设治局

【关 键 词】 冬令救济

【内容提要】

此案卷有卓尼县设治局关于冬令救济款、令各地如实填写马、骡、驼调查表（附填表说明，包括用役、年龄、体高等）的来往公文。

【叙录编号】 0068

【档案题名】

夏河县民众抗敌后援会公函；民众教育馆、示范镇公所公函；三青团夏河分团筹备处警察局公函；甘肃省商会联合会公函；国民党夏河县执行委员会公函（下）

【发文单位】 夏河县政府

【收文单位】 夏河县民众教育馆等

【档案编号】

1-1-1-（0079-0080、0091-0092、0148-0002）

【成文时间】 1944-12-14—1948-08-06

【收藏单位】 甘南藏族自治州档案馆

【涉及地域】 夏河县

【关 键 词】 节食救灾

【内容提要】

夏河县根据甘肃省的要求，发起节食1日运动，最后款项交由甘肃省银行夏河办事处。此外，夏河县商会参与鲁灾赈济活动，配合甘宁青各界鲁灾筹赈委员会的工作。

叁　自然资源开发与生态保护类档案

一、综合开发与保护类档案

【叙录编号】　0069

【档案题名】

　　民国三十五年（1946）全省行政会议（临夏区）讨论记录

【发文单位】　甘肃省政府

【收文单位】　甘肃省政府

【档案编号】　004-001-0493-0001

【成文时间】　1946

【收藏单位】　甘肃省档案馆

【涉及地域】　甘肃省

【关　键　词】　农田水利

【内容提要】

　　讨论主要涉及经济建设五年计划实施，各厅提案涉及扩大本省中心地区铺砂合作业务与小型农田水利改良土壤、防治小麦黑穗病、保育苗圃。

【叙录编号】　0070

【档案题名】

　　中国国民党甘肃省临潭县执行委员会关于报送本县铁城乡农会章程、名册、印模给中国国民党甘肃执行委员会的呈文

【发文单位】　临潭县

【收文单位】　甘肃省政府

【档案编号】　004-004-0113-0009

【成文时间】　1942-03-08

【收藏单位】　甘肃省档案馆

【涉及地域】　临潭县

【关　键　词】　农会章程

【内容提要】

　　《临潭县铁城乡农会组织章程》，农会章程之中任务：土地之改良事项、森林之培植与保护事项、水旱虫灾之防治与救济事项、农业教育推广事业。

【叙录编号】　0071

【档案题名】

　　甘肃省政府、永昌、漳县、和政、民乐等县政府报送民国二十九年（1940）地方岁入岁出总预算书

【发文单位】　和政县政府；民乐县县政府等

【收文单位】　甘肃省政府

【档案编号】　004-002-0268-（0001-0005）

【成文时间】　1943-01

【收藏单位】　甘肃省档案馆

【涉及地域】　甘肃省

【关　键　词】　预算书

【内容提要】

　　主要包含岁入经常门类，科目、上半年预算、本年度预算数、增减比数、备注，　出主要门类涉及税收、米粮、租金、行政费。建设支出类涉及农事费、造林费。

【叙录编号】　0072

【档案题名】

　　临潭县新城乡农会组织章程

【发文单位】　临潭县

【收文单位】　甘肃省政府

【档案编号】　004-004-0113-0003

【成文时间】　不详

【收藏单位】　甘肃省档案馆

【涉及地域】　临潭县

【关 键 词】　农会章程

【内容提要】

　　农会章程之中任务：涉及土地之改良事项、森林之培植与保护事项、水旱虫灾之防治与救济事项、农业教育推广事业。

【叙录编号】　0073

【档案题名】

　　临潭县旧城乡农会组织章程

【发文单位】　临潭县

【收文单位】　甘肃省政府

【档案编号】　004-004-0113-0004

【成文时间】　不详

【收藏单位】　甘肃省档案馆

【涉及地域】　临潭县

【关 键 词】　农会章程

【内容提要】

　　农会章程之中任务：涉及土地之改良事项、森林之培植与保护事项、水旱虫灾之防治与救济事项、农业教育推广事业。

【叙录编号】　0074

【档案题名】

　　临潭县马牌乡农会简章

【发文单位】　临潭县

【收文单位】　甘肃省政府

【档案编号】　004-004-0113-0005

【成文时间】　不详

【收藏单位】　甘肃省档案馆

【涉及地域】　临潭县

【关 键 词】　农会章程

【内容提要】

　　农会章程之中任务：涉及土地之改良事项、森林之培植与保护事项、水旱虫灾之防治与救济事项、农业教育推广事业。

【叙录编号】　0075

【档案题名】

　　临潭县宋家庄乡农会简章

【发文单位】　临潭县

【收文单位】　甘肃省政府

【档案编号】　004-004-0113-0006

【成文时间】　不详

【收藏单位】　甘肃省档案馆

【涉及地域】　临潭县

【关 键 词】　农会章程

【内容提要】

　　农会章程之中任务：涉及土地之改良事项、森林之培植与保护事项、水旱虫灾之防治与救济事项、农业教育推广事业。

【叙录编号】　0076

【档案题名】

　　康乐设治局实施新县志之意见

【发文单位】　不详

【收文单位】　不详

【档案编号】　004-004-（0163、0165）

【成文时间】　不详

【收藏单位】　甘肃省档案馆

【涉及地域】　不详

【关 键 词】　不详

【内容提要】

　　不详。

【叙录编号】　0077

【档案题名】

　　渭源、临夏、临洮等县政府民国二十三年（1934）米粮草束银钱统计报告表

【发文单位】　渭源县政府；临夏县政府等

【收文单位】　甘肃省民政厅等

【档案编号】　015-005-0211-（0001-0003）

【成文时间】　1935

【收藏单位】　甘肃省档案馆

【涉及地域】　渭源县；临夏县；临洮县

【关　键　词】　米粮草束；时估表

【内容提要】

此案卷共3份文件。为渭源县、临夏县政府呈报民国二十三年（1934）1—12月份米粮草束银钱统计报告表；临洮县政府呈报民国二十三年（1934）1—11月份米粮草束银钱统计报告表。包括各种作物类别、重量、时价等内容。其中，米粮草束银钱时估表表头包括：类别（大米、糯米、黄米、小米、粟米、大麦、小麦、红麦、燕麦、莜麦、荞麦、大豆、黄豆、豌豆、扁豆、苞谷、芝麻、胡麻、青稞、糜子、高粱、麦麸、菜籽、其他）；量别；重量；时价；具体月份；比较上月增（减）量。

【叙录编号】　0078

【档案题名】

康乐设治局关于报送本县民国二十五年（1936）2月份建设工作报告表致甘肃省建设厅的呈文

【发文单位】　康乐设治局

【收文单位】　甘肃省政府

【档案编号】　027-001-0145-（0003-0004）

【成文时间】　1936-03-21

【收藏单位】　甘肃省档案馆

【涉及地域】　康乐设治局

【关　键　词】　农林

【内容提要】

报告包括："农业类"乡间农民培植肥料；"水利类"设法回复疏浚渠道，县西北苏家集拟开新渠，饬各保甲保护公私林木，苗圃经费较为困难。甘肃省政府回令准予备查。

【叙录编号】　0079

【档案题名】

临夏县政府关于报送本县民国二十五年（1936）3月份建设工作报告表致甘肃省建设厅的呈文

【发文单位】　临夏县政府

【收文单位】　甘肃省建设厅

【档案编号】　027-001-0145-（0009-0010）

【成文时间】　1936-03-27

【收藏单位】　甘肃省档案馆

【涉及地域】　临夏县

【关　键　词】　农林

【内容提要】

报告包括："农务类"各乡镇将肥料运齐；"水利类"各渠堤坝已由各水总甲等率领维修；"林业类"孙中山先生逝世11周年纪念植树活动；苗圃因地寒不宜试种。

【叙录编号】　0080

【档案题名】

甘肃省民政厅关于检送临潭县政府民国三十六年（1947）1—3月份工作报告给甘肃省建设厅的函

【发文单位】　临潭县政府

【收文单位】　甘肃省建设厅

【档案编号】　027-001-0178-（0007-0008）

【成文时间】　1947-05-03—1947-05-06

【收藏单位】　甘肃省档案馆

【涉及地域】　临潭县

【关　键　词】　报表

【内容提要】

报告包括："建设类"植树造林（栽种行道树）修筑道路、制造植树牌等。

【叙录编号】　0081

【档案题名】

甘肃省民政厅关于检送夏河县政府民国三十六年（1947）1—6月份工作报告给甘肃省建设厅的函

【发文单位】　夏河县政府

【收文单位】　甘肃省建设厅

【档案编号】

027-001-0178-（0013-0014）；

027-001-0182-（0015-0016）

【成文时间】　1947-05-10—1947-05-13

【收藏单位】　甘肃省档案馆

【涉及地域】　夏河县

【关 键 词】　报表

【内容提要】

报告内容包括："建设"修建岷夏公路、春季植树造林、筹措续修夏临县道、修补市街及改进市容等内容。

【叙录编号】　0082

【档案题名】

甘肃省民政厅关于检送卓尼设治局民国三十六年（1947）1—6月份工作报告给甘肃省建设厅的函

【发文单位】　卓尼设治局

【收文单位】　甘肃省建设厅

【档案编号】

027-001-0180-（0005-0006）；

027-001-0181-（0001-0002）

【成文时间】　1947-05-17—1947-05-19

【收藏单位】　甘肃省档案馆

【涉及地域】　卓尼设治局

【关 键 词】　报表

【内容提要】

报告包括营建、农林、度政3部分。

【叙录编号】　0083

【档案题名】

会川县政府建设科民国三十六年（1947）1—3月，4—7月，10—12月份工作报告

【发文单位】　会川县政府

【收文单位】　甘肃省建设厅

【档案编号】

027-001-0181-（0001-0002）；

027-001-0185-（0009-0010）

【成文时间】　1947-05-13—1947-05-27

【收藏单位】　甘肃省档案馆

【涉及地域】　会川县

【关 键 词】　报表

【内容提要】

报告为表格。包含育苗造林、水土保持、修筑道路、修筑河堤、黄香沟开垦。附《会川县政府建设科民国三十六年7—9月份工作报告》包含育苗造林、水土保持、修筑道路、改良籽种。附《会川县政府建设部门民国三十六年（1947）10-12月份工作报告》包含移苗造林、水土保持等内容。

【叙录编号】　0084

【档案题名】

甘肃省民政厅关于检送宁定县政府民国三十六年（1947）4—6月，10—12月份工作报告给甘肃省建设厅的函

【发文单位】　宁定县政府

【收文单位】　甘肃省建设厅

【档案编号】

027-001-0182-（0009-0010）；

027-001-0186-（0001-0002）

【成文时间】　1947-08-01—1947-08-05

【收藏单位】　甘肃省档案馆

【涉及地域】　宁定县

【关 键 词】　报表

【内容提要】

报告包含"水利类"修建窝坨湾水渠及吓家水渠、修建广通河；"农林类"防治小麦黑穗病、育苗造林、乡镇秋季造林、筹设苗圃。

【叙录编号】　0085

【档案题名】

甘肃省民政厅关于临夏县政府民国三十六年（1947）7—12月份工作报告给甘肃省建设

厅的函

【发文单位】 临夏县政府

【收文单位】 甘肃省建设厅

【档案编号】 027-001-0184-（0009-0010）

【成文时间】 1947-10-17—1947-10-27

【收藏单位】 甘肃省档案馆

【涉及地域】 临夏县

【关 键 词】 报表

【内容提要】

《建设部门工作报告》包含继续修筑道路桥涵、育苗造林。

【叙录编号】 0086

【档案题名】

洮沙县政府关于上报民国三十六年（1947）7—12月工作报告致甘肃省建设厅的呈文

【发文单位】 洮沙县政府

【收文单位】 甘肃省建设厅

【档案编号】 027-001-0189-（001-0002）

【成文时间】 1948-01-13—1948-01-29

【收藏单位】 甘肃省档案馆

【涉及地域】 洮沙县

【关 键 词】 报表

【内容提要】

报告包括："建设类"修补兰临大车道；"水利类"挖十户渠；"农林类"移植榆树苗、各乡镇植树、保护树苗；修建卫生院。

【叙录编号】 0087

【档案题名】

甘肃省民政厅关于检送卓尼设治局民国三十七年（1948）1—3月份工作报告给甘肃省建设厅的函

【发文单位】 卓尼设治局

【收文单位】 甘肃省建设厅

【档案编号】 027-001-0192-（0003-0004）

【成文时间】 1948-05-21—1948-05-25

【收藏单位】 甘肃省档案馆

【涉及地域】 卓尼设治局

【关 键 词】 报表

【内容提要】

报告包括"农林类"植树造林、修筑河堤、育苗、畜牧；"建设类"修筑乡镇道路。

【叙录编号】 0088

【档案题名】

甘肃省民政厅关于送卓尼设治局民国三十七年（1948）1—3月份工作报告给甘肃省建设厅的函

【发文单位】 卓尼设治局

【收文单位】 甘肃省建设厅

【档案编号】 027-001-0192-（0003-0004）

【成文时间】 1948-05-25—1948-05-27

【收藏单位】 甘肃省档案馆

【涉及地域】 榆中县

【关 键 词】 植树；育苗

【内容提要】

报告包括："农林类"植树造林、育苗造林、畜牧；"建设类"修建县乡镇道路。

【叙录编号】 0089

【档案题名】

甘肃省民政厅关于送会川县政府民国三十七年（1948）1—3月，7—9月份工作报告给甘肃省建设厅的函

【发文单位】 会川县政府

【收文单位】 甘肃省建设厅

【档案编号】

027-001-0192-（0005-0006）；

027-001-0199-（0004-0005）

【成文时间】 1948-05-27—1948-05-28

【收藏单位】 甘肃省档案馆

【涉及地域】 会川县

【关 键 词】 植树；育苗
【内容提要】

《会川县政府第三科民国三十七年（1948）1—3月工作报告》，附县苗圃育苗及播种、保持水土、保校林、行道树、挖掘水平沟、修补公路。《会川县政府第三科民国三十七年（1948）7—9月工作报告》包括苗圃移苗播种、修筑车道等。

【叙录编号】 0090
【档案题名】

甘肃省民政厅关于送临夏县政府民国三十七年（1948）1—9月份工作报告给甘肃省建设厅的函
【发文单位】 临夏县政府
【收文单位】 甘肃省建设厅
【档案编号】

027-001-0194-（0013-0014）；

027-001-0196-（0013-0014）；

027-001-0201-（0008-009）
【成文时间】 1948-04-30—1948-05-11
【收藏单位】 甘肃省档案馆
【涉及地域】 临夏县
【关 键 词】 植树；育苗
【内容提要】

报告包括："农林类"育苗造林、防治病虫；"建设类"修筑道路桥梁。甘肃省政府和文准予备查。"建设类"还包括继续修筑道路桥梁、育苗造林护林、水土保持。

【叙录编号】 0091
【档案题名】

甘肃省民政厅关于送和政县政府民国三十七年（1948）1—3月份工作报告给甘肃省建设厅的函
【发文单位】 和政县政府
【收文单位】 甘肃省建设厅

【档案编号】

027-001-0195-（0003-0004）；

027-001-0202-（0011-0012）
【成文时间】 1948-05-06—1948-12-11
【收藏单位】 甘肃省档案馆
【涉及地域】 和政县
【关 键 词】 植树；育苗
【内容提要】

报告包括："农林类"植树造林（集体造林、行道树）、育苗；"建设类"修建洮循公路、修整桥涵。文内附《和政县公路行道树保护办法》9条，规定树木保护权责及破坏树木之惩处。《和政县乡镇造林护林公约》5条。

【叙录编号】 0092
【档案题名】

甘肃省民政厅关于送宁定县政府民国三十七年（1948）4—6月份工作报告给甘肃省建设厅的函
【发文单位】 宁定县政府
【收文单位】 甘肃省建设厅
【档案编号】 027-001-0196-（0013-0014）
【成文时间】 1948-08-03—1948-08-09
【收藏单位】 甘肃省档案馆
【涉及地域】 宁定县
【关 键 词】 植树；育苗
【内容提要】

报告包括："建设类"电话机设置、洮河渡船、督修桥涵。

【叙录编号】 0093
【档案题名】

甘肃省民政厅关于送洮沙县政府民国三十七年（1948）1—9月份重要工作报告给甘肃省建设厅的函及甘肃省政府审核意见
【发文单位】 洮沙县政府
【收文单位】 甘肃省建设厅

【档案编号】 027-001-0201-0012

【成文时间】 1948-11-20

【收藏单位】 甘肃省档案馆

【涉及地域】 洮沙县

【关 键 词】 植树；育苗

【内容提要】

　　报告包括："农业类"督导植树造林、改进羊毛；"建设类"修筑城壕工事。

【叙录编号】 0094

【档案题名】

　　甘肃省民政厅关于送卓尼设治局民国三十七年（1948）7—9月份重要工作报告给甘肃省建设厅的函及甘肃省政府审核意见

【发文单位】 卓尼设治局

【收文单位】 甘肃省建设厅

【档案编号】 027-001-0201-0013

【成文时间】 1948-11-02

【收藏单位】 甘肃省档案馆

【涉及地域】 卓尼设治局

【关 键 词】 植树；育苗

【内容提要】

　　报告包括："建设类"购交公用木材、设立民马配种所。

【叙录编号】 0095

【档案题名】

　　甘肃省民政厅关于送临潭县政府民国三十七年（1948）1—9月份重要工作报告给甘肃省建设厅的函及甘肃省政府审核意见

【发文单位】 临潭县政府

【收文单位】 甘肃省建设厅

【档案编号】 027-001-0203-0006

【成文时间】 1948-01-03

【收藏单位】 甘肃省档案馆

【涉及地域】 临潭县

【关 键 词】 植树；育苗

【内容提要】

　　报告包括："建设类"制发度量器、修整街道；"农林类"植树造林、建设县苗圃。

【叙录编号】 0096

【档案题名】

　　甘肃省民政厅关于送正宁县政府民国三十七年（1948）4—12月份重要工作报告给甘肃省建设厅的函及甘肃省政府审核意见

【发文单位】 正宁县

【收文单位】 甘肃省建设厅

【档案编号】 027-001-0203-0008

【成文时间】 1948-01-12

【收藏单位】 甘肃省档案馆

【涉及地域】 正宁县

【关 键 词】 植树；育苗

【内容提要】

　　报告包括："农林类"造林育苗（春季秋季造林、育苗）；"建设类"修筑道路。

【叙录编号】 0097

【档案题名】

　　西北防疫处请甘肃省政府拨付洮南林场为该处牧场的公函、训令与呈文

【发文单位】 临洮县政府；甘肃省建设厅等

【收文单位】 临洮县政府；西北防疫处等

【档案编号】

　　027-002-0122-（0003-0006、0008-0010）；

　　027-002-0124-（0001-0009）

【成文时间】 1937-08-17—1940-04-21

【收藏单位】 甘肃省档案馆

【涉及地域】 临洮县

【关 键 词】 林场；荒山

【内容提要】

　　临洮县黄岘沟一带有荒山，周围水草繁茂适合放牧。附临潭县、康乐县、渭源县地图，各1份，0122-0008《临洮县南乡荒山地图》。

甘肃省政府训令临洮县政府详查，建设厅回函临洮县南乡荒山查复后在划拨，临洮县回令此处划为林场不妨碍居民，建设厅回令事先公示1个月，居民无意见再行办理，甘肃省政府建议将荒山划为牧场，临洮县发布公告洮南林场如有私产请自行声明，建设厅训令临洮县政府公示期内产权应该另案办理，西北防疫处请处置洮南林场迅速拨付致函甘肃省政府。0122-0003附西北防疫处筹办洮南林场计划书1份。防疫处致函甘肃省政府询问购买办法，财政处要求更正收买民地办法第15条，西北防疫处修正报送。

【叙录编号】　0098
【档案题名】
　　甘肃省政府会计处编制临夏县民国三十四年（1945）地方岁入岁出总预算书
【发文单位】　临夏县政府；甘肃省政府会计处
【收文单位】　甘肃省建设厅
【档案编号】　027-002-0416-0002
【成文时间】　1945-03
【收藏单位】　甘肃省档案馆
【涉及地域】　临夏县
【关　键　词】　岁入岁出；预算
【内容提要】
　　《临夏县民国三十四年（1945）地方岁入岁出总预算书》包含：主要税课收入（土地、田赋、遗产、印花税等），保安、林务、水利委员会等。

【叙录编号】　0099
【档案题名】
　　甘肃省政府等关于德远渠纠纷、省立临洮农业职业学校开垦基金、渔业养蛙调查表等事的各类文件
【发文单位】　省立临洮农业职业学校
【收文单位】　甘肃省政府；甘肃省建设厅

【档案编号】　027-002-0557-（0008-0018）
【成文时间】　1942-05-23—1946-10-02
【收藏单位】　甘肃省档案馆
【涉及地域】　临洮县
【关　键　词】　德远渠；开垦基金；渔业；养蛙
【内容提要】
　　省立临洮农业职业学校向甘肃省政府呈报德远渠谋夺本校水磨一事，甘肃省政府令临洮县彻查此事。省立临洮农业职业学校呈报甘肃省政府，请准在农贷项下抵借本校新民滩的开垦基金，以便生产。关于此事，甘肃省建设厅致函中国农民银行兰州分行，请查明此事。该行回复，该校所请贷款可照农场贷款办法办理，拟定详细业务计划，向该行临洮信贷所申请。甘肃省建设厅将该行的回令转给该校。农林部致函甘肃省政府，将抄译的美国大使馆渔业调查表送达，甘肃省政府回令本县各河流无渔业，故无法填报该调查表。农林部又向甘肃省政府函送海洋渔业督导处组织条例、各省市养蛙调查表，甘肃省政府回令，本省无养蛙场，故无法填报。

【叙录编号】　0100
【档案题名】
　　洮沙县政府民国三十六年（1947）工作报告
【发文单位】　洮沙县政府
【收文单位】　甘肃省建设厅
【档案编号】　027-004-0645-0003
【成文时间】　1947
【收藏单位】　甘肃省档案馆
【涉及地域】　洮沙县
【关　键　词】　水利林业
【内容提要】
　　工作报告包括前言、甲、乙3部分。"甲"人事，裁并科室、人事训练、职员进修、康乐活动。"乙"民政历行（疑为"例行"之讹），

心理建设、禁政、赈灾、查缉户口宪政工作；财政，民国三十六年（1947）工作报告；土地税务，增设中心学校；建设，补修甘川公路、兴修大车道、补修堤坝、改善洮水渠、修治山水渠；农林，植树造林、县苗圃、挖水平沟、各乡镇植树；水利交通，掏挖十户渠；军事，调查壮丁、设置乡镇村队、组织训练队、训练民兵；会计，执行预算情形，壬田粮征借。

【叙录编号】　0101
【档案题名】
　　洮沙县政府统计手册目录
【发文单位】　洮沙县政府
【收文单位】　甘肃省建设厅
【档案编号】　027-004-0651-0006
【成文时间】　1948
【收藏单位】　甘肃省档案馆
【涉及地域】　洮沙县
【关 键 词】　水利林业
【内容提要】
　　统计手册包括：《县参议员数及学历年龄统计表》《乡镇人民代表数统计表》《社会统计表》《历年各项税收及献金粮数统计表》《历年造林面积义务劳动人数及苗圃数统计表》《历年种树统计表》《全县面积统计表》《全县学校数及教职人员学生数统计表》《历年国民兵数统计表》《民国三十五年（1946）人民额负担统计表》《保甲户口统计表》《合作社及社员数统计表》《历年征粮统计表》。

【叙录编号】　0102
【档案题名】
　　洮沙县政府民国三十七年（1948）工作计划及进度表
【发文单位】　洮沙县政府
【收文单位】　甘肃省建设厅
【档案编号】　027-004-0651-0007

【成文时间】　1948
【收藏单位】　甘肃省档案馆
【涉及地域】　洮沙县
【关 键 词】　水利林业
【内容提要】
　　《洮沙县政府民国三十七年（1948）工作计划》附《分月进度表》。工作计划包括：1. 继续推行心理建设包括新生活运动；2. 增组人民团体；3. 促进宪政工作；4. 续办户籍登记；5. 提倡农村副业等。行政部分（财）：自治捐税，营业税、土地税、公有产款，补给副业分月进度表。行政部分（合）：加强外勤指导提高工作效率、组织新设工程、推行示范社、加强合作生产、充实合作社业务等。行政部分（建）：模范林荒山造林、补修公路、修建河堤、修建蓄水池。

【叙录编号】　0103
【档案题名】
　　甘肃省政府关于专案上报县保苗圃成立详情及列表报送植树造林情况给临夏县政府的训令
【发文单位】　甘肃省政府
【收文单位】　甘肃省建设厅
【档案编号】　027-004-0671-（0008-0009）
【成文时间】　1947-06-07
【收藏单位】　甘肃省档案馆
【涉及地域】　临夏县
【关 键 词】　政绩
【内容提要】
　　甘肃省政府训令临夏县报送植树造林情况，甘肃省民政厅转发临夏县第1次工作检讨会记录。建设部分包括：扩充苗圃，每乡设立苗圃示范处，遵照实施种树浅说，分赴各乡采买行道树、严禁破坏公私有树木、治疗小麦黑穗病。

【叙录编号】　0104

【档案题名】

　　临夏县政府关于接收前任建设部门各项移交清册的呈文及清册

【发文单位】　临夏县政府

【收文单位】　甘肃省建设厅

【档案编号】　027-004-0673-（0001-0002）

【成文时间】　1948-03-28—1948-08-11

【收藏单位】　甘肃省档案馆

【涉及地域】　临夏县

【关 键 词】　政绩

【内容提要】

　　《临夏县政府民国三十六年（1947）2月至三十七年（1948）3月政绩交代表》。工作项目包括：建修桥梁、建筑公路、育苗造林、扩充县苗圃情况。

【叙录编号】　0105

【档案题名】

　　临夏县县长廖华坤接管前人所移交中山林大夏河滩及公路旁树株与县保苗圃道路移交清册

【发文单位】　临夏县县长

【收文单位】　甘肃省建设厅

【档案编号】　027-004-0673-0004

【成文时间】　1948-08

【收藏单位】　甘肃省档案馆

【涉及地域】　临夏县

【关 键 词】　政绩

【内容提要】

　　《甘肃省临夏县县长廖华坤接管前人所移交中山林大夏河滩及公路旁树株与县保苗圃道路等造具交代清册》。包括大夏河滩两旁柳树10290株、各种树木133330株；修建公路、现有苗木等情况。

【叙录编号】　0106

【档案题名】

　　宁定县政府建设科政绩交代表

【发文单位】　宁定县政府

【收文单位】　甘肃省建设厅

【档案编号】

　　027-004-0676-（0001-0002、0004-0006）

【成文时间】　1946-06—1947-10

【收藏单位】　甘肃省档案馆

【涉及地域】　宁定县

【关 键 词】　政绩

【内容提要】

　　宁定县政府建设科政绩交代表包含沿线公路植树、新修水渠、修筑河堤、保育县苗圃，水利局签呈建设，附宁定县第三科政绩交代表（包含洮河浮桥、补修公路沿线、植树造林、筹设第二苗圃、办理保苗圃、商业登记、工业登记），甘肃省政府回令部分政绩准予备查。

【叙录编号】　0107

【档案题名】

　　甘肃省政府关于请专家上报尕陈家渠处长情况并列表上报各保苗圃面积及育苗株数等详情给宁定县政府的指令

【发文单位】　甘肃省政府

【收文单位】　甘肃省建设厅

【档案编号】　027-004-0676-（0003-0007）

【成文时间】　1948-08-25

【收藏单位】　甘肃省档案馆

【涉及地域】　宁定县

【关 键 词】　政绩

【内容提要】

　　甘肃省政府关于请专家上报尕陈家渠处长情况并列表上报各保苗圃面积及育苗株数等详情的指令，宁定县政府报送该县开挖水平沟植树情况。

【叙录编号】　0108

【档案题名】

临夏县政府关于报送本县前任张县长移交建设部门政绩交代表、办理商业登记印制表及登记规费收支清册

【发文单位】　临夏县政府

【收文单位】　甘肃省建设厅

【档案编号】　027-004-0678-（0001-0004）

【成文时间】　1947-06—1947-09

【收藏单位】　甘肃省档案馆

【涉及地域】　临夏县

【关 键 词】　政绩

【内容提要】

《临夏县民国三十五年（1946）6月—三十六年（1947）12月政绩交代表》。政绩包括：修建桥梁、商业登记、勘察道路、育苗造林、修理公路。《临夏县县长陈茂柏造赍接管前任移交中山林大夏河滩公路旁植树及各苗圃与道路等造具交代清册》。包括洮循公路三十里铺至大夏河沿岸植杨柳树10390株等。《临夏县县长陈茂柏造赍接管前任移交中山林大夏河募款收支存款数目交代清册》。

【叙录编号】　0109

【档案题名】

甘肃省建设厅关于和政县政绩移交清册的文件

【发文单位】　和政县政府

【收文单位】　甘肃省建设厅

【档案编号】　027-004-0680-（0005-0009）

【成文时间】　1949-06-27—1949-07-11

【收藏单位】　甘肃省档案馆

【涉及地域】　和政县

【关 键 词】　政绩

【内容提要】

和政县县长刘绳非接收省县保管度量衡四柱清册、苗圃地及工具清册，甘肃省政府训令和政县补报苗圃数目清册、合作社消费基金清

册。财政厅转交建设厅和政县接收各种清册。

【叙录编号】　0110

【档案题名】

省建设厅甘州路第一段工务所关于请报送洮沙工厂地质及水位情况的各类文件

【发文单位】　省建设厅甘州路第一段工务所；甘肃省建设厅

【收文单位】　省建设厅甘州路第一段工务所；甘肃省建设厅

【档案编号】　027-008-0482

【成文时间】　1939-06-15—1939-06-21

【收藏单位】　甘肃省档案馆

【涉及地域】　洮沙县

【关 键 词】　水位情况

【内容提要】

省建设厅甘州路第一段工务所呈文省建设厅，称修路段据传有洮河水淹风险，请派员勘测洪水水位情况再行施工。省建设厅致函省建设厅制造厂扩展委员会请其查勘并核议具复。

【叙录编号】　0111

【档案题名】

洮惠渠管理处为渠堤附近出土宋代瓷碗一事致甘肃水利林牧公司的函

【发文单位】　甘肃水利林牧公司洮惠渠

【收文单位】　甘肃水利林牧公司总管理处

【档案编号】　039-001-0134-0010

【成文时间】　1944-11-17

【收藏单位】　甘肃省档案馆

【涉及地域】　临洮县

【关 键 词】　洮惠渠；渠堤；宋代瓷碗

【内容提要】

此案卷共1份文件。内容如题。

【叙录编号】　0112

【档案题名】

陇南牧场、甘肃水利林牧公司、经济部商标局就酥油更名一事的函
【发文单位】 陇南牧场；甘肃水利林牧公司等
【收文单位】 甘肃水利林牧公司；经济部商标局
【档案编号】 039-001-0139-（0026-0034）
【成文时间】 1944-10-19—1944-12-02
【收藏单位】 甘肃省档案馆
【涉及地域】 夏河县
【关 键 词】 酥油；巴塔油；白塔油；商标
【内容提要】
　　陇南牧场将高品质酥油更名为巴塔油（0026-0027）；甘肃水利林牧公司将巴塔油更名为白塔油（0028-0034）。

【叙录编号】 0113
【档案题名】
　　甘肃水利林牧公司、西北公路处等机构就临洮工程处所需水泥一事的往来公文
【发文单位】 甘肃水利林牧公司总管理处；工程师
【收文单位】 西北公路局；甘肃水利林牧公司总管理处
【档案编号】 039-001-0301-（0015-0018）
【成文时间】 1943-12-11
【收藏单位】 甘肃省档案馆
【涉及地域】 临洮县
【关 键 词】 水泥；小麦
【内容提要】
　　此案卷共4份文件。甘肃水利林牧公司就运输水泥赴洮并购小麦一事致师法天的函及证明（0018）。

【叙录编号】 0114
【档案题名】
　　农林部甘肃岷县垦区职员名单、垦区管理办法、规程、职员资历表等；党家川信用合作社会议记录等

【发文单位】 农林部甘肃岷县垦区管理局；农林部垦区总务局等
【收文单位】 农林部甘肃岷县垦区管理局；农林部垦区总务局
【档案编号】
　　历04-01-0334-（0003-0008、0009-0012）；历04-01-0336；历04-01-0339-0350
【成文时间】 1941—1943
【收藏单位】 酒泉市档案馆
【涉及地域】 天水县；岷县
【关 键 词】 垦区
【内容提要】
　　甘肃岷县垦区职员名单、垦区管理办法、规程、职员资历表等；党家川信用合作社会议记录。

【叙录编号】 0115
【档案题名】
　　农林部甘肃岷县垦区管理局民国三十二年（1943）职员食米代金报销清单
【发文单位】 农林部甘肃岷县垦区管理局；农林部垦区总务局
【收文单位】 农林部甘肃岷县垦区管理局；农林部垦区总务局
【档案编号】 历04-01-（0352-0358）
【成文时间】 1943
【收藏单位】 酒泉市档案馆
【涉及地域】 岷县
【关 键 词】 垦区
【内容提要】
　　农林部甘肃岷县垦区管理局民国三十二年（1943）职员食米代金报销清单。

【叙录编号】 0116
【档案题名】
　　农林部甘肃岷县垦区管理局民国三十二年（1943）公粮费报核清单

【发文单位】 农林部甘肃岷县垦区管理局；农
林部垦区总务局

【收文单位】 农林部甘肃岷县垦区管理局；农
林部垦区总务局

【档案编号】 历04-01-0359

【成文时间】 1944-03—1944-04

【收藏单位】 酒泉市档案馆

【涉及地域】 岷县

【关 键 词】 垦区

【内容提要】

　　农林部甘肃岷县垦区管理局民国三十二年
（1943）公粮费报核清单。

【叙录编号】 0117

【档案题名】

　　农林部甘肃岷县垦区管理局民国三十三年
（1944）公粮费报核清单

【发文单位】 农林部甘肃岷县垦区管理局；农
林部垦区总务局

【收文单位】 农林部甘肃岷县垦区管理局；农
林部垦区总务局

【档案编号】 历04-01-0360

【成文时间】 1944-07—1944-12

【收藏单位】 酒泉市档案馆

【涉及地域】 岷县

【关 键 词】 垦区

【内容提要】

　　农林部甘肃岷县垦区管理局民国三十三年
（1944）公粮费报核清单。

【叙录编号】 0118

【档案题名】

　　农林部甘肃岷县垦区管理局职员、工警、
家属实领平价米代金报销清单

【发文单位】 农林部甘肃岷县垦区管理局；农
林部垦区总务局

【收文单位】 农林部甘肃岷县垦区管理局；农

林部垦区总务局

【档案编号】 历04-01-（0361-0364）

【成文时间】 1942-01—1944-10

【收藏单位】 酒泉市档案馆

【涉及地域】 岷县

【关 键 词】 垦区

【内容提要】

　　农林部甘肃岷县垦区管理局职员、工警、
家属实领平价米代金报销清单。

【叙录编号】 0119

【档案题名】

　　农林部甘肃岷县垦区管理局职员、工警、
家属请领平价米代金报销清单

【发文单位】 农林部甘肃岷县垦区管理局

【收文单位】 农林部甘肃岷县垦区管理局

【档案编号】 历04-01-0876-10

【成文时间】 1942-01

【收藏单位】 酒泉市档案馆

【涉及地域】 岷县

【关 键 词】 垦区

【内容提要】

　　农林部甘肃岷县垦区管理局职员、工警、
家属请领平价米代金清册。

【叙录编号】 0120

【档案题名】

　　农林部甘肃岷县垦区管理局职员请假规则

【发文单位】 不详

【收文单位】 不详

【档案编号】 历04-02-0909-13

【成文时间】 不详

【收藏单位】 酒泉市档案馆

【涉及地域】 岷县

【关 键 词】 垦区；请假

【内容提要】

　　如题。

【叙录编号】　0121

【档案题名】

夏河县清水办事处木料特产税、牧畜营业税，特产税征法，县政府布告、政府训令

【发文单位】　夏河县政府等

【收文单位】　清水街征收员

【档案编号】　1-1-1-117-（0003-0011）

【成文时间】　1947-08-12

【收藏单位】　甘南藏族自治州档案馆

【涉及地域】　夏河县

【关 键 词】　木料税；特产税

【内容提要】

此案卷为夏河县政府关于规定木料、羊毛特产税的相关文件，内有征收办法1份。其余为夏河县政府给清水街征收员的训令及县政府布告。

二、矿产资源开发类档案

【叙录编号】　0122

【档案题名】

甘肃省第九区行政督察专员公署兼保安司令公署报送临洮锁林峡煤矿公司采矿借款计划书致甘肃省政府的代电，附借款计划书、矿区草图、位置图各1份

【发文单位】　第九区行政督察专员公署

【收文单位】　甘肃省建设厅

【档案编号】　027-005-0634-0012

【成文时间】　1948-03-06

【收藏单位】　甘肃省档案馆

【涉及地域】　临洮县

【关 键 词】　锁林峡煤矿

【内容提要】

甘肃省第九区行政督察专员公署兼保安司令公署报送临洮锁林峡煤矿公司采矿借款计划书致甘肃省政府的代电，附《临洮锁林峡煤矿公司采矿借款计划书》《临洮锁林峡煤矿矿区图》《临洮锁林峡煤洞略图》，各1份。

【叙录编号】　0123

【档案题名】

四联总处兰州分处、甘肃省政府关于开采靖远、岷县、皋兰等县金、铁、铜矿的各类文件

【发文单位】　四联总处兰州分处；甘肃省政府等

【收文单位】　四联总处兰州分处；甘肃省政府等

【档案编号】　027-006-0004-（0008-0015）

【成文时间】　1941-03-14—1942-03-31

【收藏单位】　甘肃省档案馆

【涉及地域】　靖远县；岷县等

【关 键 词】　煤矿；矿图；砂金矿

【内容提要】

四联总处兰州分处报送靖远县边家台柳树栏、鸦雀沟、黄家洼、红水沟、边沟金矿草图（0008）、永登县五仙山煤矿矿图（0010）、靖远县崖渠、皋兰县西湾沟金矿矿区图（0011）给甘肃省政府。甘肃省政府呈报经济部请求开采。经济部咨文甘肃省政府，令其完善手续，设定采矿权册、由建设厅派员勘测核报经济部，并将图件赍部备查。中中交农银行联合办事处兰州分处致函甘肃省政府，请其将砂金矿

权移交甘肃矿业股份有限公司，省政府随后进行洽商工作。

【叙录编号】 0124
【档案题名】
甘肃省政府、甘肃省建设厅关于开采锁林峡煤矿的各类文件
【发文单位】 第九区行政督察专员公署；甘肃省政府等
【收文单位】 甘肃省建设厅；甘肃省政府；甘肃省天兰铁路征工处等
【档案编号】 027-006-0721-（0001-0012）
【成文时间】 1947-07-30—1947-10-14
【收藏单位】 甘肃省档案馆
【涉及地域】 临洮县
【关 键 词】 锁林峡；煤山；勘测
【内容提要】
此案卷共12份文件。均与第九区行政督察专员公署开采锁林峡煤矿有关，其中包括：第九区行政督察专员公署致电甘肃省建设厅，请派工程师指导开采锁林峡煤矿。省政府回文派矿业指导室工程师王则懋前往。临洮锁林峡煤矿开采公司拟定开采临洮锁林峡煤矿缘起及计划，其中包括煤矿发现、勘探史简述、地质煤层考察情况、请求拨款开采以利民生等。省政府批示锁林峡煤矿公司，待锁林峡煤矿开采到正式煤层后由其向中中交农银行联合办事处申请贷款。甘肃省建设厅矿业指导室工程师王则懋报送省建设厅勘探锁林峡煤矿报告及试探计划草案，请省建设厅鉴核。附《复勘临洮锁林峡煤矿报告及试探计划草案》1份，其中包括煤炭概况、含煤地层勘察、试探计划及经费支出预算书、施工方式、试探时期之预计、组织、经费列表预算等。省政府抄发草案给第九区行政督察专员公署，令其知照。

【叙录编号】 0125

【档案题名】
甘肃省政府、第九区行政督察专员公署关于报送锁林峡煤矿矿区图及说明书的往来文件
【发文单位】 甘肃省政府；第九区行政督察专员公署
【收文单位】 甘肃省政府；第九区行政督察专员公署
【档案编号】 027-006-0722-（0001-0002）
【成文时间】 1946-05-31—1946-06-04
【收藏单位】 甘肃省档案馆
【涉及地域】 临洮县
【关 键 词】 锁林峡；煤山；勘测
【内容提要】
甘肃省政府就锁林峡煤矿矿区图、说明书标注错误一事令第九区行政督察专员公署重新勘测报送。后者呈文称待测量后重新报送，另请发给临洮锁林峡煤矿股份有限公司采矿执照。

【叙录编号】 0126
【档案题名】
第九区行政督察专员公署关于进行黑甸峡煤矿探采工作同甘肃省政府的往来文件
【发文单位】 甘肃省政府；第九区行政督察专员公署
【收文单位】 甘肃省政府；第九区行政督察专员公署
【档案编号】 027-006-0722-（0015-0016）
【成文时间】 1946-09-23—1946-09-24
【收藏单位】 甘肃省档案馆
【涉及地域】 甘肃省第九区
【关 键 词】 黑甸峡；煤矿；采煤
【内容提要】
第九区行政督察专员公署专员何世英代电省政府，报黑甸峡煤矿开采煤层深入约60公尺，工作顺利，请省政府鉴核。省政府回文知照，并令其尽心工作，早日完工。

【叙录编号】　0127

【档案题名】

　　第九区行政督察专员公署关于报送锁林峡矿样及采矿图同甘肃省政府、甘肃省建设厅的往来文件

【发文单位】　甘肃省政府；第九区行政督察专员公署等

【收文单位】　甘肃省政府；甘肃省建设厅等

【档案编号】　027-006-0722-（0021-0027）

【成文时间】　1946-07-23—1946-11-30

【收藏单位】　甘肃省档案馆

【涉及地域】　临洮县

【关　键　词】　锁林峡；煤山；勘测

【内容提要】

　　第九区行政督察专员公署代电省政府报送更正锁林峡煤矿公司矿区图、矿床说明书及公司章程，更正测量方位距离错误及基点错误问题。但实际无图。省政府令第九区行政督察专员公署检寄矿样，以凭核办。后者呈文报送。甘肃省建设厅工程师王则懋报送锁林峡煤矿钻眼柱状图，附图1份，呈请借手绞水泵进行开发。另外呈请派员轮流协助勘探锁林峡煤矿，省政府令工程师薄绍宗前往协助。省政府令第九区行政督察专员公署速交第1期矿区税、执照费，并发还锁林峡煤矿采矿呈请书。

【叙录编号】　0128

【档案题名】

　　第九区行政督察专员公署关于报送试采锁林峡煤矿及调查乌鼠山煤矿同甘肃省政府、甘肃省建设厅的往来文件

【发文单位】　甘肃省政府；甘肃省建设厅等

【收文单位】　甘肃省政府；第九区行政督察专员公署等

【档案编号】

　　027-006-0723-（0001、0004-0008）

【成文时间】　1946-12-16—1947-02-07

【收藏单位】　甘肃省档案馆

【涉及地域】　临洮县

【关　键　词】　锁林峡；煤山；勘测

【内容提要】

　　第九区行政督察专员公署专员何世英代电省政府报送锁林峡煤矿无烟煤质较好，火力旺盛没有异味，可以开采。第九区行政督察专员公署报送锁林峡煤矿公司采矿呈请书、推定代表呈文、第1期矿区税给甘肃省政府，请省政府鉴核。甘肃省建设厅工程师薄绍宗呈报《甘肃临洮锁林峡煤田钻探报告》1份。介绍各钻探点位煤矿钻探情形，提出开采建议。甘肃省建设厅抄送省政府，省政府抄发报告给第九区行政督察专员公署及渭源县政府，令二者协助公司开采。

【叙录编号】　0129

【档案题名】

　　临夏县政府关于倡办煤矿事业申请派员查勘的各类文件

【发文单位】　临夏县政府；甘肃省政府等

【收文单位】　临夏县政府；甘肃省政府等

【档案编号】　027-008-0028（全案卷）

【成文时间】　1946-08-17—1946-09-16

【收藏单位】　甘肃省档案馆

【涉及地域】　临夏县

【关　键　词】　地质勘探；煤矿

【内容提要】

　　临夏县政府呈文甘肃省政府请派员调查县境内煤矿情形以便倡办煤矿事业，省政府回文函请中央地质调查所西北分所即将调查情况见复，以便核办。中央地质调查所西北分所回函省政府临夏一带煤田情况，省政府训令临夏县政府知照并先行采送煤样以便办理。

【叙录编号】　0130

【档案题名】

经济部关于提倡人民领采甘南煤矿并指导划区设权给甘肃省建设厅的训令

【发文单位】 甘肃省经济部

【收文单位】 甘肃省建设厅

【档案编号】 027-008-0574

【成文时间】 1945-03-27

【收藏单位】 甘肃省档案馆

【涉及地域】 甘南县

【关 键 词】 领采煤矿

【内容提要】

如题。

三、土地资源开发类档案

【叙录编号】 0131

【档案题名】

关于洮沙县请将甘家滩荒产拨作义务教育经费的各类文件

【发文单位】 甘肃省政府；甘肃省民政厅等

【收文单位】 甘肃省民政厅；甘肃省教育厅等

【档案编号】 015-005-0042-（0002-0011）

【成文时间】 1933-12-01—1936-08-01

【收藏单位】 甘肃省档案馆

【涉及地域】 洮沙县

【关 键 词】 甘家滩；义务教育；荒地

【内容提要】

洮沙县政府呈文甘肃省民政厅、教育厅申请拨甘家滩义务教育经费，民政厅咨文教育厅、建设厅核夺，仰会省政府。省政府命三厅会同校议，三厅核议呈文省政府允准后，转发洮沙县政府施行。省政府指令派员前往甘家滩进行荒地清查并确定留拨办法。

【叙录编号】 0132

【档案题名】

洮沙、夏河、和政、岷县、定西、宁定、临夏县政府及康乐设治局呈报荒地情形的各类文件

【发文单位】 洮沙县政府；夏河县政府等

【收文单位】 甘肃省民政厅；洮沙县政府等

【档案编号】 015-005-0228-（0001-0021）

【成文时间】 1934-07-10—1934-11-21

【收藏单位】 甘肃省档案馆

【涉及地域】 洮沙县；夏河县；和政县等

【关 键 词】 荒地；土地；声报书

【内容提要】

此案卷共 21 份文件。为洮沙（0001-0005）、夏河（0012-0013）、和政（0010-0011）、岷县（0014-0015）、定西（0016-0017）、宁定（0018-0019）、临夏（0020-0021）县政府及康乐设治局（0006-0009）呈报荒地声报书的各类文件。其中，洮沙县政府呈报，民政厅回文 7 项需更正内容，包括分业主填造、写清荒地类型、有无纠纷内容当由县长核实、按项分订成册编好页数等。洮沙县更正再呈，省民政厅回文 6 项声报书中关于业主、地权等方面的疏忽，令其更正再报。康乐设治局呈报未收到样表，请补发，省民政厅予以补发。后呈报设治以来难民未全归，官荒地亩无人自动声报，请免予填造。省民政厅回文荒地声报书涉及民荒，在外者可委托代理人声报，令其速速填造。和政县政府呈请俟明年 6

月底绥辑期满后再行呈报，减少错漏。省民政厅回文令其业主或代理人声报，无需等待。定西县政府呈本县数年来收成困难，无人领垦，请免予填报。宁定县政府呈文本地汉族回族杂居，地亩杂糅，称一旦调查必将导致民乱纠纷，请予免报。省民政厅对两县均回文按规填报，勿要推诿。临夏县政府呈报本地民国十七年（1928）匪乱导致至今仍在招垦，仍有未上庄者，请求待难民完全上庄后再行填报。省民政厅回文令其先认真督垦。

【叙录编号】 0133

【档案题名】

武山县、洮沙县等6县报送办理土地呈报经费预算的各类文件

【发文单位】 甘肃省民政厅；武山县政府等

【收文单位】 甘肃省民政厅；洮沙县土地陈报办事处等

【档案编号】 015-008-0150-（0001-0010）

【成文时间】 1940-05-27—1942-02-28

【收藏单位】 甘肃省档案馆

【涉及地域】 洮沙县；临洮县等

【关 键 词】 土地陈报

【内容提要】

甘肃省政府发文令民政厅主管洮沙、临洮、皋兰、灵台、景泰、武山等6县报送土地陈报经费预算办法并成立办事处，附全期预算书（0002）。省财政厅呈文经费不够请支乞备，省政府回文备查。省政府就洮沙县呈报将溢额土地拨作国民学校经费请核实一案不予备查。甘肃省会计处呈报灵台、皋兰两县预算书，省政府对景泰县呈文准予备查。武山县呈文因省田赋粮食管理处对预算有变动，请修正再呈，省政府回文加紧办理。

【叙录编号】 0134

【档案题名】

甘肃省政府、甘肃省建设厅关于夏河县开垦甘家滩土地及派驻警察一事的各类文件

【发文单位】 农林部祁连山国有林区管理处

【收文单位】 甘肃省政府；甘肃省建设厅

【档案编号】 027-001-0747-（0001-0009）

【成文时间】 1941-01-07—1942-10-30

【收藏单位】 甘肃省档案馆

【涉及地域】 夏河县

【关 键 词】 木料；运费

【内容提要】

甘肃省政府指令夏河县政府关于藏族人民聚居区农垦救济计划书以及意见，甘家滩等地适宜农植，放农垦贷款以便招垦。附计划书1份，包含夏河县地势、农作物种类、估计农牧地占比、全县人口数量、粮价情形、农牧收益（有计划表）。夏河县县长李永瑞提案开垦甘家滩一带土地并给农业贷款致函甘肃省政府，甘肃省政府回文该地藏族人民聚集为避免纠纷请遵照实际情形详为申复。夏河县政府致函甘肃省政府因开垦造成纠纷请军队警察保安队长协助，民政厅就甘家滩一带需要大量警卫致函甘肃省建设厅，此事属于建设厅管辖，甘肃省政府指令夏河县政府因需用大量军费以及武器装备均感困难，暂缓派驻警察。

【叙录编号】 0135

【档案题名】

农林部甘肃岷县垦荒管理局关于颁布登记荒地简则要点的公告

【发文单位】 农林部甘肃岷县垦荒管理局

【收文单位】 不详

【档案编号】 027-002-0001-0002

【成文时间】 1943-02-01

【收藏单位】 甘肃省档案馆

【涉及地域】 岷县

【关 键 词】 垦荒；荒地

【内容提要】

公告内容为：农林部甘肃岷县垦荒管理局□□奉命到甘肃已经1年，开垦荒地总计不下5000亩，垦民安家立业，故而拟定荒地登记表，不论公荒私荒，凡是登记下来就是你们自己的，祖先土地不至失去与荒废，希望有荒地的到垦荒场或者乡公所登记，附登记的5点要点。

【叙录编号】　0136
【档案题名】
　　甘肃省政府、甘肃省农业改进所关于岷县协助筹设渭河林场的公函与咨文
【发文单位】　甘肃水利林牧公司；甘肃省政府
【收文单位】　甘肃省建设厅；农林部
【档案编号】　027-002-0002-（0003-0004）
【成文时间】　1943-05-21—1943-05-26
【收藏单位】　甘肃省档案馆
【涉及地域】　岷县
【关 键 词】　荒地；林木
【内容提要】
　　甘肃水利林牧公司请岷县政府转洮河林场终止购买包家沟荒地，以免纠纷。本公司调查小陇山一带林木尚且茂盛，但缺乏管理，随意看守将荒芜，最近拟在天水设置林场，西北林木厂负责筹备木材。附岷县垦务管理局来函及复函各1份。

【叙录编号】　0137
【档案题名】
　　甘肃省政府等关于清水县修建河堤、夏河县报荒地调查表等事的各类文件
【发文单位】　临潭县；卓尼设治局等县
【收文单位】　甘肃省政府；甘肃省建设厅
【档案编号】　027-002-0103-（0001-0015）
【成文时间】　1938-06-08—1941-09-05
【收藏单位】　甘肃省档案馆
【涉及地域】　临潭县；卓尼设治局

【关 键 词】　河堤；荒地；水利
【内容提要】
　　此案卷共15份文件，均与河堤、荒地荒山等事有关。清水县政府呈报甘肃省政府，报送本年本县农会修建中山林河堤的预算书，甘肃省政府指令该县上报历年修筑中山林河堤的筹款情况，该县遵令呈报。西固县（今宕昌）致电甘肃省政府，本县并无荒地及水利工程，虽有荒山但不能耕种，甘肃省政府回令准予备查。临潭县政府致电甘肃省政府，尼把压扎江缠沟、大峪沟等地应属卓尼设治局管辖，甘肃省政府回令收到，已令卓尼设治局查报。临潭县政府呈报甘肃省政府，报送本县境内荒山、荒地的数目，本县境内并无各种矿产，甘肃省政府回令准予备查。夏河县政府向甘肃省政府报送本县的荒地概况调查表，甘肃省政府回令准予备查。甘肃省政府致电武昌建设西北协会，关于转移难民5000人赴卓尼设治局开垦荒地一事，应先解决7项条件，并派人详细勘察，有具体计划后再定。卓尼设治局上呈甘肃省政府，柳林小学申请开垦校产荒地，甘肃省政府回令应依法办理。

【叙录编号】　0138
【档案题名】
　　甘肃省政府、民政厅、建设厅关于西北羊毛改进处租借漳县、岷县土地设厂一事的呈文合约指令
【发文单位】　西北羊毛改进处；漳县等
【收文单位】　甘肃省政府
【档案编号】　027-002-0138-（0001-0004）
【成文时间】　1942-02-26—1942-04-13
【收藏单位】　甘肃省档案馆
【涉及地域】　岷县；漳县
【关 键 词】　合约；租地
【内容提要】
　　农林部西北羊毛改进处申请在岷县、漳县

两地租地设置林场的呈文。附《农林部西北羊毛改进处、甘肃省政府、岷县政府租赁土地合约》，第12页为农林部西北羊毛改进处总场界线图（岷县部分），合约一式两份。《农林部西北羊毛改进处、甘肃省政府、漳县政府租赁土地合约》，第12页为农林部西北羊毛改进处总场界线图（漳县部分）。合约一式两份。

【叙录编号】　0139
【档案题名】
　　洮沙县政府、甘肃省政府关于划拨洮沙文隍庙附近土地的往来文件
【发文单位】　洮沙县政府；甘肃省政府
【收文单位】　洮沙县政府；甘肃省政府
【档案编号】　027-006-0067-（0002-0003）
【成文时间】　1948-10-06—1948-10-12
【收藏单位】　甘肃省档案馆
【涉及地域】　洮沙县
【关 键 词】　苗木；苗圃
【内容提要】
　　洮沙县政府代电省政府，称苗木生长茂盛，请拨文隍庙附近土地扩充苗圃面积。附《洮沙县苗圃平面图》1张。

【叙录编号】　0140
【档案题名】
　　民国三十一年（1942）甘肃水利林牧公司、第一林区管理处就购买岷县北门外河滩契约一事的相关公文
【发文单位】　甘肃水利林牧公司
【收文单位】　第一林区管理处
【档案编号】　039-001-0228-（0001、0005）
【成文时间】　1941-04-08—1941-05-19
【收藏单位】　甘肃省档案馆
【涉及地域】　岷县
【关 键 词】　河滩
【内容提要】
　　此案卷共2份文件。含《岷县河滩契约》1份，内容如题。

【叙录编号】　0141
【档案题名】
　　甘肃水利林牧公司的《出纳组保管股票合同契约移交清册》
【发文单位】　甘肃水利林牧公司
【收文单位】　无
【档案编号】　039-001-0266-0001
【成文时间】　1944-02-03
【收藏单位】　甘肃省档案馆
【涉及地域】　卓尼设治局
【关 键 词】　林区；土地；契约
【内容提要】
　　此案卷共1份文件。涉及卓尼设治局森林和土地的售卖契约。

四、水资源开发管理类档案

【叙录编号】　0142
【档案题名】
　　甘肃省民政厅关于临夏县制订大夏河桥捐办法的各类文件
【发文单位】　甘肃省民政厅；临夏县政府等
【收文单位】　临夏县政府；甘肃省民政厅等
【档案编号】　015-006-0231-（0006-0018）
【成文时间】　1935-08-09—1936-01-20
【收藏单位】　甘肃省档案馆
【涉及地域】　临夏县
【关　键　词】　大夏河；桥捐；木商
【内容提要】
　　临夏县政府呈文省民政厅、财政厅请拟具抽取本县大夏河桥捐办法及会通过情形请鉴核示遵，提出按木商公举派人经理，并由公款公产管理委员会监督。民政厅咨文建设厅请主稿会办，财政厅咨文民政厅同建设厅主稿会办令县长查明税率呈复。临夏县政府呈复大夏河桥年修理费及年收桥捐数目等情附意见请三厅查照，三厅会稿仍由木商担负较为妥帖，已会呈省政府鉴核饬遵，咨文县政府查照。

【叙录编号】　0143
【档案题名】
　　甘肃省临时参议会关于送参议员杨世昌提问临洮德远渠划拨洮惠渠原案致甘肃省政府的公函；甘肃省地政局关于各县人民私占官荒公地应清查追回充作学田致甘肃省参议会的公函
【发文单位】　甘肃省临时参议会；甘肃省地政局

【收文单位】　甘肃省政府；甘肃省参议会
【档案编号】　004-002-0446-（0018-0019）
【成文时间】　1940-01-09；1948-07-22
【收藏单位】　甘肃省档案馆
【涉及地域】　甘肃省
【关　键　词】　德远渠；学田
【内容提要】
　　如题。

【叙录编号】　0144
【档案题名】
　　甘肃省政府、甘肃省建设厅关于造林护林纠纷诉讼的指示及蒙藏委员会的公函；甘肃省工务所、相关民众的呈文
【发文单位】　临夏县等
【收文单位】　甘肃省政府；甘肃省建设厅
【档案编号】
　　027-001-0480-（0001-0012）；
　　027-001-0481-（0001-0012、0014-0015）；
　　027-001-0482-（0001-0010、0014-0015）
【成文时间】　1939-04-23—1941-11-17
【收藏单位】　甘肃省档案馆
【涉及地域】　甘肃省
【关　键　词】　植树纠纷；林木保护
【内容提要】
　　此案卷分为两类。一类为民众呈举报信或诉状至甘肃省政府，要求保护森林，解决植树纠纷，严惩肆意砍伐、买卖木料、欺压百姓的行为，控诉对象既包括个人，也包括部队单位。另一类为涉及诉讼纠纷的政府职员。此外

还包括一系列与林务相关，责任者为个人或单位，内容主要涉及个人的呈、函。0480主要为五泉山地户盗放中山林林木水源，通缉沿黄造林办主任王绍烈；0481-0007为《临夏县城角寺林木引水浇灌渠图》；0481-0015为甘肃省政府派员查勘王子俊焚毁砍伐藏族人民森林一事给蒙藏委员会的公函。

【叙录编号】 0145

【档案题名】

甘肃省政府、经济部第十水利测量队关于兴修临夏南川北塬灌溉区的公函咨文与签呈

【发文单位】 甘肃省政府；经济部第十水利测量队等

【收文单位】 甘肃省政府；经济部第十水利测量队等

【档案编号】

027-002-0116-（0001-0007）；

027-002-0117-（0001-0009）；

027-002-0373-0022

【成文时间】 1941-07-11—1946-06-12

【收藏单位】 甘肃省档案馆

【涉及地域】 临夏县

【关 键 词】 南川北塬；水渠

【内容提要】

临夏县政府转报参议会会长陈继超建议兴修北塬水渠提案，甘肃省政府回令待贷款到再行兴修。甘肃杨子英报送夏河县、临夏县附近河道整理工程初步计划书以及南川北塬农田及水电工程勘察报告书致函建设厅，附0116-0001《临夏南川北塬农田水利及水电工程查勘报告书》。内容包括：1.资料：地理（附图）、水文、农作物现状、工料单价之调查；2.计划：南川上端灌溉工程计划、北塬灌溉工程计划、临夏水电工程计划；3.结论：灌溉工程经济观、水电工程经济观、总结，附《临夏大夏河平面草图》。0116-0004为《临夏县南川北

塬灌溉区施测计划》。甘肃省政府请详细勘测设计临夏河道各项史料工程致函经济部第十水利测量队，测量队致函甘肃省政府报送临夏南川北塬灌区实施计划值函数法，甘肃省政府回令准予备查，甘肃省临时参议会建议兴修临夏南川北塬水渠。甘肃省政府已将北塬水渠列入民国三十二年（1943）贷款致函甘肃省临时参议会，建设厅将此文件致函甘肃水利林牧公司，第五区行政督察专员兼保安司令公署请速派员兴修北塬水利，甘肃省政府训令甘肃水利林牧公司限期测量北塬水渠，甘肃省政府将北塬水渠查勘设计列入民国三十三年（1944）。甘肃水利林牧公司回函甘肃省政府测量完毕，甘肃省政府训令第五区行政督察专员公署迅速设计赶修。（0373）为《临夏县南川北塬灌溉区实施计划》，包含形势、水文、灌溉面积、需水量，施测计划，附临夏县大夏河测量设计限期表。

【叙录编号】 0146

【档案题名】

甘肃省建设厅工程师杨复春关于报送差旅费、勘修宁定县、广河县水渠日记、单据粘贴的签呈指令

【发文单位】 甘肃省建设厅

【收文单位】 甘肃省政府

【档案编号】 027-002-0438

【成文时间】 1946-02-18—1946-03-01

【收藏单位】 甘肃省档案馆

【涉及地域】 甘肃省

【关 键 词】 水渠；日记表

【内容提要】

甘肃省建设厅刘得岭报送工作日记表、差旅费；甘肃省建设厅工程师杨复春报送差旅费，第31页附《奉令勘修宁定康乐临洮等县水渠日记表》。

【叙录编号】 0147

【档案题名】

甘肃省政府关于临夏县利用大夏河河水发电一事的文件

【发文单位】 临夏县

【收文单位】 甘肃省建设厅

【档案编号】

027-004-0157-（0001-0009）；

027-004-0158-（0001-0025）

【成文时间】 1946-02-09—1947-07-19

【收藏单位】 甘肃省档案馆

【涉及地域】 临夏县

【关 键 词】 大夏河；发电

【内容提要】

临夏县参议会副会长陈继超建议利用大夏河河水发电致函甘肃省政府，甘肃省政府训令全国水力发电总工程处兰州勘测队派员勘察并回令临夏，全国水力发电总工程处兰州勘测队回令已列入明年工作计划，并抄送大夏河水利开发工作计划摘要。包括大夏河蕴蓄水力情形、蕴蓄水力估计、开发意见。夏河县请派技术人员来查勘水力发电厂以发展临夏、夏河两县电气，临夏县政府报送甘肃省政府查勘水力发电情形，附各种工程表以及大夏河双城水力发电厂工程布置图，全国水力发电总工程处兰州勘测队致函建设厅，称将沿着黄河上游向上测量。最后一件为山丹小型水力发电资料寄送兰州勘测队卢守珪处事宜。

【叙录编号】 0148

【档案题名】

甘肃省政府、建设厅关于修理洮惠渠材料、征工一事的文件

【发文单位】 甘肃省政府；甘肃省建设厅等

【收文单位】 甘肃省政府；洮惠渠工务所等

【档案编号】

027-004-0266-（0012-0019）；

027-004-0268-（0001-0015）

【成文时间】 1936-12-16—1937-08-13

【收藏单位】 甘肃省档案馆

【涉及地域】 临洮县

【关 键 词】 洮惠渠；征工

【内容提要】

第一区行政督察专员兼保安司令公署请征工修理洮惠渠，洮惠渠工务所请临洮县政府征集大车拉运修理洮惠渠材料，甘肃省政府贺耀祖称修理洮惠渠至少需要招收1000人，限第一区在3日内招收够，甘肃省政府通知临洮县周县长赶修洮惠渠冲坏部分并对工程款进行报销。

【叙录编号】 0149

【档案题名】

洮河水文渠道工程计划书

【发文单位】 甘肃省建设厅水利第二勘测队

【收文单位】 甘肃省建设厅

【档案编号】 027-004-0507-0001

【成文时间】 1940-07

【收藏单位】 甘肃省档案馆

【涉及地域】 甘肃省

【关 键 词】 洮河；水渠；报告

【内容提要】

洮河水文（20页起）：洮河为有渠引水，渠口设置水尺，最低水位为海拔2024公尺，雪融化涨六七公尺，流量为140立方公尺/秒，大于灌溉需要。附设计概要：测量灌区四周渠口，灌溉面积22平方公里，渠口位于靳家泉渠道，需水量1.94立方公尺/秒，及进水闸、减水闸、泄水闸、隧洞、桥涵、木架槽；跌水与急泄槽；土石方及排水设备情况、灌溉台地之研究；工费估计、灌溉之利益、农业试验之需要情况。

【叙录编号】 0150

【档案题名】

　　甘肃省建设厅关于委任王玉璞为洮惠渠工务所工程员的委任文件

【发文单位】　甘肃省建设厅

【收文单位】　甘肃洮惠渠工务所；王玉璞

【档案编号】　027-006-0703-（0016-0017）

【成文时间】　1937-09-01

【收藏单位】　甘肃省档案馆

【涉及地域】　甘肃省

【关　键　词】　洮惠渠；人员委任

【内容提要】

　　如题。甘肃省建设厅就洮惠渠总工程师王力仁呈请将王玉璞任工程员一事予以批准，并发委任状。

【叙录编号】　0151

【档案题名】

　　甘肃洮惠渠工务所关于请委任李祖焕为副工程师与甘肃省建设厅的往来文件

【发文单位】　甘肃省建设厅；甘肃洮惠渠工务所

【收文单位】　甘肃省政府；甘肃洮惠渠工务所

【档案编号】　027-006-0704-（0003-0004）

【成文时间】　1937-09-02

【收藏单位】　甘肃省档案馆

【涉及地域】　甘肃省

【关　键　词】　洮惠渠；人员委任

【内容提要】

　　洮惠渠工务所呈称，原委任的副工程师仍未到任，请委任李祖焕就职。省建设厅批准。

【叙录编号】　0152

【档案题名】

　　省建设厅关于清水乡开渠导水的各类文件

【发文单位】　甘肃省建设厅；康乐设治局

【收文单位】　甘肃省建设厅；康乐设治局

【档案编号】　027-007-0203-（0004-0005）

【成文时间】　1935-04-19—1935-11-15

【收藏单位】　甘肃省档案馆

【涉及地域】　康乐设治局

【关　键　词】　清水乡；开渠；修桥

【内容提要】

　　康乐设治局报清水乡装置流川河石笼及桥梁各项费款预算表给甘肃省建设厅，请求委派第三科复勘，并拨款建设。甘肃省建设厅回文令康乐设治局局长复勘报送清水乡开渠导水情况，并从设治局建设事业费项下拨付建设款。

【叙录编号】　0153

【档案题名】

　　甘肃省建设厅关于核销陈家磨庄河桥工程款费用的各类文件

【发文单位】　甘肃省建设厅第一科路政股；康乐县设治局等

【收文单位】　甘肃省政府；甘肃省建设厅等

【档案编号】　027-007-0203-（0006-0010）

【成文时间】　1935-11-05—1935-12-04

【收藏单位】　甘肃省档案馆

【涉及地域】　康乐设治局

【关　键　词】　修桥；陈家磨

【内容提要】

　　康乐县设治局报送修建陈家磨河桥费款册，请甘肃省建设厅准予备查核销。省建设厅第一、第二科签呈甘肃省建设厅，甘肃省建设厅回文准予核销。

【叙录编号】　0154

【档案题名】

　　甘肃省建设厅关于建修新集大河车桥所需款项下拨与康乐设治局的往来文件

【发文单位】　甘肃省建设厅；康乐设治局

【收文单位】　甘肃省建设厅；康乐设治局

【档案编号】　027-007-0203-（0011-0012）

【成文时间】　1935-12-30—1936-01-04

【收藏单位】 甘肃省档案馆
【涉及地域】 康乐设治局
【关 键 词】 大河车桥；建设费
【内容提要】

甘肃省建设厅就修建新集大河车桥所需款项令康乐设治局上报，由所存建设事业费项下拨发。

【叙录编号】 0155
【档案题名】

甘肃省政府、洮沙县政府关于调查县内水渠情况、进行水渠建设的各类文件
【发文单位】 甘肃省政府；洮沙县政府等
【收文单位】 甘肃省政府；洮沙县政府等
【档案编号】 027-007-0357-（0001-0023）
【成文时间】 1946-06-22—1947-03-15
【收藏单位】 甘肃省档案馆
【涉及地域】 洮沙县
【关 键 词】 水渠；水利建设；田赋
【内容提要】

此案卷共23份文件，均与洮沙县水渠勘察、增修有关。其中包括：1.省参议会参议员何生瑾建议在洮沙墕坪一带增修水渠，以使10万余亩旱地变水田。参议会转咨省政府，省政府令洮惠渠管理处技士潘效曾勘察洮沙墕坪一带水渠情况。后者报送甘肃省建设厅，汇报该地水文、地形情况，称难以进行水渠建设，旱地10万余亩水田一事当为误会。省政府将其报告转咨省参议会。2.县内高灵乡第二、三保呈文省政府，称乡灵源渠被水冲刷，春季既无法引水导致旱灾，请求拨款修建水渠并豁免田赋。附洮沙县高灵乡石巴湾渠平面图1张，其中包括石涵洞掘底工程示意点。县政府呈请省政府拨款兴修高灵乡水渠，省政府向农业银行洽办修建水渠款项，并豁免灾区田赋。3.洮沙县政府就本县沙楞滩、甘家滩筑堤工程致电甘肃省政府，从存缴县库中领用工赈

款。随后代电省政府报送两滩将于7月完工，并附河堤照片（照片失）。4.洮沙县政府就修筑甘家滩筑堤淤地工程、太石镇河堤电报省政府请其拨款。附洮沙县杨家河滩筑堤淤地工程平面略图。省政府回文可向农民银行商洽贷款修筑。5.洮沙县政府就县内兴修小型水利工程预算向省政府报备，附《洮沙县兴修小型水利工程需款估计表》，省政府回文令其向农行贷款办理兴修事宜。6.洮沙县政府向省政府报送本县修筑何家沟河堤情况，谈及地形艰难耗费颇高，仅能先整治东渠，再垫高河底施工，请省政府鉴核备查。省政府代电令其报告何家镇被冲去良田1000余亩的详细情况。

【叙录编号】 0156
【档案题名】

甘肃省政府、洮沙县政府关于调查县内水渠情况、进行水渠建设的各类文件
【发文单位】 甘肃省政府；洮沙县政府等
【收文单位】 甘肃省政府；洮沙县政府等
【档案编号】 027-007-0358-（0001-0014）
【成文时间】 1946-04-30—1946-06-26
【收藏单位】 甘肃省档案馆
【涉及地域】 洮沙县
【关 键 词】 水渠；水库；水利工程；工程图
【内容提要】

此案卷共14份文件，均与洮沙县水渠勘察、增修有关，是上一卷的延续。其中包括：1.甘肃省建设厅技正马逢良呈文甘肃省建设厅，称天兰铁路工赈处工作繁忙，难以前往指导甘家滩工程。甘肃省建设厅另派工程师郭铿若前往。甘肃省建设厅、省社会处再对甘家滩工程拨发300万元工程费，省政府批准，并将300万元给工程师作技术指导。工程师呈文甘肃省建设厅修筑甘家滩、沙楞滩工程书。洮沙县政府就甘家滩河堤工程电报省政府，请速汇工赈款。省政府回文已由省银行汇发。2.省政

府就修建蓄水库一事令洮沙县政府可以用以工代赈形式办理，配发救济款。附水库水利工程草图3张。其中包括对水库位置、蓄水量、利益的分析等。3.洮沙县政府请甘肃省政府拨款修筑本县辛甸镇河堤渠口工程致函省政府，附洮沙县辛甸十户渠河堤工程图1张。甘肃省政府令由两次配拨救济赈款内统筹办理该工程。

【叙录编号】　0157
【档案题名】
　　洮惠渠的各种工程图
【发文单位】　甘肃省洮惠渠工务处；全国经委水利处甘肃水渠设计测量队；甘肃水利林牧公司洮惠渠管理处
【收文单位】　不详
【档案编号】
　　038-001-0019；038-001-0020；
　　038-001-0021-（0001-0017）
【成文时间】　不详
【收藏单位】　甘肃省档案馆
【涉及地域】　临洮县
【关 键 词】　水利工程
【内容提要】
　　内容同题名，包括《洮惠进水口地形图》《孙家大庄车桥涵洞图》《徐家滩涵洞图》《咸水沟涵洞图》《下渠右营车桥图》《孙家河湾涵洞图》《包家楞山水涵洞图》《洮惠渠跌水图》《洮惠渠渡桥图》《大佛寺沟山洪渡槽图》《洮惠渠木桥图》2张、《洮惠渠佛沟北渠、大沟渠、小沟渠山洪渡槽图》《洮惠渠山水沟、庙沟山洪渡槽图》《洮惠渠茨湾、白塔沟山洪渡槽图》《洮惠渠罗家沟山洪渡槽图》《洮惠渠塌沟渡槽图》《大杨沟石拱渡槽图》《第一减水闸图》《第二减水闸图》《太平堡山水涵洞图》《任家坪山水涵洞图》《洮惠渠甜水及马家沟、五里铺车路渡槽总图》《石砾渠护坡图》《太平堡暗洞图》《立连沟、上套沟渡槽总图》《一公

尺宽木造渡槽标准图》《洮惠渠退水沟、寺沟、贾家沟渡槽图》《洮惠渠水沟沿涵洞图》《太平堡挡土墙》《寺沟泄水闸图》《五里铺渡槽》《任家坪隧洞图》《洮惠渠纪念图》《杨洼沟渡槽图》《曹家沟渡槽图》《洮惠渠斗门图》《洮惠渠进水闸图》2张、《储家沟渡槽图》《东峪沟渡槽图》。

【叙录编号】　0158
【档案题名】
　　渭济渠、洮惠渠、靖远靖丰渠、榆中普泽渠整理工程计划书
【发文单位】　甘肃省水利局
【收文单位】　不详
【档案编号】　038-001-0022-（0001-0004）
【成文时间】　不详
【收藏单位】　甘肃省档案馆
【涉及地域】　榆中县；临洮县等
【关 键 词】　水利工程
【内容提要】
　　内容同题名，含表、图。

【叙录编号】　0159
【档案题名】
　　民国三十六年（1947）—三十七年（1948）甘肃省政府、甘肃省水利局及夏河县政府等就建设大夏河水力发电厂之间的往来公文
【发文单位】　甘肃省政府；甘肃省水利局等
【收文单位】　甘肃省政府；夏河县政府等
【档案编号】
　　038-001-0074-（0001-0005、0008-0009）
【成文时间】　1947-05-10—1948-01-09
【收藏单位】　甘肃省档案馆
【涉及地域】　夏河县
【关 键 词】　工程计划
【内容提要】

此案卷共7份文件。涉及大夏河水力发电厂筹办所需用到的技术人员与夏河、洮沙、临夏3县接洽、勘察情况及无款可贷等情形。

【叙录编号】　0160
【档案题名】
　　民国三十六年（1947）甘肃省政府与临夏县政府就双城水力发电经费一事的往来公文
【发文单位】　甘肃省政府；临夏县政府
【收文单位】　甘肃省政府；临夏县政府
【档案编号】　038-001-0074-（0006-0007）
【成文时间】　1947-12-05—1947-12-20
【收藏单位】　甘肃省档案馆
【涉及地域】　临夏县
【关　键　词】　水力发电
【内容提要】
　　此档案共2份文件。涉及临夏县双城水力发电经费问题。

【叙录编号】　0161
【档案题名】
　　利用洮惠渠设立水力发电
【发文单位】　第九区行政督察专员公署；甘肃省政府
【收文单位】　甘肃省政府；第九区行政督察专员公署
【档案编号】　038-001-0074-（0014-0015）
【成文时间】　1947-11-30—1947-12-17
【收藏单位】　甘肃省档案馆
【涉及地域】　第九区行政督察专员公署
【关　键　词】　水力发电
【内容提要】
　　此案卷主要涉及第九区行政督察专员公署电报省政府利用洮惠渠设立水力发电经勘测可行，需要省政府拨款筹建，省政府决议予以农行贷款办理。

【叙录编号】　0162
【档案题名】
　　洮惠渠平面图等药品材料费正式收据
【发文单位】　甘肃省水利局；西北水利查勘处
【收文单位】　甘肃省水利局；西北水利查勘处
【档案编号】　038-001-074-（0016-0017）
【成文时间】　1948-01-17—1948-01-19
【收藏单位】　甘肃省档案馆
【涉及地域】　洮惠渠
【关　键　词】　洮惠渠
【内容提要】
　　此案卷主要涉及甘肃省水利局致西北水利查勘处关于洮惠渠平面图等药品材料费正式收据。

【叙录编号】　0163
【档案题名】
　　修建洮惠渠电厂
【发文单位】　临洮县政府；资源委员会等
【收文单位】　甘肃省政府；临洮县政府
【档案编号】
　　038-001-0074-（0018-0020、0023-0025）
【成文时间】　1948-01-16—1948-08-10
【收藏单位】　甘肃省档案馆
【涉及地域】　临洮县
【关　键　词】　洮惠渠电厂
【内容提要】
　　此案卷主要涉及临洮县政府询问资源委员会利用洮惠渠水力发电站由省政府主办或请中央投资主办，资源委员会回复洮惠渠水力发电不在本会开发范围内，可以予以技术协助，省政府对于地方无力负担电厂经费决议贷款办理。临洮县政府据洮惠渠管理处处长呈请的理由及办法请求省政府转请中美农村复兴会拨款修建电厂，省政府经查勘认为工程尚小不值拨款，要求地方政府自行筹资。

【叙录编号】 0164

【档案题名】

临洮县德远渠东干渠

【发文单位】 甘肃省参议会；临洮县政府等

【收文单位】 甘肃省政府；临洮县政府等

【档案编号】 038-001-0074-（0026-0037）

【成文时间】 1947-11-01—1947-12-19

【收藏单位】 甘肃省档案馆

【涉及地域】 临洮县

【关 键 词】 德远渠东干渠

【内容提要】

此案卷主要涉及临洮县政府报告省政府关于请求修筑德远渠干渠以增加生产，省政府决议派员查勘，附筑德远渠东干渠的提案；甘肃省参议会经过详细的初步查勘建议省政府兴办以期灌溉域内农田，省政府准许参议会提议，决议派员查勘并同意县政府请求拨款兴修；临洮县民众代表向甘肃水利局恳请尽快进行设计开修德远渠东干渠工程以利水利与民生，省政府回复计划完竣后再行核办。

【叙录编号】 0165

【档案题名】

临洮县德远渠水利灌溉工程

【发文单位】 甘肃省洮惠渠管理处；甘肃省政府等

【收文单位】 甘肃省水利局；屠安良等

【档案编号】 038-001-0074-（0038-0043）

【成文时间】 1948-04-02—1948-07-19

【收藏单位】 甘肃省档案馆

【涉及地域】 临洮县

【关 键 词】 水利灌溉

【内容提要】

甘肃省洮惠渠管理处向水利局呈报3月份已施测完竣造具的图表，包括《德远渠上游抹绑河流量图解（3月21—23日测绘）》《德远渠上游抹绑河流量记载表（3月21日施测）》；

临洮德远渠绅民恳请省政府和水利局尽快筹商开办德远渠电力抽水灌溉工程，省政府回复绅民本年贷款中央未准，等待下年办理；第九区行政督察专员公署请求省政府筹办临洮县德远渠水利灌溉工程，省政府回复第九区行政督察专员公署本年贷款未被准许，下年度再办理。

【叙录编号】 0166

【档案题名】

义磨滩河堤冲毁请转贷款案

【发文单位】 康乐县政府；甘肃省政府

【收文单位】 甘肃省政府；康乐县政府

【档案编号】 038-001-0074-（0044-0045）

【成文时间】 1949-01-12—1949-02-01

【收藏单位】 甘肃省档案馆

【涉及地域】 康乐县

【关 键 词】 义磨滩河堤

【内容提要】

康乐县政府据公民杨效连等呈报义磨滩河堤冲毁请求省政府函农行派员勘察放款，省政府回复拟具计划进行农行贷款。

【叙录编号】 0167

【档案题名】

洮沙河堤工程

【发文单位】 中国农民银行兰州分行；甘肃省政府等

【收文单位】 甘肃省政府；潘效曾

【档案编号】 038-001-0075-（0001-0004）

【成文时间】 1947-02-11—1947-02-26

【收藏单位】 甘肃省档案馆

【涉及地域】 洮沙县

【关 键 词】 洮河沿岸河堤

【内容提要】

此案卷主要涉及据洮沙县政府呈请拨款修筑洮河沿岸河堤，农行兰州分行回复派员前往勘察绘制图说核办，洮沙县县长向省政府呈报本年洮河沿岸应该筑堤地点及需要款数估计表，省政府令洮惠渠管理处技士勘察绘制洮沙河堤工程图说。

【叙录编号】　0168
【档案题名】
　　高灵乡水渠
【发文单位】　洮沙县政府；马贞翰等
【收文单位】　甘肃省政府；洮沙县政府等
【档案编号】
　　038-001-0075-（0005-0006、0012、0029）
【成文时间】　1947-03-26—1947-06-12
【收藏单位】　甘肃省档案馆
【涉及地域】　洮沙县
【关　键　词】　高灵乡水渠
【内容提要】
　　洮沙县政府请拨款修筑高灵乡水渠，分行回复请先派员调查绘制图说再议，省政府令洮沙县政府及洮惠渠管理处技士先派水利工程师前往调查绘制图说及估计工费，再予贷款；省政府据省参议会咨文令洮沙县政府督导民众组织兴修河堤。

【叙录编号】　0169
【档案题名】
　　洮沙县兴修沟渠灌田
【发文单位】　洮沙县政府；甘肃省政府
【收文单位】　甘肃省政府；中国农民银行兰州分行
【档案编号】　038-001-0075-（0008-0011）
【成文时间】　1947-05-17—1947-06-06
【收藏单位】　甘肃省档案馆
【涉及地域】　洮沙县
【关　键　词】　兴修沟渠灌田
【内容提要】
　　洮沙县政府呈请省政府拨款兴修新兴乡二保水沟河堤；四保头二岭沟及洞子沟暗渠、涵洞引导沟水灌田，附新兴乡四保头二岭沟及洞子沟渠水利工程需款估计表，省政府据洮沙县政府的呈请函中国农民银行兰州分行申请贷款。

【叙录编号】　0170
【档案题名】
　　呈请拨款兴修马衔山麓水渠案
【发文单位】　中国农民银行兰州分行；甘肃省政府
【收文单位】　甘肃省政府；洮沙县政府
【档案编号】　038-001-0075-（0013-0016）
【成文时间】　1947-06-16—1947-08-19
【收藏单位】　甘肃省档案馆
【涉及地域】　洮沙县
【关　键　词】　马衔山麓水渠
【内容提要】
　　中国农民银行兰州分行回复省政府关于提议拨款给洮沙县政府兴修马衔山麓水渠，省政府告知洮沙县政府关于中农兰行予以贷款兴修马衔山麓头岭沟；中农兰行函省政府马衔山麓头岭沟水利工程浩大，所需款项巨额，本年度小型水利贷款名额已满，恐贷款难办，省政府告知洮沙县政府工程浩大，恐无款可贷。

【叙录编号】　0171
【档案题名】
　　新兴乡第二保水沟门被洮水冲毁请求速建河工
【发文单位】　洮沙县政府；洮沙县属新兴乡凤凰保乡民等
【收文单位】　甘肃省兰州市水利局；洮沙县属新兴乡凤凰保乡民等
【档案编号】
　　038-001-0075-（0017-0019、0035）
【成文时间】　1947-10-03—1948-02-17
【收藏单位】　甘肃省档案馆

【涉及地域】　洮沙县
【关 键 词】　水沟门
【内容提要】

　　洮沙县政府电甘肃省政府新兴乡第二保水沟门被洮水冲毁，水淹田地，申请急赈，省政府据电报令水利局技士及洮沙县政府派员勘察拨款兴修水沟门；洮沙县新兴乡凤凰保乡民恳请甘肃省兰州水利局因洮河成灾民生凋敝，请尽快修建河工以救庶黎，省政府回复洮沙绅民关于速建河工等设计完成后再核办。

【叙录编号】　0172
【档案题名】
　　沙楞至甘家滩一带河堤
【发文单位】　洮沙县政府；甘肃省政府等
【收文单位】　甘肃省政府；中国农民银行兰州分行等
【档案编号】
　　038-001-0075-（0020-0022；0026、0031-0032、0034）
【成文时间】　1948-01-22—1948-03-31
【收藏单位】　甘肃省档案馆
【涉及地域】　洮沙县
【关 键 词】　修补河堤
【内容提要】

　　洮沙县政府准参议会函转沙楞至甘家滩一带河堤被水冲坏请省政府拨款修复及进行赈济，附《洮沙县沙楞滩安家咀滩甘家滩略图》及《沙楞前滩河堤工程计划书》，省政府据洮沙县呈请拨款修复沙楞至甘家滩一带河堤函中国农民银行兰州分行申请贷款，中农兰行回复等到本省小型水利贷款核定结束后再行洽贷，省政府告知洮沙县政府关于农行函复小型水利贷款核定后再贷。

【叙录编号】　0173
【档案题名】

呈请兴修水渠以利民生议案
【发文单位】　洮沙县政府；洮沙县参议员
【收文单位】　甘肃省政府
【档案编号】　038-001-0075-（0023-0024）
【成文时间】　1948-01-22
【收藏单位】　甘肃省档案馆
【涉及地域】　洮沙县
【关 键 词】　兴修水渠
【内容提要】

　　洮沙县政府据县参议会提议呈请省政府拨款兴修水利，附洮沙县参议会建议兴修水渠以利民生议案。

【叙录编号】　0174
【档案题名】
　　兴修灵源渠
【发文单位】　甘肃省政府
【收文单位】　洮沙县政府；洮沙县高灵乡民
【档案编号】　038-001-0075-（0025、0030）
【成文时间】　1948-02-26—1948-03-25
【收藏单位】　甘肃省档案馆
【涉及地域】　洮沙县
【关 键 词】　灵源渠
【内容提要】

　　甘肃省政府、洮沙县政府关于准许拨款并饬县政府组织灌溉利用合作社兴修灵源渠的公文往来。

【叙录编号】　0175
【档案题名】
　　兴修十户渠漆家河涵洞
【发文单位】　洮沙县政府；甘肃省政府等
【收文单位】　甘肃省政府；中国农民银行兰州分行等
【档案编号】
　　038-001-0075-（0027-0028；0033）
【成文时间】　1948-03-06—1948-03-24

【收藏单位】 甘肃省档案馆

【涉及地域】 洮沙县

【关 键 词】 十户渠漆家河涵洞

【内容提要】

洮沙县政府据参议会函送提案工程关于兴修十户渠漆家河涵洞呈请省政府拨款，附提案工程具体提案内容；《民国三十七年（1948）3月洮沙河十户渠漆家河涵洞工程估计表》《洮沙县漆家河十户渠涵洞略图》，省政府据洮沙县政府请拨款兴修漆家河涵洞函中农兰行申请贷款，中农兰行回复省政府等待本省水利贷款核定后再贷款兴修漆家河水利工程。

【叙录编号】 0176

【档案题名】

为水渠损害无力兴修请拨款补助呈

【发文单位】 马贞翰等

【收文单位】 甘肃省水利局

【档案编号】 038-001-0075-0029

【成文时间】 1949-03

【收藏单位】 甘肃省档案馆

【涉及地域】 洮沙县

【关 键 词】 修理水渠

【内容提要】

此案卷主要涉及洮沙县高灵乡乡民马贞翰等恳请甘肃省水利局为水渠损害民众无力兴修，请求拨款补助修理水渠。

【叙录编号】 0177

【档案题名】

引洮入渭

【发文单位】 甘肃省政府；黄河水利委员会等

【收文单位】 陆地测量局；甘肃省参议会等

【档案编号】 038-001-0076-（0001-0017）

【成文时间】 1938-01-04—1946-09-19

【收藏单位】 甘肃省档案馆

【涉及地域】 甘肃省

【关 键 词】 引洮入渭

【内容提要】

省政府准许参议会建议黄河水利委员会上游工程局整理洮河航道第一期工程初步计划，包括缘由、资料、整理原则、第一期整理工程进度计划、施工程序、利益等部分。军事委员会令部甘肃省陆地测量局向省政府呈报续测引洮入渭经费支出计算书表等，包括《引洮入渭经费收支对照表》《续测引洮入渭经费支出计算附属表》《甘肃省陆地测量局民国二十七年（1938）续测引洮入渭经费支付计算书》。省政府告知陆地测量局续测引洮入渭经费支出计算书表经核查尚符，准许拨款；黄河水利委员会上游工程处整理《洮河水道工务所民国三十三年（1944）整理洮河牛鼻峡水道工程计划书》，附表；工程师王仰曾向省政府报告目前陆地测量局呈赍派员续测引洮入渭水渠所需薪津工食杂费数目尚符；省参议会、省政府及行政院水利委员会关于勘测引洮入渭水利工程的公文往来；黄河水利委员会回复省政府关于兴建渭河沿岸水利工程已派员查勘；黄河水利委员会、省参议会、省政府关于引洮入渭水利工程的公文来往。

【叙录编号】 0178

【档案题名】

洮惠渠整理工程计划书

【发文单位】 甘肃省水利局

【收文单位】 不详

【档案编号】 038-001-0077-0002

【成文时间】 1948-07

【收藏单位】 甘肃省档案馆

【涉及地域】 不详

【关 键 词】 洮惠渠

【内容提要】

如题。

【叙录编号】 0179

【档案题名】

关于洮惠渠管理处申请委派组长、组员及会计员以专责便利工作

【发文单位】 洮惠渠管理处；甘肃省建设厅等

【收文单位】 甘肃省政府；洮惠渠管理处等

【档案编号】

038-001-0153-（0001-0007；0011-0014；0016-0030；0035-0040）

【成文时间】 1944-09-10—1945-12-19

【收藏单位】 甘肃省档案馆

【涉及地域】 洮惠渠

【关 键 词】 委派人员

【内容提要】

洮惠渠管理处、省政府、建设厅、社会处、会计处之间关于呈请委派组长、组员、会计员、技士、公务员、办事员以专责便利工作的公文往来，包括呈送推荐人员的审查书及证件，省政府放回证件方便所有职员填表，附表。

【叙录编号】 0180

【档案题名】

职员辞职、请假申请

【发文单位】 甘肃省建设厅第一二科；甘肃省建设厅等

【收文单位】 甘肃省建设厅；洮惠渠职员闫汝明等

【档案编号】

038-001-0153-（0008-0009、0031-0034）

【成文时间】 1944-11-01—1945-10-30

【收藏单位】 甘肃省档案馆

【涉及地域】 洮惠渠

【关 键 词】 因病辞职

【内容提要】

此案卷主要涉及洮惠渠管理处和建设厅之间关于洮惠渠职员闫汝明、罗致因事辞职及段

泽民请长假的公文往来。都予以通过。

【叙录编号】 0181

【档案题名】

报本处制备职员证章请鉴核备案的呈文

【发文单位】 洮惠渠管理处

【收文单位】 甘肃省政府

【档案编号】 038-001-0153-0010

【成文时间】 1944-11-15

【收藏单位】 甘肃省档案馆

【涉及地域】 洮惠渠

【关 键 词】 证章

【内容提要】

洮惠渠管理处向省政府申请本处制备职员证章。

【叙录编号】 0182

【档案题名】

为遵令呈赍本处公务员登记表两份请核的呈文

【发文单位】 洮惠渠管理处

【收文单位】 甘肃省建设厅

【档案编号】 038-001-0153-0015

【成文时间】 1945-04-17

【收藏单位】 甘肃省档案馆

【涉及地域】 洮惠渠

【关 键 词】 登记表

【内容提要】

洮惠渠管理处向建设厅呈赍公务员登记表，附表。

【叙录编号】 0183

【档案题名】

溥济渠各水董履历表

【发文单位】 溥济渠

【收文单位】 不详

【档案编号】 038-001-0155-0043

【成文时间】 不详

【收藏单位】 甘肃省档案馆

【涉及地域】 溥济渠

【关 键 词】 溥济渠

【内容提要】

如题。

【叙录编号】 0184

【档案题名】

德远渠电力抽水灌溉工程计划书

【发文单位】 甘肃省水利局

【收文单位】 不详

【档案编号】 038-001-0208-0004

【成文时间】 1947-12

【收藏单位】 甘肃省档案馆

【涉及地域】 临洮县

【关 键 词】 德远渠

【内容提要】

此案卷共1份文件。内容如题。

【叙录编号】 0185

【档案题名】

洮惠渠电报挂号

【发文单位】 洮惠渠管理处；甘肃水利林牧公司

【收文单位】 甘肃水利林牧公司；洮惠渠

【档案编号】 039-001-0019-（0008-0010）

【成文时间】 1943-09-03—1943-09-21

【收藏单位】 甘肃省档案馆

【涉及地域】 甘肃省

【关 键 词】 电报挂号

【内容提要】

洮惠渠电报挂号仍为3055。

【叙录编号】 0186

【档案题名】

为报本处电报挂号改用3302等公函

【发文单位】 溥济渠工程处

【收文单位】 甘肃水利林牧公司总管理处

【档案编号】 039-001-0019-0013

【成文时间】 1944-01-10

【收藏单位】 甘肃省档案馆

【涉及地域】 甘肃省

【关 键 词】 电报挂号

【内容提要】

如题。

【叙录编号】 0187

【档案题名】

民国三十年（1941）至三十一年（1942）甘肃水利林牧公司夏慧渠（此应为"夏惠渠"之讹，为保持史料原貌，此处不做改动。）工程处与省硝磺处关于硝磺复购之往来的函

【发文单位】 甘肃水利林牧公司夏惠渠工程处（主任杨廷玉）；甘肃省硝磺处总工程师

【收文单位】 甘肃省硝磺处总工程师；甘肃水利林牧公司夏惠渠工程处

【档案编号】 039-001-0057-0007

【成文时间】 1941-11-20—1942-07-17

【收藏单位】 甘肃省档案馆

【涉及地域】 甘肃省

【关 键 词】 硝磺；炸药；建筑；渠道；水利

【内容提要】

此案卷共2份文件。内容如题。11月20日，甘肃水利林牧公司夏慧渠工程处函复省硝磺处，暂不购买硝磺，俟需要时自应遵照办理。次年7月17日，硝磺处复夏惠渠处订购火硝函。

【叙录编号】 0188

【档案题名】

民国三十二年（1943）甘肃水利林牧公司与甘肃硝磺处就硝磺起运及所购斤数查复之往来函

【发文单位】　甘肃水利林牧公司洮惠渠管理处；甘肃水利林牧公司

【收文单位】　甘肃水利林牧公司；甘肃水利林牧公司洮惠渠管理处

【档案编号】

　　039-001-0057-（0021-0022、0026）

【成文时间】　1943-02-08—1943-03-02

【收藏单位】　甘肃省档案馆

【涉及地域】　甘肃省

【关　键　词】　渠道工程；火药

【内容提要】

　　此案卷共3份文件。内容如题。2月8日，甘肃水利林牧公司洮惠渠管理处为报兴盛制药厂所需火药原料之事转呈甘肃水利林牧公司管理总处。2月15日，甘肃水利林牧公司洮惠渠之请求获硝磺处准许。3月2日，甘肃硝磺处为查复兴盛制药厂所购硝磺斤数致甘肃水利林牧公司函。

【叙录编号】　0189

【档案题名】

　　甘肃水利林牧公司为洮惠渠处传票可勿再寄一事通函各渠处

【发文单位】　甘肃水利林牧公司

【收文单位】　各渠工程处

【档案编号】　039-001-0067-0022

【成文时间】　1942-10-15

【收藏单位】　甘肃省档案馆

【涉及地域】　临洮县

【关　键　词】　洮惠渠

【内容提要】

　　此案卷共1份文件。内容如题。

【叙录编号】　0190

【档案题名】

　　甘肃水利林牧公司为复职员薪级表实行日期等事致溥济渠函

【发文单位】　甘肃水利林牧公司

【收文单位】　溥济渠

【档案编号】　039-001-0069-0005

【成文时间】　1941-12-22

【收藏单位】　甘肃省档案馆

【涉及地域】　临洮县

【关　键　词】　溥济渠；薪津

【内容提要】

　　此案卷共1份文件。内容如题。

【叙录编号】　0191

【档案题名】

　　洮河林场会计员调任的函

【发文单位】　甘肃水利林牧公司总管理处

【收文单位】　洮河林场

【档案编号】　039-001-0074-（0074-0075）

【成文时间】　1946-09-07

【收藏单位】　甘肃省档案馆

【涉及地域】　岷县

【关　键　词】　洮河林场；会计员

【内容提要】

　　此案卷共2份文件。内容如题。

【叙录编号】　0192

【档案题名】

　　甘肃水利林牧公司、水利部副工程师刘恩荣为高峰工程师赴洮惠渠督导等事的公函

【发文单位】　甘肃水利林牧公司

【收文单位】　刘恩荣；洮惠渠管理处

【档案编号】　039-001-0081-（0004-0005）

【成文时间】　1944-04-20

【收藏单位】　甘肃省档案馆

【涉及地域】　临洮县

【关　键　词】　洮惠渠；刘恩荣；高峰

【内容提要】

　　此案卷共1份文件。主要内容为高峰工程师赴洮惠渠督导，刘恩荣随往协办。

【叙录编号】 0193
【档案题名】

溥济渠工程处、甘肃水利林牧公司关于办全部竣工决算需用纸张如何出账一事的往来公函

【发文单位】 溥济渠工程处；甘肃水利林牧公司
【收文单位】 甘肃水利林牧公司；溥济渠工程处
【档案编号】 039-001-0119-（0008-0010）
【成文时间】 1943-04-15—1943-04-16
【收藏单位】 甘肃省档案馆
【涉及地域】 临洮县
【关 键 词】 费用；账目
【内容提要】

此案卷共2份文件。甘肃水利林牧公司准溥济渠为办全部竣工决算需用纸张由测勘设计费用内出账。

【叙录编号】 0194
【档案题名】

民国三十一年（1942）溥济渠工程管理处、甘肃水利林牧公司及中国农民银行兰州分行就追加工程费一事的相关公文

【发文单位】 溥济渠工程管理处；甘肃水利林牧公司
【收文单位】 甘肃省水利林牧公司；溥济渠工程管理处等
【档案编号】 039-001-0226-（0003-0004）
【成文时间】 1942-01-29—1942-02-07
【收藏单位】 甘肃省档案馆
【涉及地域】 临洮县
【关 键 词】 预算；溥济渠
【内容提要】

此案卷共2份文件。均涉及溥济渠工程预算追加一事。

【叙录编号】 0195
【档案题名】

洮惠渠管理处与甘肃水利林牧公司就仪器纸张购买事务的往来公文

【发文单位】 洮惠渠管理处；甘肃水利林牧公司
【收文单位】 甘肃水利林牧公司；洮惠渠管理处
【档案编号】 039-001-0368-（0006-0008）
【成文时间】 1945-05-07—1945-05-23
【收藏单位】 甘肃省档案馆
【涉及地域】 临洮县
【关 键 词】 器材价让
【内容提要】

此案卷共3份文件。洮惠渠管理处欲向甘肃水利林牧公司购买雨量器及晒图纸用以水文站工作，后双方达成交易。

【叙录编号】 0196
【档案题名】

临潭县政府就请价让抽水机致甘肃水利林牧公司的函

【发文单位】 临潭县政府
【收文单位】 甘肃水利林牧公司
【档案编号】 039-001-0368-0024
【成文时间】 1946-07-25
【收藏单位】 甘肃省档案馆
【涉及地域】 临潭县
【关 键 词】 抽水机
【内容提要】

此案卷共1份文件。内容如题。

【叙录编号】 0197
【档案题名】

甘肃省建设厅与甘肃水利林牧公司等单位关于引洮入渭的往来公文与相关文件

【发文单位】 甘肃省建设厅；甘肃水利林牧公司等
【收文单位】 甘肃省建设厅；甘肃省政府
【档案编号】 039-001-0506-（0001-0007）
【成文时间】 1942-06-28—1943-05-22

【收藏单位】 甘肃省档案馆

【涉及地域】 陇西县

【关 键 词】 引洮入渭

【内容提要】

此案卷共7份文件。内容包括：甘肃省建设厅提议为引洮入渭筹款（0001）。甘肃水利林牧公司函复甘肃省建设厅已开始测量请求调取相关记载（0002）。甘肃省建设厅函复没有记载（0003）。甘肃水利林牧公司函请甘肃省建设厅请主管水利机关办理（0004）。甘肃省政府函请甘肃水利林牧公司研究引洮入渭案（0005）并附陇西县政府决议案（0006）。甘肃水利林牧公司函复甘肃省建设厅缺乏资料难以进行（0007）。

【叙录编号】 0198

【档案题名】

甘肃省政府与博济渠（此处与上件"博济渠"应为"溥济渠"之讹。）管理处等的往来公文

【发文单位】 博济渠管理处；甘肃省政府

【收文单位】 甘肃省政府；博济渠管理处

【档案编号】 039-001-0603-（0001-0002）

【成文时间】 1947-06-10—1947-06-20

【收藏单位】 甘肃省档案馆

【涉及地域】 临洮县

【关 键 词】 裁减

【内容提要】

博济渠管理处电复甘肃省政府本处裁减公务员何翰英等情形（0001）。甘肃省政府指令甘肃省水利局核示具体情形（0002）。

【叙录编号】 0199

【档案题名】

甘肃省水利局与博济渠管理处的往来公文

【发文单位】 博济渠管理处；甘肃省水利局

【收文单位】 甘肃省水利局；博济渠管理处

【档案编号】 039-001-0603-（0004-0005）

【成文时间】 1947-06-19—1947-06-28

【收藏单位】 甘肃省档案馆

【涉及地域】 临洮县

【关 键 词】 员工名册

【内容提要】

博济渠管理处电报甘肃省水利局本处现员名册（0004）。甘肃省水利局指令博济渠核示员工名册（0005）。

【叙录编号】 0200

【档案题名】

甘肃省政府与洮惠渠管理处等关于裁减职员及工役的往来公文

【发文单位】 甘肃省政府；洮惠渠管理处

【收文单位】 洮惠渠管理处；甘肃省政府

【档案编号】 039-001-0604-（0014-0015）

【成文时间】 1947-06-06—1947-06-20

【收藏单位】 甘肃省档案馆

【涉及地域】 临洮县

【关 键 词】 裁减；职员

【内容提要】

洮惠渠管理处因遵照实行修正员额编制电报本处裁减员工事宜（0014）。甘肃省政府指令甘肃省洮惠渠管理处核办裁减员工情形（0014）。

【叙录编号】 0201

【档案题名】

甘肃省水利局与洮惠渠管理处关于现有职员及工役名册的往来公文

【发文单位】 甘肃省水利局；洮惠渠管理处

【收文单位】 洮惠渠管理处；甘肃省水利局

【档案编号】 039-001-0604-（0016-0017）

【成文时间】 1947-06-20—1947-06-25

【收藏单位】 甘肃省档案馆

【涉及地域】 临洮县

【关　键　词】　职员名册

【内容提要】

　　洮惠渠管理处电报本处现有职员及工役名册（0016）。甘肃省水利局指令洮惠渠管理处核查员工名册（0017）。

【叙录编号】　0202

【档案题名】

　　洮惠渠管理处与甘肃省水利局等关于递补缺额的往来公文

【发文单位】　洮惠渠管理处；甘肃省水利局；甘肃省政府人事处等

【收文单位】　洮惠渠管理处

【档案编号】　039-001-0604-（0018-0027）

【成文时间】　1947-08-31—1948-02-18

【收藏单位】　甘肃省档案馆

【涉及地域】　甘肃省

【关　键　词】　递补；缺额

【内容提要】

　　洮惠渠管理处呈报本处公务员等均无缺额事（0018）。杨致远函请补充洮惠渠技士缺额（0019）并呈报递补缺额（0020）。甘肃省水利局指令杨致远现无缺额，暂不派遣（0021）。洮惠渠管理处呈报甘肃省水利局请委派杨怀植充任技士职务（0022）并附履历表（0023）。甘肃省水利局呈报甘肃省政府是否派遣杨怀植为洮惠渠技佐（0024）。甘肃省水利局训令派遣杨怀植为洮惠渠处技佐（0025）。甘肃省政府人事处通知甘肃省水利局本省省级员役遇缺不得擅补（0026）。甘肃省政府训令甘肃省水利局各渠管理处遇缺不得擅补（0027）。

【叙录编号】　0203

【档案题名】

　　甘肃省政府为复博济渠（应为"溥济渠"之讹。）赶修及其他各旧有渠堤之保护修理情形给甘肃水利林牧公司的函

【发文单位】　甘肃省政府

【收文单位】　甘肃水利林牧公司

【档案编号】　039-001-0654-0004

【成文时间】　1942-02-16

【收藏单位】　甘肃省档案馆

【涉及地域】　临洮县

【关　键　词】　博济渠；渠堤保护修理

【内容提要】

　　此案卷共1份文件，为甘肃省政府对甘肃水利林牧公司此前要求的对博济渠赶修及其他旧有渠堤之保护修理情形查复事项的回复，转发了临洮县政府民国三十一年（1942）1月17日的相关呈文。

【叙录编号】　0204

【档案题名】

　　甘肃水利林牧公司给张厅长为函达湟惠渠、溥济渠完成情形及嘉奖等函

【发文单位】　甘肃水利林牧公司总务处

【收文单位】　张厅长

【档案编号】　039-001-0705-0013

【成文时间】　1942-06-05

【收藏单位】　甘肃省档案馆

【涉及地域】　兰州市；临洮县

【关　键　词】　湟惠渠；溥济渠；完工日期

【内容提要】

　　此案卷共1份文件，函件提到了湟惠渠、溥济渠修建相关事项，列举如下：民国二十七年（1938）8月和12月分别成立两渠的设计测量队；民国三十年（1941）7月底两渠大半完成，8月1日移交甘肃水利林牧公司办理后续事宜；民国三十一年（1942）5月同时完成放水。

【叙录编号】　0205

【档案题名】

　　甘肃水利林牧公司给洮惠渠管理处主任李

祖煐为办理洮惠渠改善工程嘉奖函

【发文单位】　甘肃水利林牧公司水利部

【收文单位】　洮惠渠管理处主任李祖煐

【档案编号】　039-001-0705-0015

【成文时间】　1942-06-18

【收藏单位】　甘肃省档案馆

【涉及地域】　临洮县

【关　键　词】　洮惠渠；坍方；保护修理；水利工程

【内容提要】

　　此案卷共1份文件。提到了洮惠渠水利工程相关信息，列举如下：洮惠渠工程于民国二十七年（1938）完成后，因管理不善导致坍塌栓塞；甘肃水利林牧公司接手后，于民国三十一年（1942）4月1日派员调查，发现渠口一带坍方，后派人改进修理；于民国三十一年（1942）6月18日以前修理完成，成功放水。

【叙录编号】　0206

【档案题名】

　　临洮县政府关于下发订定水利技术员缓服兵役办法一案

【发文单位】　临洮县政府

【收文单位】　熙宁镇公所

【档案编号】　129-1-81-14

【成文时间】　1944-09-21

【收藏单位】　定西市档案馆

【涉及地域】　临洮县

【关　键　词】　水利技术员；兵役

【内容提要】

　　临洮县政府通知熙宁镇公所，奉上级命令，水利技术员应予缓服兵役，该镇有一水利技术员牟秉章，按规定可暂缓服兵役。

【叙录编号】　0207

【档案题名】

　　插岗乡公所奉办财政工作的呈文、报表和卓尼设治局各乡财政工作的训令、指令、代电

【发文单位】　卓尼设治局

【收文单位】　插岗乡公所

【档案编号】　1-3-2-18-（0003-0004）

【成文时间】　1948-01-10

【收藏单位】　甘南藏族自治州档案馆

【涉及地域】　卓尼设治局

【关　键　词】　水磨；水磨使用牌照税

【内容提要】

　　此案卷为卓尼设治局转发甘肃省政府训令：为如期征收税款，特公布甲、乙、丙3类水磨征税标准，并令各磨主如期交付税款。

【叙录编号】　0208

【档案题名】

　　临夏县农事试验场关于先行修建永利水渠山洪沟并更造预算表给临夏县政府的呈；临夏县农事试验场关于编造修理永利水渠及场内设施工及工料费用预算表；临夏县农事试验场永利水渠在西郊所灌溉面积图

【发文单位】　临夏县农事试验场

【收文单位】　临夏县政府

【档案编号】　126-001-0002-（0008-0010）

【成文时间】　1939-03-08—1939-03-10

【收藏单位】　临夏回族自治州档案馆

【涉及地域】　临夏县

【关　键　词】　永利水渠；预算表

【内容提要】

　　此案卷共3份文件。分别为临夏县农事试验场根据县政府指令再次编造关于修理永利水渠及场内设施的预算报表的呈文，后附表格与地图档案各1份。其中，表格内容包括各工料及工役支出的预算明细；地图的内容是永利水渠在县西郊灌溉面积的示意图，图内附说明，介绍了该水渠的灌溉面积概况及水渠本身修建的概况。

【叙录编号】 0209

【档案题名】

临夏县农事试验场编造修理永利水渠及场内八卦亭等工料费用预算表

【发文单位】 临夏县农事试验场

【收文单位】 不详

【档案编号】 126-001-0002-0005

【成文时间】 1939-01

【收藏单位】 临夏回族自治州档案馆

【涉及地域】 临夏县

【关 键 词】 预算表；永利水渠

【内容提要】

此案卷为临夏县农事试验场修理永利水渠和场内设施的预算报表，表格内容主要是使用工料和雇用工人的费用明细。

【叙录编号】 0210

【档案题名】

临夏县政府关于拨款修理永利水渠及场内八卦亭并造具详细预算表给临夏县农事试验场的指令

【发文单位】 临夏县政府

【收文单位】 临夏县农事试验场

【档案编号】 126-001-0002-0007

【成文时间】 1939-02-07

【收藏单位】 临夏回族自治州档案馆

【涉及地域】 临夏县

【关 键 词】 永利水渠；八卦亭

【内容提要】

此案卷为临夏县政府针对县农事试验场第一次呈报的修理永利水渠及场内八卦亭等工料费用预算表的回复，认为八卦亭限于财力难以重修并令县农事试验场编造新的预算表呈上。

【叙录编号】 0211

【档案题名】

临夏县农事试验场关于呈请省政府迅拨款

修理永利水渠以利灌溉给临夏县政府的呈；临夏县政府关于修理永利水渠情形抄发原呈给临夏县农事试验场的训令；洮循公路测量队关于临夏县政府的修理永利水渠一案并附发原呈一件原图各算一件给临夏县农事试验场的呈

【发文单位】 临夏县农事试验场；临夏县政府等

【收文单位】 临夏县政府；临夏县农事试验场

【档案编号】

126-001-0002-（0013、0015-0016）

【成文时间】 1939-05-21—1939-06-15

【收藏单位】 临夏回族自治州档案馆

【涉及地域】 临夏县

【关 键 词】 永利水渠；修理经过

【内容提要】

此案卷共有3份文件。内容包括：临夏县农事试验场请求县政府迅速拨款修理永利水渠的呈文1份，以及县政府要求农事试验场报送修理永利水渠情形的训令1份，还有洮循公路测量队汇报了永利水渠被冲毁的原因（坡度太陡、修筑方法不合理）并提出了改进意见。

【叙录编号】 0212

【档案题名】

临夏县农事试验场关于驻军在西郊永利水渠放水将洪水河上面水渠冲毁请迅予拨款修理给临夏县政府的呈；临夏县政府关于拨款修理永利水渠情形给甘肃省临夏县农事试验场的指令

【发文单位】 临夏县农事试验场；临夏县政府

【收文单位】 临夏县政府；临夏县农事试验场

【档案编号】 126-001-0002-（0017-0018）

【成文时间】 1939-07-14—1939-07-29

【收藏单位】 临夏回族自治州档案馆

【涉及地域】 临夏县

【关 键 词】 永利水渠；修理水渠

【内容提要】

此案卷共2份文件。第1份为临夏县农事试验场向县政府呈报民国二十八年（1939）7月8日，驻军在西郊永利水渠放水导致洪水河上面水槽被冲毁一事并请求县政府迅速拨款修理；第2份为县政府回复，要求县农事试验场先造具预算呈报。

【叙录编号】　0213
【档案题名】
　　商民代表德源长、张瑞亭、汪百川等关于兴修水利以利民生给临夏县农事试验场的呈；临夏县政府关于将南关街流水引入城以便灌溉给临夏县农事试验场的指令；临夏县农事试验场关于商民代表汪百川呈请兴修水利、修建沟渠以利灌溉给甘肃省临夏县政府的呈
【发文单位】　商民代表；临夏县政府等
【收文单位】　临夏县农事试验场
【档案编号】
　　126-001-0003-（0003、0017、0039）
【成文时间】
　　1941-03-19；1941-05-31；1941-11-29
【收藏单位】　临夏回族自治州档案馆
【涉及地域】　临夏县
【关　键　词】　兴修水利；农事试验场
【内容提要】
　　此案卷共3份文件。初由商民代表汪百川等提出将南关街流水修渠引入城中的建议，后经县政府及县农事试验场综合考量，认为该建议不仅可以方便试验农场灌溉树苗，而且有利公共卫生，因此准予实施。

【叙录编号】　0214
【档案题名】
　　甘肃永丰永乐渠管理处第二段地亩户册共三册：第一册（1—92页）
【发文单位】　甘肃永丰永乐渠管理处
【收文单位】　不详

【档案编号】　136-001-0004-0001
【成文时间】　1947-08-14
【收藏单位】　临夏回族自治州档案馆
【涉及地域】　临夏县
【关　键　词】　地亩户册
【内容提要】
　　此案卷涉及甘肃永丰永乐渠管理处第二段地亩户册，其中包括当地的土地分布图和部分业户的姓名、丘号和亩数。

【叙录编号】　0215
【档案题名】
　　甘肃永丰永乐渠管理处第二段地亩户册共三册：第二册（93—201页）
【发文单位】　甘肃永丰永乐渠管理处
【收文单位】　不详
【档案编号】　136-001-0005-0001
【成文时间】　1947-08-14
【收藏单位】　临夏回族自治州档案馆
【涉及地域】　临夏县
【关　键　词】　地亩户册
【内容提要】
　　此案卷涉及甘肃永丰永乐渠管理处第二段地亩户册，其中包括当地部分业户的姓名、丘号和亩数。

【叙录编号】　0216
【档案题名】
　　甘肃永丰永乐渠管理处第二段地亩户册共三册：第三册（202—308页）
【发文单位】　甘肃永丰永乐渠管理处
【收文单位】　不详
【档案编号】　136-001-0006-0001
【成文时间】　1947-08-14
【收藏单位】　临夏回族自治州档案馆
【涉及地域】　临夏县
【关　键　词】　地亩户册

【内容提要】

此案卷涉及甘肃永丰永乐渠管理处第二段地亩户册，其中包括部分业户的姓名、丘号和亩数。

【叙录编号】　0217

【档案题名】

甘肃永丰永乐渠管理处第三段地亩户册第一册：分两册（1）（1—100页）

【发文单位】　甘肃永丰永乐渠管理处

【收文单位】　不详

【档案编号】　136-001-0007-0001

【成文时间】　1947-08-12

【收藏单位】　临夏回族自治州档案馆

【涉及地域】　临夏县

【关 键 词】　地亩户册

【内容提要】

此案卷涉及甘肃永丰永乐渠管理处第三段地亩户册，其中包括部分业户的姓名、丘号和亩数。

【叙录编号】　0218

【档案题名】

甘肃永丰永乐渠管理处第三段地亩户册第一册：分两册（2）（101—201页）

【发文单位】　甘肃永丰永乐渠管理处

【收文单位】　不详

【档案编号】　136-001-0008-0001

【成文时间】　1947-08-12

【收藏单位】　临夏回族自治州档案馆

【涉及地域】　临夏县

【关 键 词】　地亩户册

【内容提要】

此案卷涉及甘肃永丰永乐渠管理处第三段地亩户册，其中包括部分业户的姓名、丘号和亩数。

【叙录编号】　0219

【档案题名】

甘肃永丰永乐渠管理处第三段地亩户册第三册：分两册

【发文单位】　甘肃永丰永乐渠管理处

【收文单位】　不详

【档案编号】　136-001-0009-0001

【成文时间】　1947-08-12

【收藏单位】　临夏回族自治州档案馆

【涉及地域】　临夏县

【关 键 词】　地亩户册

【内容提要】

此案卷涉及甘肃永丰永乐渠管理处第三段地亩户册，其中包括部分业户的姓名、丘号和亩数。

五、林草动物资源开发与保护类档案

【叙录编号】　0220

【档案题名】

甘肃省民政厅关于洮沙县拨木建校的各类文件

【发文单位】　甘肃省民政厅；洮沙县政府等

【收文单位】　甘肃省民政厅；洮沙县政府等

【档案编号】　015-005-0388-（0010-0012）

【成文时间】　1936-02-26—1936-03-21

【收藏单位】　甘肃省档案馆

【涉及地域】　洮沙县

【关 键 词】　拨木；修校；教育

【内容提要】

　　洮沙县树德高级小学校长呈文省民政厅，称校林被第六师十八旅修桥，请发木材以便建校，并迳呈省教育厅。省民政厅咨省教育厅核办，省教育厅致函省民政厅因碍难办。

【叙录编号】　0221

【档案题名】

　　农林部关于将在卓尼设治局设立农业部洮河流域国有林区管理处给甘肃省政府的咨

【发文单位】　甘肃省建设厅

【收文单位】　甘肃省政府

【档案编号】　027-001-0011-0010

【成文时间】　1941

【收藏单位】　甘肃省档案馆

【涉及地域】　甘肃省

【关 键 词】　洮河森林；卓尼设治局

【内容提要】

　　为保护洮河流域森林，农林部将在甘肃省卓尼设治局设立农林部洮河流域国有林区管理处，命周映昌为主任，近期前往筹设。拟请甘肃省及洮河流域各县协助，特此咨文。

【叙录编号】　0222

【档案题名】

　　甘肃省建设厅、教育厅关于请求拨伐临潭县治海乡及双岔林木作临潭中学经费致甘肃省政府的签呈

【发文单位】　甘肃省建设厅

【收文单位】　甘肃省政府

【档案编号】　027-001-0055-0004

【成文时间】　1946-02-06

【收藏单位】　甘肃省档案馆

【涉及地域】　临潭县

【关 键 词】　林木；中学经费

【内容提要】

　　如题。

【叙录编号】　0223

【档案题名】

　　甘肃省参议会关于送参议员李识音建议指拨临潭治海乡及双岔林木作临潭中学经费的提案给甘肃省政府的咨

【发文单位】　甘肃省建设厅

【收文单位】　甘肃省政府

【档案编号】　027-001-0055-0005

【成文时间】　1946-01-19

【收藏单位】　甘肃省档案馆

【涉及地域】　临潭县

【关 键 词】　林木；中学经费

【内容提要】

　　甘肃省参议会参议员李识音提案，建议甘肃省政府指拨一部分临潭县治海乡及双岔林木作该县办理中学经费。议案经15次会议表决通过，特咨省政府。后附原议案1份。

【叙录编号】　0224

【档案题名】

　　甘肃省政府关于建筑临潭中学校舍所需木料应由县政府上报数目后再核拨给甘肃省参议会的咨

【发文单位】　甘肃省政府

【收文单位】　甘肃省临时参议会

【档案编号】　027-001-0055-0006

【成文时间】　1946-02-12

【收藏单位】　甘肃省档案馆

【涉及地域】　临潭县

【关 键 词】　木料；校舍

【内容提要】

　　如题。

【叙录编号】 0225
【档案题名】
　　农林部关于洮河流域国有林区管理处仍由中央管理给甘肃省政府的公函
【发文单位】 农林部
【收文单位】 甘肃省政府
【档案编号】 027-001-0055-0009
【成文时间】 1946-03-01
【收藏单位】 甘肃省档案馆
【涉及地域】 临洮县
【关 键 词】 洮河；国有林区
【内容提要】
　　之前甘肃省参议会参议员李世军等提案，甘肃省境内国有林区由甘肃省政府代管，不必专设机构。农林部复函，洮河流域国有林区管理处仍由中央管理，其余照准。

【叙录编号】 0226
【档案题名】
　　甘肃省政府关于洮河流域国有林区管理处仍由中央管理给甘肃省参议会的咨
【发文单位】 农林部
【收文单位】 甘肃省临时参议会
【档案编号】 027-001-0055-0010
【成文时间】 1946-03-06
【收藏单位】 甘肃省档案馆
【涉及地域】 临洮县
【关 键 词】 洮河；国有林区
【内容提要】
　　如题。

【叙录编号】 0227
【档案题名】
　　甘肃水利林牧公司关于送甘肃省参议会询问本公司强划民有森林一事的解释说明给甘肃省建设厅的公函
【发文单位】 甘肃水利林牧公司

【收文单位】 甘肃省建设厅
【档案编号】 027-001-0055-0011
【成文时间】 1946-05-21
【收藏单位】 甘肃省档案馆
【涉及地域】 甘肃省
【关 键 词】 民有森林
【内容提要】
　　甘肃水利林牧公司关于甘肃省参议会询问该公司强划民有森林一事，解释称，该公司采伐林木，仅限洮河流域国有林区一处，为民国三十四年（1945）该公司经理邓叔群向卓尼苗圃购入树木，部分赠与他人，并无强划民有森林一事。特向甘肃省建设厅说明。

【叙录编号】 0228
【档案题名】
　　甘肃省政府关于送甘肃水利林牧公司对强划民有森林一事的解释说明给甘肃省参议会的咨
【发文单位】 甘肃省临时参议会
【收文单位】 甘肃省政府
【档案编号】 027-001-0055-0012
【成文时间】 1946-05-25
【收藏单位】 甘肃省档案馆
【涉及地域】 甘肃省
【关 键 词】 民有森林
【内容提要】
　　如题。

【叙录编号】 0229
【档案题名】
　　甘肃省参议会关于送参议员李识音建议洮河流域国有林区管理处对地方民众制造农具取消杂木限制的提案给甘肃省政府的咨
【发文单位】 甘肃省临时参议会
【收文单位】 甘肃省政府
【档案编号】 027-001-0055-0015

【成文时间】　1946-06-12
【收藏单位】　甘肃省档案馆
【涉及地域】　甘肃省
【关 键 词】　洮河；国有林区
【内容提要】

　　甘肃省参议会参议员李识音提案，建议省政府转请农林部，令洮河流域林木管理处对地方人民制造农具使用杂木取消限制，允许采用。议案经13次会议表决通过，特咨省政府。后附原议案1件。

【叙录编号】　0230
【档案题名】

　　甘肃省政府关于甘肃省参议会建议对洮河流域林区地方民众制造农具取消杂木限制给农林部的咨及给农林部洮河流域国有林区管理处的公函和关于此事给甘肃省参议会的咨
【发文单位】　甘肃省政府
【收文单位】　甘肃省临时参议会
【档案编号】　027-001-0055-0016
【成文时间】　1946-06-17
【收藏单位】　甘肃省档案馆
【涉及地域】　甘肃省
【关 键 词】　洮河；国有林区
【内容提要】
　　如题。

【叙录编号】　0231
【档案题名】

　　甘肃省参议会关于请严令洮河林场重新订立租约并增加租金、清理积欠致甘肃省政府的咨
【发文单位】　甘肃省临时参议会
【收文单位】　甘肃省政府
【档案编号】　027-001-0059-0007
【成文时间】　1946-12-19
【收藏单位】　甘肃省档案馆

【涉及地域】　甘肃省
【关 键 词】　林场租金
【内容提要】

　　卓尼设治局临时参议会请甘肃省参议会转咨甘肃省政府，洮河林场地址原系柳林学校学田，自民国三十年（1941）由林场租用，并按当时币制偿付租金。现请令洮河林场重新订立租约，清算历年欠租，并增加租金，以利教育。

【叙录编号】　0232
【档案题名】

　　甘肃省政府关于已令第一区行政督察专员公署调查洮河林场订立租约一事致甘肃省参议会的咨及给第一区行政督察专员兼保安司令公署的训令
【发文单位】　甘肃省政府
【收文单位】　第一区行政督察专员兼保安司令公署
【档案编号】　027-001-0059-0008
【成文时间】　1946-12-25
【收藏单位】　甘肃省档案馆
【涉及地域】　甘肃省
【关 键 词】　林场租金
【内容提要】
　　如题。

【叙录编号】　0233
【档案题名】

　　第一区行政督察专员兼保安司令公署关于报送调查洮河林场重订新约酌增租金并清理积欠致甘肃省政府的代电
【发文单位】　第一区行政督察专员兼保安司令公署
【收文单位】　甘肃省政府
【档案编号】　027-001-0059-0009
【成文时间】　1947-03-27

【收藏单位】 甘肃省档案馆

【涉及地域】 甘肃省

【关 键 词】 林场租金

【内容提要】

甘肃省第一区行政督察专员兼保安司令公署科长刘毅民关于洮河林场重订新约一案调查结果如下：洮河林场场址原系洮岷路保安司令部划归柳林学校的学田，民国三十年（1941）由洮岷路保安司令部代表杨复与卓尼设治局代表刘修月赠予甘肃水利林牧公司，并与该公司代表经理邓叔群订立合同。但合同文句模糊，场址四至不清，后虽经订立新合同，但未能解决纠纷，确有重立新约之必要。洮河林场按旧合同，每年补助柳林学校经费500元，如今币值变化过大，已失去效力。

【叙录编号】 0234

【档案题名】

甘肃林牧实业公司洮河林场关于送捐赠教育基金款项情况及卓尼办事处基地合同致刘毅民科长的函

【发文单位】 甘肃林牧实业公司洮河林场

【收文单位】 刘科长

【档案编号】 027-001-0059-0010

【成文时间】 1947-03-10

【收藏单位】 甘肃省档案馆

【涉及地域】 卓尼设治局

【关 键 词】 教育基金款项

【内容提要】

甘肃林牧实业公司洮河林场致函刘毅民科长：林场所出教育经费款项凭证大部呈送甘肃林牧实业公司总管理处，本场无法出示查证。后附民国三十年（1941）洮河林场旧合同1份。

【叙录编号】 0235

【档案题名】

甘肃省民政厅关于检送卓尼设治局民国三十六年（1947）1—6月份工作报告给甘肃省建设厅的函

【发文单位】 卓尼设治局

【收文单位】 甘肃省建设厅

【档案编号】

027-001-0180-（0005-0006）；

027-001-0181-（0001-0002）

【成文时间】 1947-05-17—1947-05-19

【收藏单位】 甘肃省档案馆

【涉及地域】 卓尼设治局

【关 键 词】 报表

【内容提要】

报告包括营建、农林、度政几部分。

【叙录编号】 0236

【档案题名】

会川县政府关于报送本县本年度春季植树造林护林办法致甘肃省政府的代电

【发文单位】 会川县政府

【收文单位】 甘肃省政府

【档案编号】 027-001-0299-（0006-0007）

【成文时间】 1949-03—1949-04

【收藏单位】 甘肃省档案馆

【涉及地域】 会川县

【关 键 词】 植树造林

【内容提要】

会川县政府推行县辖乡镇集体造林、补种行道树、挖掘水平沟、播种榆树椿树4项计划共15条。甘肃省政府回令准予备查。

【叙录编号】 0237

【档案题名】

岷县政府关于报送本县本年春季植树造林办法及植树统计表致甘肃省政府的代电

【发文单位】 岷县政府

【收文单位】 甘肃省政府

【档案编号】　027-001-0299-（0008-0009）

【成文时间】　1949-04-05

【收藏单位】　甘肃省档案馆

【涉及地域】　岷县

【关　键　词】　植树造林

【内容提要】

　　汇报本年度春季植树造林情形，植树造林办法以及各乡镇植树分配，并附分配数字统计表1份。甘肃省政府回令准予备查。

【叙录编号】　0238

【档案题名】

　　洮沙县政府关于报送本县春季植树情形致甘肃省政府的代电

【发文单位】　洮沙县政府

【收文单位】　甘肃省政府

【档案编号】　027-001-0300-0009

【成文时间】　1949-05-23

【收藏单位】　甘肃省档案馆

【涉及地域】　洮沙县

【关　键　词】　植树造林；榆钱

【内容提要】

　　洮沙县政府发动民众普遍栽种树株由苗圃供给，公路植树挖穴栽种灌溉工作由县政府派员督导，附春季植树造林报告表，有行道树、乡镇林、校林、模范林及树种，每户150株。

【叙录编号】　0239

【档案题名】

　　甘肃省政府关于洮沙县本年植树情况准予办理给洮沙县政府的指令

【发文单位】　甘肃省政府

【收文单位】　洮沙县政府

【档案编号】　027-001-0300-0010

【成文时间】　1949-05-31

【收藏单位】　甘肃省档案馆

【涉及地域】　洮沙县

【关　键　词】　植树造林；榆钱

【内容提要】

　　甘肃省政府回令准予备查。

【叙录编号】　0240

【档案题名】

　　第一区行政督察专员公署关于报送所属各县本年度上季实施农林建设情形报告表致甘肃省政府的代电及甘肃省政府回令

【发文单位】　临潭等县

【收文单位】　甘肃省政府

【档案编号】　027-001-0342-（0013-0014）

【成文时间】　1947-07-31—1947-08-04

【收藏单位】　甘肃省档案馆

【涉及地域】　第一区行政督察专员公署

【关　键　词】　林木；保护办法

【内容提要】

　　《临潭县民国三十六年（1947）上季农林建设实施情形报告表》包含育苗造林、护林、挖掘水平沟、水土保持、防治小麦黑穗病等内容。附《陇西县保护林木办法》。《夏河县政府民国三十六年（1947）上季实施农林建设情形报告表》《岷县政府民国三十六年（1947）上季实施农林建设情形报告表》。

【叙录编号】　0241

【档案题名】

　　甘肃省政府、建设厅、农业改进所对洮沙县苗圃建设与植树造林的指示及洮沙县政府、苗圃的呈文

【发文单位】　洮沙县政府

【收文单位】　甘肃省建设厅；甘肃省农业改进所

【档案编号】　027-001-0357-（0001-0023）

【成文时间】　1940-07-22—1947-07-12

【收藏单位】　甘肃省档案馆

【涉及地域】　洮沙县

【关　键　词】　苗圃；经费；植树造林

【内容提要】

洮沙县苗圃经费预算、育苗造林、树种拨发、工作概况、苗圃数量及生长情况及苗圃归属问题。0357-0009为《洮沙县育苗造林护林五年计划书》主要为苗圃设置、保苗圃、苗种选择、育苗计划、造林、护林。

【叙录编号】 0242

【档案题名】

甘肃省政府、建设厅关于临洮县苗圃建设与植树造林事宜的指示及该县政府、苗圃的呈文

【发文单位】 临洮县政府

【收文单位】 甘肃省政府

【档案编号】

027-001-0366-（0001-0009）；

027-001-0367-（0001-0011）；

027-001-0368-（0001-0017）；

027-001-0369-（0001-0014）；

027-001-0370-（0001-0015）

【成文时间】 1942-05-29—1947-08-12

【收藏单位】 甘肃省档案馆

【涉及地域】 临洮县

【关 键 词】 苗圃；经费；植树造林

【内容提要】

此案卷主要为临洮县苗圃圃址选择、民国三十一年（1942）遭受水灾情况、苗圃经费情况、苗圃人事管理、育苗造林规划、苗圃财产清查、民国三十三年（1944）至民国三十六年（1947）苗圃工作报告。0367-0001为《临洮县苗圃民国三十二年（1943）育苗造林经费预算书》《临洮县苗圃民国三十二年（1943）开办费预算书》《临洮县苗圃民国三十二年（1943）经常事业费预算书》。0367-0004为《甘肃省农业改进所临洮中心苗圃财产移交清册》《甘肃省农业改进所临洮中心苗圃苗木移交清册》《甘肃省农业改进所临洮中心苗圃文

卷移交清单》。0367-0007为《临洮县育苗造林护林五年计划》；0368-0370为临洮县苗圃民国三十四（1945）、三十五年（1946）各月份造林工作报告。

【叙录编号】 0243

【档案题名】

甘肃省农业改进所关于临洮苗圃申请划拨地方公用土地一事致甘肃省建设厅的呈文

【发文单位】 临洮县

【收文单位】 甘肃省建设厅

【档案编号】 027-001-0376-0013

【成文时间】 1942-03-31

【收藏单位】 甘肃省档案馆

【涉及地域】 临洮县

【关 键 词】 苗圃；公用土地；农业改进所

【内容提要】

如题。

【叙录编号】 0244

【档案题名】

甘肃省建设厅关于临洮苗圃申请划拨地方公用土地一事须查明临洮立农学校与临洮苗圃有无纠葛后再予以核办给临洮县政府的训令及给甘肃省农业改进所的指令

【发文单位】 临洮县政府

【收文单位】 甘肃省政府；甘肃省建设厅等

【档案编号】 027-001-0376-0014

【成文时间】 1942-04-04

【收藏单位】 甘肃省档案馆

【涉及地域】 临洮县

【关 键 词】 苗圃；公用土地；立农学校

【内容提要】

如题。

【叙录编号】 0245

【档案题名】

甘肃省政府、建设厅关于卓尼设治局苗圃建设与植树造林事宜的指示及该局的呈文

【发文单位】　卓尼设治局

【收文单位】　甘肃省政府；甘肃省建设厅

【档案编号】

　　027-001-0397-（0001-0017）；

　　027-001-0398-（0001-0002）

【成文时间】　1942-10-23—1947-01-14

【收藏单位】　甘肃省档案馆

【涉及地域】　卓尼设治局

【关　键　词】　苗圃；经费；植树造林

【内容提要】

　　卓尼设治局苗圃创设筹办、经费预算事项、育苗造林护林、工作报告大纲。关于该局苗圃的筹办，甘肃省政府的指示中特别提到可与甘肃水利林牧公司协商办理。0397-0005卓尼设治局报送《卓尼设治局苗圃民国三十二年（1943）经常费事业预算分配表》《卓尼设治局苗圃施业计划大纲》《农林部洮河流域国有林区管理处—卓尼设治局合办卓尼苗圃暂行办法》。0397-0007为《卓尼设治局苗圃造林经费预算书》《卓尼设治局育苗造林护林五年计划》，后续修正苗圃办法及预算书不合规定的呈文。

【叙录编号】　0246

【档案题名】

　　甘肃省政府、建设厅、农业改进所关于临夏县苗圃建设与造林护林事宜的指示及该县政府的呈文

【发文单位】　临夏县政府

【收文单位】　甘肃省政府；甘肃省建设厅等

【档案编号】

　　027-001-0400-（0001-0020）；

　　027-001-0401-（0001-0158）；

　　027-001-0402-（0001-0016）；

　　027-001-0403-（0001-0013）；

　　027-001-0404-（0001-0010）

【成文时间】　1942-05-08—1946-03-01

【收藏单位】　甘肃省档案馆

【涉及地域】　临夏县

【关　键　词】　苗圃；经费；工作报告

【内容提要】

　　临夏县苗圃创设筹办、经费预算、古木登记、造林规划、民国三十二年（1943）—民国三十三年（1944）育苗造林工作概况月报表。临夏县政府报送苗圃实施计划及预算分配。0400-0008为临夏县育苗造林情况，附《民国三十二年（1943）临夏县扩大造林办法》《临夏县政府造林计划》。0400-0015为马子云呈领荒地植树造林，附《中山林区略图》《临夏县造林育苗工作报告表》。0401-0011为《临夏县育苗造林护林五年计划》。0401-0012为《临夏县人民自由领荒造林之办法》是该县独具特色的规定，《办法》共11条，鼓励人民自领荒地、植树造林。其余0401-0404为临夏县政府报送民国三十三年（1944）1—12月份育苗造林护林概况月报表，甘肃省政府均回令准予备查。

【叙录编号】　0247

【档案题名】

　　甘肃省政府、甘肃省建设厅关于和政县苗圃建设与造林护林事宜的指示及该县政府的呈文

【发文单位】　和政县政府

【收文单位】　甘肃省政府；甘肃省建设厅

【档案编号】

　　027-001-0414-（0005-0013）；

　　027-001-0415-（0001-0014）

【成文时间】　1943-02-10—1947-10-01

【收藏单位】　甘肃省档案馆

【涉及地域】　和政县

【关　键　词】　苗圃；经费；植树造林

【内容提要】

和政县苗圃经费预算、造林规划、圃址迁移后减免田赋的申请。0414-0008 为《和政县政府造具育苗造林护林五年计划册》《和政县政府造具苗圃开办经费及育苗造林费分配预算书》，和政县五年计划以种植榆椿。0415-0003 为和政县政府育苗造林及苗圃开办分配预算书。0415-0008 为《和政县民国三十三年（1944）育苗造林经费预算书》，0415-0010 为《和政县政府造赉接受前人移交历年栽植树木交代清册》。

【叙录编号】 0248

【档案题名】

甘肃省政府、甘肃省建设厅、农业改进所关于岷县苗圃建设与造林护林事宜的指示及该县政府的呈文

【发文单位】 岷县政府

【收文单位】 甘肃省政府；甘肃省建设厅

【档案编号】

027-001-0424-（0017-0018）；

027-001-0426-（0001-0006）；

027-001-0427-（0001-0010）

【成文时间】 1943-05-20—1944-12-09

【收藏单位】 甘肃省档案馆

【涉及地域】 岷县

【关 键 词】 苗圃；育苗造林；借地合约

【内容提要】

岷县苗圃经费预算、育苗造林、地图报送、扩建用地、洮岷区试验场用地。该县苗圃主任夏正中经农业改进所呈文省政府，称该县苗圃土壤水分过多，不适宜育苗，请求向东郊农林实验场借地20亩。经批准后，岷县政府与洮岷区农林实验场订立借地合约。0426-0001 为《岷县苗圃民国三十二年（1943）经费预算书》。0426-0005 为《岷县育苗造林护林五年计划纲要》。

【叙录编号】 0249

【档案题名】

和政县政府关于报送本县筹设保苗圃情况致甘肃省政府的代电

【发文单位】 和政县政府

【收文单位】 甘肃省政府；甘肃省建设厅

【档案编号】 027-001-0433-0001

【成文时间】 1943-09-16

【收藏单位】 甘肃省档案馆

【涉及地域】 和政县

【关 键 词】 苗圃；经费；育苗造林

【内容提要】

和政县政府致电甘肃省政府称，已遵照甘肃省政府文令报送育苗造林五年计划纲要，并转令各乡镇长遵办。

【叙录编号】 0250

【档案题名】

卓尼设治局关于报送本局保苗圃情况致甘肃省政府的呈文及甘肃省政府回令

【发文单位】 卓尼设治局

【收文单位】 甘肃省政府；甘肃省建设厅

【档案编号】 027-001-0435-（0015-0016）

【成文时间】 1943-09-30—1943-01-14

【收藏单位】 甘肃省档案馆

【涉及地域】 卓尼设治局

【关 键 词】 苗圃；经费；育苗造林

【内容提要】

卓尼设治局致函甘肃省政府苗圃正在筹备，保甲未编，苗圃一节请暂缓。甘肃省政府回令集中筹建较大苗圃并认真经营。

【叙录编号】 0251

【档案题名】

甘肃省政府、甘肃省建设厅关于康乐县苗圃建设与造林护林事宜的指示及该县政府的呈文

【发文单位】　康乐县政府

【收文单位】　甘肃省政府；甘肃省建设厅

【档案编号】

　　027-001-0438-（0013-0016）；

　　027-001-0439-（0001-0021）

【成文时间】　1943-01-27—1947-08-02

【收藏单位】　甘肃省档案馆

【涉及地域】　康乐县

【关 键 词】　苗圃；经费；育苗造林

【内容提要】

　　康乐县苗圃选址报备、人事编制、经费预算、育苗造林。0438-0014 为《康乐县育苗造林护林五年计划纲要》。0439 为康乐县政府报送该县苗圃地点、经费预算的呈报及更正，0439-0009 为《康乐县民国三十三年（1944）育苗造林经费预算书》，查办苗圃数不符等缘由。

【叙录编号】　0252

【档案题名】

　　甘肃省政府陇东各县局关于各乡镇保苗圃一事的文件

【发文单位】　卓尼设治局；洮沙县政府等

【收文单位】　甘肃省政府；甘肃省建设厅

【档案编号】　027-001-0440-（0001-0013）

【成文时间】　1944-12-20—1945-01-15

【收藏单位】　甘肃省档案馆

【涉及地域】　卓尼设治局；洮沙县等

【关 键 词】　苗圃；经费；育苗造林

【内容提要】

　　卓尼设治局，固原、西和、洮沙、成县、西吉县报送保苗圃成立情况，附《保苗圃一览表》。0440-0003 为《卓尼设治局苗圃略图》。0440-0005 为《洮沙县苗圃新圃详图》《洮沙县苗圃旧址图》。甘肃省政府回令准予备查。0440-0009 为《成县民国三十三年（1944）保苗圃育成苗木种类数量情形一览表》，甘肃省

政府回文准予备查。

【叙录编号】　0253

【档案题名】

　　临洮县政府关于报送县保苗圃育苗督导情况给甘肃省政府的呈文及甘肃省政府回令

【发文单位】　临洮县政府

【收文单位】　甘肃省政府；甘肃省建设厅

【档案编号】

　　027-001-0442（0011-0012）；

　　027-001-0443（0001-0002）

【成文时间】　1945-03-12—1945-03-23

【收藏单位】　甘肃省档案馆

【涉及地域】　临洮县

【关 键 词】　苗圃；经费；育苗造林

【内容提要】

　　如题，0443 为《临洮县造具各乡镇保苗圃地址表》，甘肃省政府回令苗圃地不足。

【叙录编号】　0254

【档案题名】

　　靖远县、秦安县、永靖县、临夏县、隆德县、陇西县关于报送苗圃调查表一事的文件

【发文单位】　临夏县政府等

【收文单位】　甘肃省政府；甘肃省建设厅

【档案编号】　027-001-0452-（0001-0018）

【成文时间】　1944-06-15—1944-08-30

【收藏单位】　甘肃省档案馆

【涉及地域】　临夏县等

【关 键 词】　苗圃；经费；育苗造林

【内容提要】

　　靖远县、秦安县、永靖县、临夏县、隆德县、陇西县报送各县苗圃成立、苗圃完成、保苗圃的文件。靖远县、陇西县、海原县报送保苗圃调查表。0002 为《靖远县成立保苗圃报告表》。0007 为《永靖县各保苗圃报告表》《永靖县苗圃全图》，陇西县报送《陇西县造具

各保苗圃报告表》，甘肃省政府回令迅速报送
育苗情况。

【叙录编号】　0255
【档案题名】

临夏县政府关于报送民国三十四年
（1945）—民国三十五年（1946）育苗造林月
度工作表的呈文及甘肃省政府关于此事给该县
政府的指令
【发文单位】　临夏县政府
【收文单位】　甘肃省政府；甘肃省建设厅
【档案编号】

027-001-0458-（0001-0016）；

027-001-0459-（0001-0010）
【成文时间】　1945-02-25—1946-06-22
【收藏单位】　甘肃省档案馆
【涉及地域】　临夏县
【关 键 词】　县苗圃；植树造林；月报表
【内容提要】

临夏县春季造林、苗圃播种情况；民国三
十四年（1945）—民国三十五年（1946）育苗
造林护林工作概况月报表。0458-0001为《临
夏县育民国三十四年（1945）1月苗造林护林
工作概况月报表》包含：育苗（县苗圃、保苗
圃）、造林、护林情况，甘肃省政府回令准予
备查，其余件类似。

【叙录编号】　0256
【档案题名】

岷县政府关于报送增设苗圃及实施育苗情
况致甘肃省政府的呈文及甘肃省政府回令
【发文单位】　岷县政府
【收文单位】　甘肃省政府
【档案编号】　027-001-0462-（0004-0005）
【成文时间】　1945-12-31—1946-01-22
【收藏单位】　甘肃省档案馆
【涉及地域】　岷县

【关 键 词】　育苗造林；月度工作报表
【内容提要】

如题，岷县政府报送增设苗圃及实施育苗
情况，甘肃省政府回令未成立各保，限期
成立。

【叙录编号】　0257
【档案题名】

《临夏县保苗圃督导办法》与《临夏县国
三十五年（1946）春季造林办法》
【发文单位】　临夏县政府
【收文单位】　甘肃省政府；甘肃省建设厅
【档案编号】　027-001-0467-（0008-0009）
【成文时间】　1946-03-11—1946-03-21
【收藏单位】　甘肃省档案馆
【涉及地域】　临夏县
【关 键 词】　育苗造林；月度工作报表
【内容提要】

临夏县政府报送《临夏县保苗圃督导办
法》12条，《临夏县民国三十五年（1946）春
季造林办法》14条，甘肃省政府回文准予
备查。

【叙录编号】　0258
【档案题名】

甘肃省政府关于定西县、庆阳县、夏河
县、西和县、灵台县、宁县、山丹县，肃北设
治局报送各县（局）保苗圃播种面积、育苗数
目、灌溉培育及管理人员的呈文、代电、训令
【发文单位】　临夏县
【收文单位】　甘肃省政府；甘肃省建设厅
【档案编号】　027-001-0468-（0001-0028）
【成文时间】　1946-03-13—1946-12-12
【收藏单位】　甘肃省档案馆
【涉及地域】　临夏县
【关 键 词】　育苗造林；月度工作报表
【内容提要】

定西县、庆阳县、夏河县、西和县、灵台县、宁县、山丹县、肃北设治局报送各县（局）保苗圃播种面积、育苗数目、灌溉培育及管理人员情况。0001-0002为定西县政府报送《定西县民国三十五年（1946）乡镇保苗圃统计表》。0017为正宁县政府报送该县保苗圃成立过程，附《正宁县民国三十四年（1945）督导各保苗圃改进实况详细报告》。宁县、山丹县、肃北设治局报送县（局）内设立苗圃情况。

【叙录编号】　0259
【档案题名】
　　临洮县政府关于报送本县苗圃平面地图致甘肃省政府的代电
【发文单位】　临洮县政府
【收文单位】　甘肃省政府
【档案编号】　027-001-0473-0009
【成文时间】　1948-09-18
【收藏单位】　甘肃省档案馆
【涉及地域】　临洮县
【关 键 词】　苗圃；地图
【内容提要】
　　如题。

【叙录编号】　0260
【档案题名】
　　甘肃省政府关于该县苗圃平面地图准予备查给临洮县政府的指令
【发文单位】　甘肃省政府
【收文单位】　临洮县政府
【档案编号】　027-001-0473-0010
【成文时间】　1948-09-24
【收藏单位】　甘肃省档案馆
【涉及地域】　临洮县
【关 键 词】　苗圃；地图
【内容提要】

如题。

【叙录编号】　0261
【档案题名】
　　临潭县政府关于请示本县苗圃场所需经费款项应如何筹措致甘肃省政府的呈文
【发文单位】　临潭县政府
【收文单位】　甘肃省政府；甘肃省建设厅
【档案编号】　027-001-0476-0005
【成文时间】　1936-08-03
【收藏单位】　甘肃省档案馆
【涉及地域】　临潭县
【关 键 词】　苗圃；经费
【内容提要】
　　如题。

【叙录编号】　0262
【档案题名】
　　甘肃省政府关于将前建设局原有经费查明详报给临潭县政府的指令
【发文单位】　临潭县政府
【收文单位】　甘肃省政府；甘肃省建设厅
【档案编号】　027-001-0476-0006
【成文时间】　1936-08-05
【收藏单位】　甘肃省档案馆
【涉及地域】　临潭县
【关 键 词】　苗圃；经费
【内容提要】
　　如题。

【叙录编号】　0263
【档案题名】
　　甘肃省政府关于转令宁定县驻军保护森林给甘肃省第五区保安司令部的训令
【发文单位】　宁定县
【收文单位】　第五区保安司令部
【档案编号】　027-001-0480-0013

【成文时间】 1939-06-29

【收藏单位】 甘肃省档案馆

【涉及地域】 宁定县

【关 键 词】 保护森林；军队

【内容提要】

如题。

【叙录编号】 0264

【档案题名】

甘肃省政府、甘肃省建设厅关于陆军步兵学校西北分校伐木料、保护森林事宜的指示及该校的电文；临潭县政府、会川县政府、康乐县政府的呈文

【发文单位】 临潭县政府等

【收文单位】 甘肃省政府；甘肃省建设厅

【档案编号】

027-001-0483-（0001-0020）；

027-001-0484-（0001-0015）

【成文时间】 1940-04-03—1945-09-01

【收藏单位】 甘肃省档案馆

【涉及地域】 临潭县等

【关 键 词】 陆军步兵学校西北分校；莲花山；林木保护

【内容提要】

陆军步兵学校西北分校以补充燃料等为由砍伐临潭县莲花山及会川县境内树木，两县政府呈文要求予以制止。甘肃省政府、甘肃省建设厅调查后认为该校伐木理由并不充分，且存在渔利谋私的行为，对该校伐木的行为予以制止，并否决了该校后续的伐木申请。

【叙录编号】 0265

【档案题名】

甘肃省政府关于临潭县政府请发汉文藏文合璧布告以禁砍伐一事的文件

【发文单位】 临潭县政府

【收文单位】 甘肃省政府；甘肃省建设厅

【档案编号】 027-001-0496-0017

【成文时间】 不详

【收藏单位】 甘肃省档案馆

【涉及地域】 临潭县

【关 键 词】 砍伐；汉藏布告

【内容提要】

临潭县政府因寺院土地仍然准其自由转招佃户租纳承种，以此治边，但奸商觊觎该地森林茂密，廉价买得大量土地而无限制使用。则十余年后失去涵养水源，政府与当地藏族人民均受损失，此类行为均违法，希望颁发汉藏（双语）合璧布告严定森林采伐办法。甘肃省政府准予汉藏（双语）合璧布告并发各林区粘贴，随时查究摧残砍伐并附布告10张。

【叙录编号】 0266

【档案题名】

岷县政府关于报送本县酒店驿森林面积、图说致甘肃省政府的呈文及图纸1张

【发文单位】 甘肃省建设厅；甘肃省政府等

【收文单位】 甘肃省建设厅

【档案编号】

027-001-0508-（0003-0008、0011-0014）；

027-001-0509-（0001-0015）；

027-001-0510-（0001-0011）

【成文时间】 1942-05-23—1943-05-24

【收藏单位】 甘肃省档案馆

【涉及地域】 岷县

【关 键 词】 酒店驿；苗圃

【内容提要】

甘肃省政府训令岷县详查酒店驿森林面积、四至、林木种类，附《岷县东棚乡酒店驿森林略图》，岷县政府派员会同甘肃水利林牧公司查勘。甘肃省政府同意从战时特别设备下编造预算，建设厅抄发。0012为酒店驿《甘肃水利林牧公司第一林区管理处木寨岭苗圃全图》。甘肃省建设厅训令甘肃水利林牧公司尽

快拟定岷县造林详细实施计划，0599-0011为木寨岭林场民国三十二年（1943）经费预算书。0013为《设置木寨岭林场计划书》包括树种选择、经费预算。《木寨岭林场签具意见》中国育云杉苗木尚属罕见，现在苗圃面积努力取得。《农业改进所修正意见》。0510为报送酒店驿苗圃经费预算书，7—9月份工作报告，依照公有地订立契约，卵石滩作为苗圃土地使用。

【叙录编号】　0267
【档案题名】
　　甘肃省政府、岷县政府、海原县政府、会宁县政府关于报送育苗造林成绩、苗圃亩数一事的呈文与指令
【发文单位】　岷县政府等
【收文单位】　甘肃省建设厅
【档案编号】　027-001-0514-（0017-0022）
【成文时间】　1944-12-19—1945-01-11
【收藏单位】　甘肃省档案馆
【涉及地域】　岷县等
【关　键　词】　育苗；调查表
【内容提要】
　　0017为海原县政府报送《甘肃省林业机关历年育苗造林成绩调查表》，甘肃省政府回令准予备查。0019为岷县政府报送《岷县林业机关理念育苗造林成绩调查表》。0021为会宁县政府报送《会宁县林业机关理念育苗造林成绩调查表》，甘肃省政府回令准予备查。

【叙录编号】　0268
【档案题名】
　　卓尼设治局、华亭县政府、高台县政府关于报送育苗造林成绩调查表的呈文及甘肃省政府指令
【发文单位】　卓尼设治局；华亭县政府等
【收文单位】　甘肃省政府

【档案编号】　027-001-0520-（0001-0021）
【成文时间】　1944-12-28—1945-02-06
【收藏单位】　甘肃省档案馆
【涉及地域】　卓尼设治局；岷县等
【关　键　词】　育苗成绩；调查表
【内容提要】
　　卓尼设治局报送《卓尼设治局林业机关造林育苗成绩调查表》包括苗圃面积种类数量、造林育苗植树株数，民国三十二年（1943）及前两年苗木情况，甘肃省政府回文准予备查。华亭县、高台县、张掖、西固、岷县、西吉、鼎新、玉门、秦安、金塔、化平等县政府均报送此文件，表格样式一致，甘肃省政府回文准予备查。

【叙录编号】　0269
【档案题名】
　　西和、玉门、和政等县政府关于报送植树报告表、苗圃移出苗木种类、数量表的呈文及甘肃省政府的指令
【发文单位】　临洮县政府等
【收文单位】　甘肃省政府；甘肃省建设厅
【档案编号】　027-001-0543-（0004-0015）
【成文时间】　1945-04-28—1945-05-29
【收藏单位】　甘肃省档案馆
【涉及地域】　临洮等县
【关　键　词】　植树；苗圃；报表
【内容提要】
　　玉门县、和政县、临洮县、武山县、溥济渠管理处报送民国三十四年（1945）春季植树造林报告表。0004为玉门县布告《玉门县植树造林办理及处罚布告》，附《玉门县禁止牲畜伤害树苗处罚办法》。0006为《和政县民国三十四年（1945）植树报告表》。0008为《临洮县民国三十四年（1945）苗圃春季出圃各种苗木数量表》。0010为《民国三十四年（1945）武山县各乡镇育苗造林护林实施办

法》。0012 为酒泉县政府报送《民国三十四年（1945）春季造林计划》《植树造林及考核奖惩办法》。0014 为溥济渠管理处报送《渠堤植树报告表》。

【叙录编号】 0270
【档案题名】
通渭县、夏河县、古浪县关于报送造林计划、植树统计表、成活株数表、苗圃种类数量表的呈文及甘肃省政府指令
【发文单位】 夏河县政府等
【收文单位】 甘肃省政府；甘肃省建设厅
【档案编号】 027-001-0544-（0001-0016）
【成文时间】 1945-05-17—1945-06-26
【收藏单位】 甘肃省档案馆
【涉及地域】 夏河县等
【关 键 词】 植树；苗圃；报表
【内容提要】
通渭县、夏河县、古浪县、海原县、两当县、定西县报送春季植树造林情况。甘肃省政府回令上报植树地点、株数、种类、灌溉及管理人员姓名情况。0001 为《通渭县民国三十四年（1945）造林计划》。0003 为《夏河县民国三十三年（1944）实施国民义务劳动植树造林一览表》。0006 为《古浪县本年植树造林一览表》。0008 为《海原县民国三十四年（1945）春季植树造林调查表》。0014 为《古浪县本年度植树数目及成活数目一览表》。0015 为《洮沙县民国三十四年（1945）县苗圃出圃苗木报告表》《洮沙县民国三十四年（1945）春季植树报告表》。

【叙录编号】 0271
【档案题名】
鼎新县、化平县、张掖县、山丹县、岷县、隆德县、临洮县、武山县、民乐县、康县、崇信县等县政府关于报送民国三十四年

（1945）植树调查表册一事的各类文件
【发文单位】 临洮县政府等
【收文单位】 甘肃省政府；甘肃省建设厅
【档案编号】 027-001-0550-（0001-0021）
【成文时间】 1945-09-12—1945-11-02
【收藏单位】 甘肃省档案馆
【涉及地域】 临洮等县
【关 键 词】 植树造林
【内容提要】
此案卷包含 21 份文件，均与植树造林有关。鼎新县、化平县、张掖县、山丹县、岷县、隆德县、临洮县、武山县、民乐县、康县、崇信县分别向甘肃省政府汇报民国三十四年（1945）春季（或本年度）植树造林、苗圃的情况。其中，隆德县因暴雨，邹山乡模范造林区被冲毁，甘肃省政府令其将秋季补植树木情况详细呈报。甘肃省政府又令临洮县补报各苗圃育苗的情况。武山县政府报送更正民国三十四年（1945）植树概况表。其余均准予备查。

【叙录编号】 0272
【档案题名】
临夏县政府、武威县政府、安西县政府关于召开植树节、植树情况的呈文及甘肃省政府指令
【发文单位】 临夏县政府等
【收文单位】 甘肃省政府；甘肃省建设厅
【档案编号】 027-001-0569
【成文时间】 1947-04-07—1949-05-19
【收藏单位】 甘肃省档案馆
【涉及地域】 临夏县等
【关 键 词】 植树育苗；报表
【内容提要】
0001-0002 为临夏县政府报送《临夏县民国三十六年（1947）植树节大会情况表》。0003 武威县政府报送植树节及造粒运动详情。

0005为湟惠渠特种乡报送植树节典礼及春季植树情形。0007为安西县政府报送《城区植树造林分区办法》。0009为兰州市政府报送《兰州市政府民国三十六年（1947）春季植树地点种类数目表》。其余为建设厅职员梁承灝、邢国治等人抵达山丹、永昌等地督导农林工作的电报。

【叙录编号】　0273
【档案题名】
　　甘肃水利林牧公司等关于承租莲花山省有林一事的各类文件
【发文单位】　甘肃水利林牧公司
【收文单位】　甘肃省政府；甘肃省建设厅
【档案编号】　027-001-0571
【成文时间】　1945-01-04—1945-01-12
【收藏单位】　甘肃省档案馆
【涉及地域】　临潭县
【关　键　词】　莲花山省有林
【内容提要】
　　甘肃水利林牧公司致函甘肃省建设厅，关于承租莲花山省有林一事，有3点补充意见，请准予办理。甘肃省建设厅呈报甘肃省政府，关于拟将莲花山省有林区拨交甘肃水利林牧公司下属的洮河林场管理经营一事，其计划尚属可行，请甘肃省政府照准。甘肃省政府给甘肃水利林牧公司回令，准予备查，并指令临潭县政府留意此事。

【叙录编号】　0274
【档案题名】
　　他璞生等关于洮河林区购卖贼赃一事的各类文件
【发文单位】　卓尼设治局木商业同业公会
【收文单位】　甘肃省政府；甘肃省建设厅
【档案编号】　027-001-0571
【成文时间】　1945-01-13—1945-01-16

【收藏单位】　甘肃省档案馆
【涉及地域】　卓尼设治局
【关　键　词】　洮河林区
【内容提要】
　　卓尼设治局木商业同业公会理事长他璞生呈报甘肃省政府，请彻查洮河林区购卖赃物的情况，甘肃水利林牧公司洮河林场收买贼赃，损害木商利益。甘肃省政府令卓尼设治局彻查此事。

【叙录编号】　0275
【档案题名】
　　夏河县政府、民乐县政府、洮沙县政府关于召开植树节、植树情况的呈文及甘肃省政府指令
【发文单位】　洮沙县政府等
【收文单位】　甘肃省政府
【档案编号】　027-001-0573-（0001-0020）
【成文时间】　1947-06-13—1947-07-15
【收藏单位】　甘肃省档案馆
【涉及地域】　夏河县；洮沙县等
【关　键　词】　植树造林
【内容提要】
　　敦煌、夏河、民乐、洮沙等县政府报送民国三十六年（1947）度植树报告表包括：《敦煌县民国三十六年（1947）植树造林报告表》《夏河县民国三十六年（1947）实施国民义务劳动植树造林一览表》《民乐县造具民国三十六年（1947）植树报告表》。0011为《康乐县民国三十六年（1947）植活树株报告表》。0013为《隆德县民国三十六年（1947）上半年发动国民义务劳动补修城墙挖掘水平沟建修林圃围墙等工程报告表》。0015为《会川县民国三十六年（1947）春季植树报告表》，甘肃省政府发还修改。0017为《平凉县民国三十六年（1947）春季育苗造林情形报告表》甘肃省政府回令准予备查。0019为《农林部洮河

流域国有林区管理处民国三十五年（1946）11
月份工作简报表》。

【叙录编号】 0276
【档案题名】

　　崇信县、泾川县、清水县、两当县、会川
县、玉门县、临潭县、徽县、武威县等县政府
关于召开植树节、植树情况的呈文及甘肃省政
府指令
【发文单位】 临潭县政府等
【收文单位】 甘肃省政府；甘肃省建设厅
【档案编号】 027-001-0575-0023
【成文时间】 1947-07-12—1947-09-27
【收藏单位】 甘肃省档案馆
【涉及地域】 临潭县等
【关 键 词】 植树造林
【内容提要】

　　此案卷包含22份文件，均与植树造林有
关。崇信县、泾川县、清水县、两当县、会川
县、玉门县、临潭县、徽县、武威县、礼县等
县政府，第七区行政督察专员公署分别向甘肃
省政府报送民国三十六年（1947）（或本年春
季）植树报告表。甘肃省政府认为泾川县、两
当县植树数目与所住人口规定相差太多，请于
秋季大量补种；又令会川县严催各乡镇保限期
完成保苗圃播种育苗活动；认为玉门县植树数
目与规定相差太多，要求明春补种；认为徽
县、武威县所植树苗数目与规定相差较大，应
在秋季大量补种；认为第七区行政督察专员公
署辖境各县造林数目经核查不符，应迅速查
明。其余各县均准予备查。

【叙录编号】 0277
【档案题名】

　　永昌县政府、会川县政府、酒泉县政府关
于召开植树节、植树情况的呈文及甘肃省政府
指令
【发文单位】 会川县政府；临洮县政府等
【收文单位】 甘肃省政府；甘肃省建设厅
【档案编号】 027-001-0576-（0001-0018）
【成文时间】 1947-07-17—1947-08-22
【收藏单位】 甘肃省档案馆
【涉及地域】 会川县；临洮县等
【关 键 词】 春季造林；报表
【内容提要】

　　0003为《会川县民国三十六年（1947）
春季植树报告表》。0005为《酒泉县政府民国
三十六年（1947）春季集体造林统计表》。
0007为《西吉县民国三十六年（1947）春季
造林报告表》。0009为《灵台县民国三十六年
（1947）春季植树造林统计报告表》，甘肃省政
府回令数目相差过半勒令补种。0013为《临
洮县民国三十六年（1947）春季植树造林报告
表》。0015为《第九区榆中县民国三十六年
（1947）春季植树造林报告表》。

【叙录编号】 0278
【档案题名】

　　甘肃省政府等关于偷盗木材一案的各类
文件
【发文单位】 康乐县政府；农林部
【收文单位】 甘肃省政府；甘肃省建设厅
【档案编号】 027-001-0578
【成文时间】 1946-09-13—1946-09-23
【收藏单位】 甘肃省档案馆
【涉及地域】 康乐县
【关 键 词】 偷盗木材
【内容提要】

　　农林部洮河流域国有林区管理处向甘肃省
政府呈报该处门楼寺工作站主任曹正荣唆使林
警击毙副保长黎生昌一事，事涉偷盗木材。甘
肃省政府令第九区行政督察专员公署彻查此
事，第九区行政督察专员公署致函农林部洮河
流域国有林区管理处，应依法处理此事，甘肃

省政府又下令给第九区行政督察专员公署及康乐县政府，要求速查此事。农林部又给甘肃省政府发一急电，要求甘肃省政府缉拿此案件的关键人物——康乐县望莲乡乡长关文昌，并要求甘肃省政府保护林管处的员工。

【叙录编号】 0279
【档案题名】
　　农林部、甘肃省建设厅关于加强发展农业项目、抄发育苗造林经费预算标准、送农林建设概况、政绩比较表、拨付造林经费的训令代电与呈文
【发文单位】 农林部洮河流域国有林区管理处
【收文单位】 甘肃省政府；甘肃省建设厅
【档案编号】 027-001-0581-（0001-0014）
【成文时间】 1946-05-25—1947-02-26
【收藏单位】 甘肃省档案馆
【涉及地域】 临洮县
【关 键 词】 林区；育苗；报表
【内容提要】
　　0001为《农林部洮河流域国有林区管理处民国三十六年（1947）政绩比较表》主要工作项目包括行政部分，法规的实行与修订；事业部分包括（林区勘察、整理森林业权、查验木材、森林保护方法之研究、保护方法之宣传及推广、绘制林管区图、育苗造林、试验研究等内容。0003为《民国三十五年（1946）农林建设概况及民国三十六年（1947）计划要点简表》。农林部拟增发农户畜牧兽医工作及小型农田水利事业，建设厅报送民国三十六年（1947）育苗造林经费预算标准。财政厅、建设厅请拨付造林经费。0014为《甘肃省造林委员会民国三十六年（1947）育苗经费预算书》。

【叙录编号】 0280
【档案题名】

农林部洮河流域国有林区管理处关于报送民国三十四年（1945）、民国三十五年（1946）政绩比较表的呈文及甘肃省政府指令
【发文单位】 农林部洮河国有林区管理处
【收文单位】 甘肃省政府；甘肃省建设厅
【档案编号】 027-001-0582-（0001-0004）
【成文时间】 1946-02-18—1947-02-26
【收藏单位】 甘肃省档案馆
【涉及地域】 甘肃省
【关 键 词】 报表
【内容提要】
　　0001为《农林部洮河流域国有林区管理处民国三十四年（1945）政绩比较表》。0003为《农林部洮河流域国有林区管理处民国三十五年（1946）政绩比较表》。甘肃省政府回文准予备查。

【叙录编号】 0281
【档案题名】
　　卓尼设治局、固原县政府、西吉县政府，关于汇交树种款、采集费、报槐树种出苗情况致甘肃省政府的指令
【发文单位】 卓尼设治局等
【收文单位】 甘肃省政府；甘肃省建设厅
【档案编号】 027-001-0583-（0001-0022）
【成文时间】 1946-06-08—1946-09-18
【收藏单位】 甘肃省档案馆
【涉及地域】 卓尼设治局等
【关 键 词】 洋槐；工资
【内容提要】
　　固原县、西吉县、庆阳县、高台县、陇西县、西和县、隆德、武都、成县等县政府报送汇交洋槐种子工资、价款，洋槐生长情况。

【叙录编号】 0282
【档案题名】
　　两当县、泾川、高台等县政府关于汇交树

种款、采集费的呈文及甘肃省政府指令

【发文单位】 卓尼设治局等

【收文单位】 甘肃省政府；甘肃省建设厅

【档案编号】 027-001-0584-（0001-0024）

【成文时间】 1946-05-21—1946-07-12

【收藏单位】 甘肃省档案馆

【涉及地域】 卓尼设治局等

【关 键 词】 洋槐；邮费

【内容提要】

此案卷主要为两当县、高台县、民乐县、山丹县、泾川县、定西县、西固县等县政府、卓尼设治局报送汇交洋槐籽种、洋槐生长发育情况、汇交洋槐邮费的文件，以及采集洋槐槐树种子的工资、单据。

【叙录编号】 0283

【档案题名】

洮河流域国有林区管理处关于宁定县政府、临泽县政府报送工作简报表、汇交树种采集费的呈文及甘肃省政府指令

【发文单位】 洮河流域国有林区管理处

【收文单位】 甘肃省政府；农林部国有林区管理处等

【档案编号】 027-001-0587-（0001-0018）

【成文时间】 1946-04-11—1946-06-12

【收藏单位】 甘肃省档案馆

【涉及地域】 洮河流域国有林区管理处等

【关 键 词】 洋槐；工作简报

【内容提要】

0001-0006为农林部洮河流域国有林区管理处民国三十五年（1946）3、4、5月份工作报告。《农林部洮河流域国有林区管理处民国三十五年（1946）3月份工作简报表》，包含行政部分（法规定立推行、人事变动）；业务部分（勘察天然林、清理森林业权、查验木材森林保护、育苗造林、采伐利用、试验研究）。0007-0018为宁定县、华亭县、化平县、西固

县、礼县采集洋槐树种子工资费汇交的文件。

【叙录编号】 0284

【档案题名】

农林部洮河流域国有林区管理处关于报送工作简报表的呈文及甘肃省政府代电

【发文单位】 农林部洮河国有林区管理处

【收文单位】 甘肃省政府；甘肃省建设厅

【档案编号】 027-001-0589-（0001-0010）

【成文时间】 1946-07-19—1946-12-02

【收藏单位】 甘肃省档案馆

【涉及地域】 甘肃省

【关 键 词】 洮河林场；工作报告

【内容提要】

0001为《农林部洮河流域国有林区管理处民国三十五年（1946）上半年工作进度检讨报告》主要包括：行政部分的法令之奉行、会议召集、与各方联系、人事考核变动；业务部分勘察天然林、清理森林业权、查验木材、整理保护森林、育苗造林、砍伐利用，甘肃省政府回文准予备查。0003-0010为农林部洮河流域国有林区管理处民国三十五年（1946）7—10月份工作报告。

【叙录编号】 0285

【档案题名】

甘肃省政府、甘肃省建设厅、甘肃水利林牧公司关于租用洮河、莲花山森林的租用合同、岷县森林记略、白龙江林区路线图、洮河林场枪支一览表的训令、呈文与代电

【发文单位】 岷县政府

【收文单位】 甘肃省政府；甘肃省建设厅

【档案编号】 027-001-059-（0001-0012）

【成文时间】 1944-11-19—1945-03-17

【收藏单位】 甘肃省档案馆

【涉及地域】 岷县

【关 键 词】 白龙江；森林；莲花山

【内容提要】

　　0001为甘肃水利林牧公司报送《白龙江上游岷县西固境内森林调查记略》，白龙江流域位于卓尼设治局、岷县、西固三地境内，山深林密。文内有该次调查路线，从卓尼到岷县沿着叠藏河南进50里到康乐巴藏返回岷县路线中各地森林情况。0003为甘肃水利林牧公司申请将砬子河及瓜藏沟达峪林场林权划拨洮河林场，附《白龙江上游至叠布森林调查记略》（现迭部），附《白龙江流域森林调查路线图》1份。0007为《白龙江流域森林调查路线图》。甘肃省政府同意按照莲花山租约办法租赁双岔啊米达若林区。

【叙录编号】　0286
【档案题名】

　　甘肃省政府、省商会、甘肃水利林牧公司关于送、退还租用林场合同、查处洮河林场买卖赃物的训令、函及呈文
【发文单位】　卓尼设治局；甘肃省商会
【收文单位】　甘肃省政府；甘肃省建设厅
【档案编号】　027-001-0591-（0001-0007）
【成文时间】　1945-01-25—1945-03-27
【收藏单位】　甘肃省档案馆
【涉及地域】　卓尼设治局
【关 键 词】　洮河林场；木材
【内容提要】

　　0001为甘肃省商会联合会报洮河林场买卖木材情况。0002为卓尼设治局转报木业公会控告洮河林场买卖木材一事，甘肃水利林牧公司请甘肃省建设厅查明洮河林场买卖木材并惩处。0006为《甘肃省建设厅、甘肃水利林牧公司租莲花山省有林区公约》。

【叙录编号】　0287
【档案题名】

　　甘肃省政府、甘肃水利林牧公司、临潭县政府关于租用林场、签订合同、储存木料、调查陇南森林情况、荒滩划拨的训令、代电及呈文
【发文单位】　甘肃水利林牧公司；卓尼设治局等
【收文单位】　甘肃省政府；甘肃省建设厅
【档案编号】　027-001-0592-（0001-0023）
【成文时间】　1945-02-08—1945-10-25
【收藏单位】　甘肃省档案馆
【涉及地域】　卓尼设治局
【关 键 词】　洮河林场；木材；莲花山
【内容提要】

　　甘肃水利林牧公司关于承租白龙江上游岷县、西固境内林区合约，建设厅签呈甘肃省政府签订合约，甘肃省政府准予拨莲花山破庙给甘肃水利林牧公司。会川县政府呈报莲花山不属于该县境内。卓尼设治局报送稽查洮河林场被劫案，甘肃省政府告知洮河林区管理处汇款15万元。

【叙录编号】　0288
【档案题名】

　　肃北设治局，高台、民勤县政府关于报送植树造林计划书、植树造林实施办法、森林登记表、租用林区划界书、平面图、林区登记手续的呈文及甘肃省政府指令
【发文单位】　卓尼设治局等
【收文单位】　甘肃省政府；甘肃省建设厅
【档案编号】　027-001-0593-（0001-0022）
【成文时间】　1945-06-11—1946-04-20
【收藏单位】　甘肃省档案馆
【涉及地域】　卓尼设治局等
【关 键 词】　植树造林；莲花山；林场
【内容提要】

　　0001为高台县政府报送《高台县民国三十五年（1946）植树造林实施计划》，甘肃省政府回令新植树木损毁责令赔偿。0003为肃

北设治局拟请暂缓春季植树事宜，甘肃省政府准予。0005为第三区行政督察专员公署报送春季植树情况，甘肃省政府回令详细填报。0007为民勤县政府报送《民勤县民国三十五年（1946）植树实施计划》，甘肃省政府回文准予备查。0009为金塔县政府报送植树造林办法，甘肃省政府回文未曾收到。0011为农林部洮河流域国有林区管理处训令甘肃省政府报送莲花山森林产权登记，附《农林部洮河流域国有林区管理处公私有森林登记表》样表1份，甘肃省政府训令甘肃水利林牧公司填报。0013为甘肃水利林牧公司承租莲花山及冶力关林区划界及平面图。0015后为甘肃水利林牧公司请第九区行政督察专员公署禁止砍伐树木；西固县政府报送高连三补办私有林登记、甘肃省政府训令西固将处罚数目详细填报。

【叙录编号】 0289
【档案题名】
　　甘肃省政府、甘肃水利林牧公司、省建设厅关于审核砍伐树木、私有林权登记、拟定木料伐运、出售办法、报砍伐木料树木的训令、代电与呈文
【发文单位】 洮河流域国有林区管理处等
【收文单位】 甘肃省政府；甘肃省建设厅
【档案编号】 027-001-0594-（0001-0025）
【成文时间】 1945-11-14—1946-12-19
【收藏单位】 甘肃省档案馆
【涉及地域】 临潭县；康乐县等
【关 键 词】 洮河林场；木料；林权
【内容提要】
　　农林部洮河流域国有林区管理处处理高连三私有林权登记，甘肃省政府回令更正。甘肃水利林牧公司通知洮河林场派员监视莲花山、冶力关林权，甘肃省政府训令临潭、康乐、岷县等县政府如需砍伐木料要先报送甘肃水利林牧公司。西固县政府报送出售高连三私有林内

砍伐数目，甘肃水利林牧公司报送汇办办公经费。0021为《白龙江流域地界书》蓝图1份。

【叙录编号】 0290
【档案题名】
　　甘肃省政府、甘肃水利林牧公司、省建设厅关于审核林权、进行林权登记、调查森林面积、解决林场厂址纠纷、育苗造林情况、县苗圃拨营情况、查处偷伐木料的训令、代电与呈文
【发文单位】 卓尼设治局等
【收文单位】 甘肃省政府；甘肃省建设厅
【档案编号】 027-001-0595-（0001-0015）
【成文时间】 1945-05-21—1945-10-16
【收藏单位】 甘肃省档案馆
【涉及地域】 卓尼设治局；西和县等
【关 键 词】 植树造林；莲花山；林场
【内容提要】
　　农林部洮河流域国有林区管理处致电甘肃省政府莲花山等处林权登记依法布告，甘肃水利林牧公司签呈省建设厅申请调查渭河及洮河流域森林，甘肃省政府训令协助保护邓权群检查森林工作训令礼县、康县、西和县等8个县政府。管理处重新审查瓜咋沟林权登记。0007为建设厅报送《卓尼设治局委托洮河林场管理局苗圃合约草案》。0008为卓尼设治局报送《卓尼设治局本年春季育苗造林详情》。甘肃水利林牧公司致函建设厅请在短期内解决洮河林场纠纷。甘肃水利林牧公司致函甘肃省政府拟将卓尼林场拨归洮河林场，数月不见回复。甘肃省政府训令严查巡河队偷砍莲花山树木情况。甘肃水利林牧公司公函临潭县政府切实保护莲花山树木并布告。甘肃省政府电令临潭县政府通知附近村民严禁偷砍、摧残树木。

【叙录编号】 0291
【档案题名】

文县政府、临洮县政府、成县政府关于报送植树造林情况、植树调查表的呈文及甘肃省政府的指令

【发文单位】　临洮县政府；文县政府等

【收文单位】　甘肃省政府；甘肃省建设厅

【档案编号】　027-001-0597-（0001-0022）

【成文时间】　1946-04-03—1946-05-25

【收藏单位】　甘肃省档案馆

【涉及地域】　临洮县等

【关 键 词】　植树造林；报告表

【内容提要】

　　第七区行政督察专员公署报送本署办理植树造林情况，文县、成县等县政府报送植树造林情况。0005为临洮县政府报送《临洮县各机关模范造林分配植树表》。0009为宁县政府报送《宁县民国三十五年（1946）春季植树造林报告表》。0011为定西县政府电报本县植树情形，甘肃省政府回令将各乡保植树情况详细列报。0011为漳县政府报送《漳县民国三十五年（1946）春季植树调查表》。0017为金塔县政府报送《金塔县民国三十五年（1946）春季植树办法》。0021为临潭县政府电报民国三十五年（1946）植树情况。

【叙录编号】　0292

【档案题名】

　　夏河县政府、临洮县政府、泾川县政府关于报送植树造林情况、植树调查表的呈文及甘肃省政府的指令

【发文单位】　夏河县政府；临洮县政府等

【收文单位】　甘肃省政府；甘肃省建设厅

【档案编号】　027-001-0599-（0001-0022）

【成文时间】　1946-06-11—1946-07-05

【收藏单位】　甘肃省档案馆

【涉及地域】　夏河县；临洮县等

【关 键 词】　造林；报表

【内容提要】

　　0001为《夏河县民国三十五年（1946）实施国民义务劳动植树造林一览表》。0003为《临洮县苗圃民国三十五年（1946）春季工作报告表》。0005为《泾川县民国三十五年（1946）植树造林情况表》，甘肃省政府回令将成绩、地点、株数、种类、名称、亩数详细报告。0007为《卓尼设治局民国三十五年（1946）植树表》。0009为《临洮县各乡镇春季植树报告表》。0011为《泾川县造林面积与株数报告表》。0013为《高台县民国三十五年（1946）造林植树报告表》。0017为《平凉县民国三十五年（1946）春季造林实况调查表》。0019为《清水县民国三十五年（1946）度植树成果报告表》。0021为《庆阳县民国三十五年（1946）春季植树情形报告表》。

【叙录编号】　0293

【档案题名】

　　西固县政府、康县政府、洮沙县政府关于报送植树造林情况、植树调查表的呈文及甘肃省政府的指令

【发文单位】　西固县政府；康县政府等

【收文单位】　甘肃省政府；甘肃省建设厅

【档案编号】　027-001-0604

【成文时间】　1947-01-31—1947-03-05

【收藏单位】　甘肃省档案馆

【涉及地域】　西固县；康县等

【关 键 词】　造林

【内容提要】

　　此案卷共19份文件，均与植树造林有关。西固县、康县、洮沙县政府分别向甘肃省政府报送民国三十五年（1946）的育苗造林、保苗圃育苗、植树成活的情况，甘肃省政府均回令准予备查。甘肃省农业改进所上呈甘肃省政府，将民国三十二年（1943）起本所各附属机关改组的办法汇报，甘肃省政府回令准予备查。甘肃省农业改进所就商人杨勋宸占用天水

推广所中城河滩育苗地亩一事致呈省建设厅，恳求建设厅转呈甘肃省政府处理此事，甘肃省政府就此事令天水县政府迅速查明。省氵内丰渠管理处致函省建设厅，请该厅催促张掖县政府、榆中县政府、武山县政府速选寄稻米种子，甘肃省政府就此事令甘肃省农业改进所、张掖农林实验场、榆中县政府、武山县政府速办。甘肃省农业改进所呈报甘肃省政府，稻麦种子垫款已经中国农民银行兰州分行划交渝行转解，并经该所备查，甘肃省政府就此事致函农林部。甘肃省农业改进所呈报甘肃省建设厅，就民国三十六年（1947）农业推广计划及预算书一事请鉴核，甘肃省政府回令，按此计划统筹办理。甘肃省建设厅致函福建省研究院水土保持试验区，将保护水土浅说送达，请其参考。善后救济总署农业业务委员会致函甘肃省建设厅，请寄送各农渔机构或团体的详细地址，甘肃省建设厅复函，将本省的农业机关表寄送。

【叙录编号】　0294
【档案题名】
　　甘肃省政府、甘肃省农业改进所关于推广蓝麦、查处商人占据苗圃地、检送租地合同、自来水工程处砍伐树木、填报农业概况表的训令、呈文
【发文单位】　甘肃省农业改进所
【收文单位】　甘肃省政府；甘肃省建设厅
【档案编号】　027-001-0608-（0001-0020）
【成文时间】　1947-04-17—1947-12-19
【收藏单位】　甘肃省档案馆
【涉及地域】　洮沙等县
【关　键　词】　育苗；树木伐木
【内容提要】
　　甘肃省农业改进所致函甘肃省政府请解决杨勋宸占用中城河滩育苗地亩一事，甘肃省政府训令天水县政府查明。甘肃省农业改进所报

送在化平县种植蓝麦经过，甘肃省政府训令甘肃省农业改进所速报历年植树经过。甘肃省农业改进所报送本所租用滩尖子地亩和约，甘肃省政府训令应延长地亩期限，甘肃省农业改进所报送自来水工程处占用徐家湾林地及砍伐树木情况，甘肃省政府训令如因工程需砍伐树木应事先通知或移植之后再动工。甘肃省农业改进所填报农林机关调查表，甘肃省农业改进所所长张桂海报王以靖督导洮沙县农林工作情况。

【叙录编号】　0295
【档案题名】
　　甘肃省政府、两当县政府、岷县政府、庄浪县政府关于调查新河淤滩、加强树木越冬管理工作、报送秋季植树造林情况的训令、呈文
【发文单位】　洮沙县政府；两当县政府等
【收文单位】　甘肃省政府；甘肃省建设厅
【档案编号】　027-001-0612-（0001-0032）
【成文时间】　1947-09-17—1947-10-27
【收藏单位】　甘肃省档案馆
【涉及地域】　洮沙县等
【关　键　词】　林区；秋季植树
【内容提要】
　　甘肃省政府训令各县政府新淤滩地一律编为林区并发给土地所有权。第二区行政督察专员公署、西吉县政府报送秋季造林运动情况。礼县政府呈文甘肃省政府询问秋季植树是否在落叶时举行。西吉县政府拟请春季扩大植树。永昌县、隆德县、洮沙县、临夏县、玉门县等县政府因秋季寒冷不宜植树致函甘肃省政府，甘肃省政府训令连同该地海拔高度冬季最低气温奏报。镇原县政府报送该县秋季准备扩大造林运动。临潭县报送该县秋季造林困难。

【叙录编号】　0296
【档案题名】

文县政府等关于植树造林等事的各类文件

【发文单位】　文县政府；兰州贸易公司等

【收文单位】　甘肃省政府；甘肃省建设厅等

【档案编号】　027-001-0614

【成文时间】　1947-11-05—1947-11-27

【收藏单位】　甘肃省档案馆

【涉及地域】　甘肃省

【关 键 词】　造林

【内容提要】

此案卷共27份文件，均与植树造林有关。文县政府致电甘肃省政府，本县办理秋季植树造林困难，并提请若干补救办法。甘肃省政府回令，秋季植树应在树木开始落叶时栽植，并参照民众种植浅说办理。永登县马子昆呈文甘肃省建设厅，报送秋季植树造林情况，另询问兰州贸易公司可否订购火硝。甘肃省建设厅致函马子昆，甘肃化工材料厂需用火硝，请将出售价格及数量告知，再行商购。张掖县政府呈报甘肃省政府，将本县参议会建议收回秋季植树成命的议案上呈，甘肃省政府指令张掖县政府，该县适宜秋季植树造林，并注意越冬培护办法。宁定县政府致呈甘肃省政府，报送本县民国三十六年（1947）秋季造林的情况，甘肃省政府回令，该县适秋季植树，树未落叶时应再大量补种。洮沙县政府向甘肃省政府报告民国三十六年（1947）秋季植树的情况，甘肃省政府回令准予备查。西和县政府向甘肃省政府申请秋季植树的变通办理办法，甘肃省政府回令该县适合秋季造林，并可利用水平沟、荒山造林。武都县政府向甘肃省政府报告在白龙江沿岸植树造林的办法，甘肃省政府回令准予备查。洮沙县、民乐县、化平县等各县政府分别向甘肃省政府报送本县民国三十六年（1947）秋季植树的情况，甘肃省政府均回令准予备查。甘肃省政府催促还没有上报民国三十六年（1947）秋季植树造林情况的各县、市、局限期将情况汇报。第六区行政督察专员公署致电

甘肃省政府，请求在河流沿岸淤积新滩地植树，甘肃省政府同意。酒泉县政府致电甘肃省政府，本县拟先行试植树木，如有成果再行扩大栽植面积，甘肃省政府就此事给第七区行政督察专员公署下达指令，同意先行试种。甘肃省民政厅致函建设厅，将临夏县民国三十六年（1947）举办秋季造林一事向建设厅转达，甘肃省政府回令准予备查。

【叙录编号】　0297

【档案题名】

成县政府、皋兰县政府、会川县政府关于报送植树造林情况、造林成绩调查表的呈文及甘肃省政府指令

【发文单位】　成县政府；会川县政府等

【收文单位】　甘肃省政府

【档案编号】　027-001-0615-（0001-0020）

【成文时间】　1947-11-30—1947-11-26

【收藏单位】　甘肃省档案馆

【涉及地域】　洮沙县；会川县等

【关 键 词】　秋季造林；报告表

【内容提要】

成县、皋兰县、会川县、两当县、西吉县、康县、岷县、景泰县、靖远县等县政府报送秋季植树造林办理情形报告表。附《会川县民国三十六年（1947）秋季植树报告表》其余类似。0011为《康县民国三十六年（1947）秋季植树数目表》《康县民国三十六年（1947）秋季挖掘水平沟数目表》。0015为《景泰县民国三十六年（1947）秋季植树及成活表》。

【叙录编号】　0298

【档案题名】

环县、临洮县、会川县等县政府关于报送植树造林情况、造林成绩调查表的呈文、代电及甘肃省政府指令

【发文单位】　临洮县政府；会川县政府等

【收文单位】 甘肃省政府

【档案编号】 027-001-0617-（0001-0020）

【成文时间】 1947-12-11—1948-02-21

【收藏单位】 甘肃省档案馆

【涉及地域】 临洮县；会川县等

【关 键 词】 秋季造林；报告表

【内容提要】

环县、临洮、会川、泾川、灵台、武都、宁县、固原等县政府报送秋季植树造林办理情形报告表。0003 为《临洮县民国三十六年（1947）秋季植树报告表》，其余大同小异。0007 为泾川县政府报送《泾川县民国三十六年（1947）秋季冬季保护森林实施办法》9 条。0009 为灵台县政府报送《灵台县民国三十六年（1947）秋季植树及育苗情形统计表》。其余为甘肃省政府回文第八区行政督察专员公署、第九区行政督察专员公署植树数目与规定不符一事。

【叙录编号】 0299

【档案题名】

兰州、民勤、渭源等县政府关于报送植树造林情况、造林成绩调查表的呈文及甘肃省政府指令

【发文单位】 卓尼设治局；会川县政府

【收文单位】 甘肃省政府；甘肃林牧实业公司

【档案编号】 027-001-0618-（0001-0026）

【成文时间】 1947-11-18—1948-02-25

【收藏单位】 甘肃省档案馆

【涉及地域】 卓尼设治局；会川县等

【关 键 词】 秋季造林；报告表

【内容提要】

宁定县政府报送本县乐善乡乾庵林负责人姓名，甘肃省政府回文准予备查。第一区行政督察专员公署转卓尼设治局秋季植树情况。民勤县政府报送民国三十六年（1947）秋季植树造林报告表。兰州市政府呈文甘肃省政府报送《兰州市政府民国三十六年（1947）秋季造林报告表》。渭源县政府报送本县秋季试验植树报告表。武威县政府报送《武威县民国三十六年（1947）秋季植树数目统计报告表》。会川县致函甘肃省政府请将洮南林场划归本县管理，甘肃林牧实业公司请第八区行政督察专员公署与本公司价购木料。甘肃省建设厅报送莲花山承租林区及砍伐办法，甘肃省汪入泮、赵国栋等人请甘肃省政府派人保护莲花山树木。

【叙录编号】 0300

【档案题名】

甘肃省政府等关于砍伐森林、畜牧机械等事的各类文件

【发文单位】 康乐县政府

【收文单位】 甘肃省政府；甘肃省建设厅

【档案编号】 027-001-0619

【成文时间】 1947-06-02—1947-09-02

【收藏单位】 甘肃省档案馆

【涉及地域】 甘肃省

【关 键 词】 砍伐森林

【内容提要】

此案卷共 20 份文件，均与砍伐森林等事有关。莲花山工头陈建邦等人呈报甘肃省政府，奸商何崑山砍伐森林，纵牛践踏禾苗，恳请甘肃省政府严惩。甘肃省政府令康乐县政府彻查此事，并拘押何崑山。甘肃林牧实业公司致函省建设厅，请中央各主管部门援助畜牧机械设备，甘肃省政府将此事转请农林部核办，农林部复函，兽医器材已分配完毕，其余物资无法供应，甘肃省政府将此事告知甘肃林牧实业公司。康乐县政府致电甘肃省政府，请将莲花山林内松木拨给一些以修建城门，甘肃省政府回令莲花山森林已租给甘肃林牧实业公司管理经营，不便随意砍伐。会川县政府致电甘肃省政府，拟请康乐县政府就近查明马鸣崑等人盗伐树木一事，甘肃省政府就此事令康乐县政

府切实协助保护莲花山林区，严禁盗伐，并要求将马鸣崑法办。甘肃第一区行政督察专员公署致电甘肃省政府，询问匪首张英杰的私产临潭松树林是否租给了甘肃林牧实业公司，甘肃省政府回令据《莲花山省有林承租办法》与甘肃林牧实业公司签订租约，并由洮河林场一并接管临洮松树林。农林部洮河流域国有林区管理处致函甘肃省政府，本处会协助甘肃林牧实业公司经营莲花山省有林区疏伐林木，甘肃省政府就此事致电甘肃林牧实业公司，同意采伐放运莲花山林区树木。莲花山山民丁应明等人呈报甘肃省政府，奸商何崑山等人偷伐莲花山林木，请依法予以严惩，甘肃省政府令第九区行政督察专员公署派员保护莲花山森林，并将已被偷砍的木材拨给地方学校。省建设厅第四科就此案呈报省建设厅，认为此案情形与丁应明等人所呈报的不符，应俟查明后再办理，甘肃林牧实业公司与此事也有牵连，故职员曹执中等人呈文甘肃省政府为自己辩解。康乐县政府经过查办，认为何崑山等人并没有砍伐森林，也没有纵牛践踏禾苗，甘肃省政府回令准予备查。

【叙录编号】　0301
【档案题名】
　甘肃省政府、甘肃省建设厅、甘肃林牧实业公司关于砍伐、运送、出售木材、免特种税、检送森林资源调查、木材统计表的代电、训令
【发文单位】　甘肃省政府
【收文单位】　甘肃省政府；甘肃省建设厅
【档案编号】　027-001-0620-（0001-0020）
【成文时间】　1947-06-03—1947-09-02
【收藏单位】　甘肃省档案馆
【涉及地域】　甘肃省
【关　键　词】　莲花山；林区；木料
【内容提要】

甘肃省建设厅、财政厅签报伐运莲花山、冶力关木料及贷款情况，莲花山木料被砍伐2000株，运至兰州剩余500余株。甘肃省政府送甘肃林牧实业公司现状及改进计划原则2项。甘肃省建设厅签呈甘肃省政府拟将一半木料限期运兰。曹执中报送伐运2000根木料信函。交通部第八区电信管理局申请由甘肃林牧实业公司砍伐本局所需木杆，附《宁青陕甘省政府代本局购杆尺码单价比较表》，甘肃省政府同意出售木料。经济部中央工业试验所木材检验馆报送《木材试验馆出版品名单》。

【叙录编号】　0302
【档案题名】
　成县、西吉县、康县等县政府关于报送植树、育苗株数、挖掘水平沟调查表的呈文及甘肃省政府的指令
【发文单位】　康乐县政府；临夏县政府等
【收文单位】　甘肃省政府；甘肃省建设厅
【档案编号】　027-001-0621-（0001-0017）
【成文时间】　1947-09-15—1947-12-29
【收藏单位】　甘肃省档案馆
【涉及地域】　康乐县；临夏县等
【关　键　词】　春季植树；水平沟；调查表
【内容提要】

甘肃省政府训令各县局报送春季育苗株数及挖掘水平沟详情，成县、西吉县、康乐县、民乐县、安西县、张掖县、临夏县报送育苗株数及挖掘水平沟情形。0002为《成县各乡镇本年挖掘水平沟调查表》。0010为《安西县民国三十六年（1947）春季植树造林报告表》《安西县民国三十六年（1947）育苗造林报告表》。0014为《张掖县民国三十六年（1947）春季造林数字报告表》《张掖县民国三十六年（1947）秋季造林数字报告表》。0016为《临夏县民国三十六年（1947）城区各机关秋季造林调查表》《临夏县苗圃民国三十六年（1947）

秋季出圃苗木株数统计表》。

【叙录编号】 0303
【档案题名】
肃北设治局、卓尼设治局，漳县、徽县、和政县、古浪县、宁定县、西吉县、靖远县、平凉县、静宁县、民乐县等县政府关于报送植树、育苗株数、挖掘水平沟调查表的呈文及甘肃省政府的指令
【发文单位】 卓尼设治局等
【收文单位】 甘肃省政府；甘肃省建设厅
【档案编号】 027-001-0626
【成文时间】 1947-12-25—1948-01-20
【收藏单位】 甘肃省档案馆
【涉及地域】 卓尼设治局等
【关 键 词】 育苗；造林
【内容提要】
肃北设治局、卓尼设治局，漳县、徽县、和政县、古浪县、宁定县、西吉县、靖远县、平凉县、静宁县、民乐县分别向甘肃省政府报送民国三十六年（1947）春、秋季植树、育苗的情况。甘肃省政府认为卓尼设治局挖掘水平沟数目与规定相差甚远，应继续挖掘。漳县的秋季植树数目与规定不符。古浪县政府应重新补办春、秋季植树及县保苗圃育苗的成绩表。宁定县政府上报的挖掘水平沟数目与规定相差甚远，应在农闲时补足。靖远县挖掘水平沟的情况应列表详报。静宁县与平凉县的秋季植树株数与规定不符，应于春季补植，并将挖掘水平沟情况详报。民乐县因旱灾未能挖掘水平沟一事已知悉。其余均回复准予备查。

【叙录编号】 0304
【档案题名】
卓尼设治局关于报送民国三十七年（1948）农林建设工作计划致甘肃省政府的代电

【发文单位】 卓尼设治局
【收文单位】 甘肃省政府
【档案编号】 027-001-0629-（0003-0004）
【成文时间】 1947-12-26—1948-01-09
【收藏单位】 甘肃省档案馆
【涉及地域】 卓尼设治局
【关 键 词】 农林建设；计划
【内容提要】
《卓尼设治局民国三十七年（1948）农林建设工作计划》包含混合选种、推广优良麦种、改良马铃薯栽培、提倡蔬菜培植、防治小麦黑穗病、沿河低湿地造林、荒山造林及牧草、培育树苗、保护森林及散生林。甘肃省政府回文准予备查。

【叙录编号】 0305
【档案题名】
临夏县政府关于报送农林建设工作计划致甘肃省政府的呈文及甘肃省政府回令
【发文单位】 临夏县政府
【收文单位】 甘肃省政府
【档案编号】 027-001-0629-（0005-0006）
【成文时间】 1947-12-31—1948-01-09
【收藏单位】 甘肃省档案馆
【涉及地域】 临夏县
【关 键 词】 农林建设；计划
【内容提要】
《临夏县农林建设工作计划》包括小麦混合选种、推广小麦种植、改良马铃薯栽培、制造堆肥、提倡蔬菜栽培、防治小麦黑穗病、防治麦蛾、沿河低湿地造林、荒山造林及种植牧草、培育树苗、水土保持及保护散生树木。

【叙录编号】 0306
【档案题名】
文县、固原、夏河等县政府关于报送农林建设工作计划的呈文及省政府的指令

【发文单位】　夏河县政府等

【收文单位】　甘肃省政府

【档案编号】　027-001-0630-（0001-0012）

【成文时间】　1947-12—1948-03

【收藏单位】　甘肃省档案馆

【涉及地域】　文县；夏河县等

【关 键 词】　春秋造林；水平沟；报表

【内容提要】

　　0001-0005《文县民国三十六年（1947）提倡农村副业调查册》《文县各乡镇历年挖掘水平沟调查表》《文县民国三十六年（1947）秋季植树调查表》《文县民国三十六年（1947）补修道路桥梁炸毁石方报告表》。0006 为《固原县民国三十七年（1948）农林建设计划》。0011 为《夏河县政府民国三十七年（1948）农林建设计划》。

【叙录编号】　0307

【档案题名】

　　农林部洮河流域国有林区管理处关于报送工作简报表的呈文及甘肃省政府指令

【发文单位】　农林部洮河流域国有林区管理处

【收文单位】　甘肃省政府

【档案编号】　027-001-0631-（0001-0008）

【成文时间】　1947-02-15—1947-05-12

【收藏单位】　甘肃省档案馆

【涉及地域】　甘肃省

【关 键 词】　春秋造林；报告表；植树

【内容提要】

　　农林部洮河流域国有林区管理处报送民国三十六年（1947）1—3月份工作报告，甘肃省政府回文准予备查。工作报告主要包括：1月工作之鸟瞰、法规之奉行与修订、会议之召集、与各方之联系、人事变动情况、经费收支概况、林区勘察、林权登记、查验木材、森林保护方法之研究、保护方法的宣传与推广、制定林管区图、育苗造林、试验研究。0007 为

《农林部洮河流域国有林区管理处黄家路山林区业权登记一览表》。

【叙录编号】　0308

【档案题名】

　　农林部洮河流域国有林区管理处关于报送工作简报表的呈文及甘肃省政府指令

【发文单位】　农林部洮河流域国有林区管理处

【收文单位】　甘肃省政府

【档案编号】　027-001-0632-（0001-0008）

【成文时间】　1947-05-19—1947-07-24

【收藏单位】　甘肃省档案馆

【涉及地域】　甘肃省

【关 键 词】　春秋造林；报告表；植树

【内容提要】

　　农林部洮河流域国有林区管理处报送民国三十六年（1947）4、5月份工作报告，甘肃省政府回文准予备查。农林部洮河流域国有林区管理处报送《农林部洮河流域国有林区管理处洮河上游公私有林产权登记表》。0007 为《农林部洮河流域国有林区管理处报送民国三十六年（1947）上半年工作进度检讨报告表》，格式与月报表类似。

【叙录编号】　0309

【档案题名】

　　农林部洮河流域国有林区管理处关于报送工作简报表的呈文及甘肃省政府指令

【发文单位】　农林部洮河流域国有林区管理处

【收文单位】　甘肃省政府

【档案编号】　027-001-0633-（0001-0010）

【成文时间】　1947-08-15—1947-12-05

【收藏单位】　甘肃省档案馆

【涉及地域】　甘肃省

【关 键 词】　春秋造林；报告表；植树

【内容提要】

　　农林部洮河流域国有林区管理处报送民国

三十六年（1947）7—10月份工作报告，甘肃省政府回文准予备查。农林部洮河流域国有林区管理处报送勘察林区图，甘肃省政府回文准予备查。

【叙录编号】 0310
【档案题名】
和政县、定西县、西吉县等县政府关于报送保护林木实施办法的呈文及甘肃省政府的训令
【发文单位】 和政县政府等
【收文单位】 甘肃省政府
【档案编号】 027-001-0635-（0001-0012）
【成文时间】 1947
【收藏单位】 甘肃省档案馆
【涉及地域】 和政县等
【关 键 词】 林木；办法
【内容提要】
0001为和政县政府报送《和政县公私有林木保护办法》，甘肃省政府训令修改第6条条文。0003为定西县政府报送《定西县民国三十六年（1947）春季植树造林护林办法》，甘肃省政府回令修订第2条。0005为西吉县政府报送《西吉县保护林木实施办法》，甘肃省政府回令修改第7条。0007为《平凉县保护林木实施办法》，甘肃省政府回令修改第12条。0009为康县政府报送《康县政府参议会会同拟定保护林木办法》。0011为《张掖县林木保护实施办法》并有详细修改痕迹，甘肃省政府回文已代为修改。

【叙录编号】 0311
【档案题名】
华亭县政府、渭源县政府、鼎新县政府等关于报送保护林木实施办法的呈文及甘肃省政府的训令
【发文单位】 华亭县政府；渭源县政府等

【收文单位】 甘肃省政府
【档案编号】 027-001-0636-（0001-0014）
【成文时间】 1947-02-23—1947-05-13
【收藏单位】 甘肃省档案馆
【涉及地域】 临夏县等
【关 键 词】 林木；办法
【内容提要】
0001为华亭县政府报送《华亭县天然林木保管委员会暂行组织章程》，甘肃省政府回令修订林木保管委员会办事细则。甘肃省政府准予第六区行政督察专员公署补发林木管理保护实施办法。0005为渭源县政府报送《渭源县各种林木保护办法》，甘肃省政府训令修订3、5、10条。0007为鼎新县政府报送《鼎新县管制保护林木暂行办法》，甘肃省政府训令修正2、6、7、8条。0009为玉门县政府提案制定有效保护林木办法并提倡民众植树。0011为景泰县政府报送《景泰县育苗造林护林实施办法》，甘肃省政府训令修正抄发办法。0013为临夏县政府报送《临夏县保护林木办法》，甘肃省政府回文准予备查。

【叙录编号】 0312
【档案题名】
庄浪县政府、隆德县政府、民勤县政府等关于报送保护林木实施办法的呈文及甘肃省政府的训令
【发文单位】 庄浪县政府；夏河县政府等
【收文单位】 甘肃省政府
【档案编号】 027-001-0637-（0001-0012）
【成文时间】 1947-03-12—1947-06-26
【收藏单位】 甘肃省档案馆
【涉及地域】 夏河县等
【关 键 词】 林木；办法
【内容提要】
0001为庄浪县政府报送《庄浪县护林管制有效办法》，甘肃省政府回令抄发修正有效

办法。0003为隆德县政府报送修正《隆德县民国三十六年（1947）公私有林木管制保护有效办法》。0005为民勤县政府报送《民勤县林木管制保护有效办法》，甘肃省政府回文准予备查。0007为夏河县政府报送《夏河县林木保护办法》。0009为《泾川县保护林木暂行办法》。0011为民乐县政府派4名林警保护林木，甘肃省政府训令民乐县政府制定有效保护办法。

【叙录编号】　0313
【档案题名】
　　临洮县、秦安县、和政等县政府关于报送苗圃育苗数字、情况报表的呈文及甘肃省政府的训令
【发文单位】　临洮县政府等
【收文单位】　甘肃省政府
【档案编号】　027-001-0638-（0001-0017）
【成文时间】　1947-01-13—1947-02-10
【收藏单位】　甘肃省档案馆
【涉及地域】　临洮县；夏河县等
【关 键 词】　春季植树；报表
【内容提要】
　　临洮县、夏河县、秦安县、和政县、庄浪县、徽县、山丹县、鼎新县、会宁县报送各县民国三十五年（1946）县保苗圃育苗情况。0001为《临洮县保苗圃育苗株数种类报告表》。0005为《秦安县民国三十五年（1946）县保苗圃育苗报告表》《秦安县民国三十五年（1946）栽植模范林数目表》《秦安县民国三十五年（1946）各乡镇春季植树数目一览表》。0010为庄浪县政府报送《庄浪县民国三十五年（1946）县保苗圃育苗情形报告表》，其余大同小异。

【叙录编号】　0314
【档案题名】

宁定县、金塔县、华亭县等县政府关于报送苗圃育苗数字、情况报表的呈文及甘肃省政府的训令
【发文单位】　临潭县政府等
【收文单位】　甘肃省政府
【档案编号】　027-001-0639-（0001-0018）
【成文时间】　1947-01-31—1947-04-12
【收藏单位】　甘肃省档案馆
【涉及地域】　临潭县等
【关 键 词】　林木；办法；苗圃
【内容提要】
　　宁定县、金塔县、华亭县、靖远县、临潭县、永昌县、玉门县等县政府报送民国三十五年（1946）育苗造林情况报告表。0007为《靖远县民国三十五年（1946）育苗造林情形报告表》。0015为《甘谷县森林保管委员会简章》《甘谷县森林保管委员会保护林木办法》。0017为古浪县政府报送《古浪县保护林木办法》。

【叙录编号】　0315
【档案题名】
　　临洮县政府、康县政府、化平县政府等关于报送保护林木实施办法的呈文及甘肃省政府的训令
【发文单位】　临洮县政府等
【收文单位】　甘肃省政府
【档案编号】　027-001-0642-（0001-0013）
【成文时间】　1947-06-30—1947-07-29
【收藏单位】　甘肃省档案馆
【涉及地域】　临洮县等
【关 键 词】　春秋造林；报告表；植树
【内容提要】
　　0001为临洮县政府报送《临洮县各乡镇保苗圃报告表》，甘肃省政府回文准予备查限期成立。康县政府经常会议决议经常保护林木，绝对禁止烧山，甘肃省政府回文准予备

查。0005为化平县政府报送县保苗圃概况表，甘肃省政府回文准予备查。0010为《庄浪县各乡镇保苗圃育苗情形调查册》，甘肃省政府回文准予备查。鼎新县政府报送本县设立苗圃情况，甘肃省政府训令加紧督促育苗。

【叙录编号】 0316
【档案题名】
宁县政府、岷县政府、渭源县政府等关于报送保护林木实施办法的呈文及甘肃省政府的训令
【发文单位】 岷县政府等
【收文单位】 甘肃省政府；甘肃省建设厅
【档案编号】 027-001-0645-（0001-0012）
【成文时间】 1947-09-07—1947-12-17
【收藏单位】 甘肃省档案馆
【涉及地域】 岷县等
【关 键 词】 苗圃树株
【内容提要】
0001为宁县政府报送《宁县保苗圃办理情形调查表》。0003为岷县政府报送《岷县各保苗圃株数》，甘肃省政府回文未收到。0007为民乐县政府报送《民乐县民国三十六年（1947）上半年各乡保苗圃育苗株数报告表》。0009为庆阳县政府报送《庆阳县各乡保苗圃调查册》。0011为文县政府报送《文县各乡苗圃与面积及栽植苗木数目调查册》，甘肃省政府均回文准予备查。

【叙录编号】 0317
【档案题名】
甘肃省政府、甘肃省农业改进所、夏河县政府、武山县政府关于采集榆树种子、拨发适宜栽种种子的训令、呈文
【发文单位】 临潭县政府；夏河县政府等
【收文单位】 甘肃省政府；甘肃省建设厅
【档案编号】 027-001-0647-（0001-0035）

【成文时间】 1947-04-20—1948-11-13
【收藏单位】 甘肃省档案馆
【涉及地域】 临潭县；夏河县等
【关 键 词】 育苗；榆树；种子
【内容提要】
临潭县政府请甘肃省政府准发榆树种子，甘肃省政府训令有限分给。夏河县政府报送请发适宜本县种子，甘肃省政府训令甘肃省农业改进所大量采集榆树种子，甘肃省农业改进所呈文甘肃省政府收集榆树种子435市斤，甘肃省政府训令各县局报送采集播种榆树种子及春季植树树株列表汇报。高台县政府报送榆树种子未熟被冻坏。民勤县政府报送采集榆树种子和春季植树数量。广河县政府、宁定县政府、青年基督会请拨发榆树种子，捐赠榆树树苗等事宜。

【叙录编号】 0318
【档案题名】
静宁县政府、正宁县政府、临泽县政府等关于报送植树、育苗统计表的呈文及甘肃省政府的指令
【发文单位】 临洮县政府等
【收文单位】 甘肃省政府；甘肃省建设厅
【档案编号】 027-001-0650-（0001-0026）
【成文时间】 1948-07-29—1948-09-08
【收藏单位】 甘肃省档案馆
【涉及地域】 临洮县等
【关 键 词】 植树；报表；榆树
【内容提要】
0001为静宁县政府报送《静宁县民国三十七年（1948）春季造林报告表》。0003为《正宁县民国三十七年（1948）春季各种植树造林调查统计报告表》。0005为临泽县政府报送《临泽县民国三十七年（1948）春季植树数目报告表》。0007为《西和县民国三十七年（1948）春季各种植树造林工作报告表》。0009

为《敦煌县民国三十七年（1948）春季植树造林报告表》，甘肃省政府回文数目差距较大应该补种。0012为安西县政府报送《安西县民国三十七年（1948）春季植树造林成绩调查表》。0013为临洮县政府报送《临洮县民国三十七年（1948）春季植树造林报告表》。0019为《榆中县民国三十七年（1948）春季植树造林报告表》，0021为固原县政府报送《固原县民国三十七年（1948）春季植树造林报告表》。0025为《山丹县民国三十七年（1948）续植树苗榆钱数量报告表》，甘肃省政府回令数量悬殊重新补植。

【叙录编号】　0319
【档案题名】
　　甘肃省政府、甘肃省建设厅关于报送枯树数量、砍伐运输木料、拨付运费、拟定砍伐树木的代电
【发文单位】　临潭县政府
【收文单位】　甘肃省政府；甘肃省建设厅
【档案编号】　027-001-0652-（0001-0021）
【成文时间】　1948-03-08—1948-05-29
【收藏单位】　甘肃省档案馆
【涉及地域】　临潭县等
【关 键 词】　植树；报表；莲花山
【内容提要】
　　甘肃省修建委员会常委骆力学督导实施伐木办法签呈甘肃省政府，甘肃省政府抽调第二、第五团、甘肃省财政厅分别承担伐木事宜，建设厅职员毛鼎新督促各运户限期交目标，第二科详报砍伐木料一事，甘肃省建修委员会办理莲花山、冶力关各林区木材情况及砍伐连湖山木料一事，第九区行政督察专员公署查禁民工窃取木料呈文甘肃省政府。0010附《调查莲花山伐运情形》。0021为《伐运木材分拨款项表》。

【叙录编号】　0320
【档案题名】
　　甘肃省政府等关于在莲花山伐木等事的各类文件
【发文单位】　康乐县政府等
【收文单位】　甘肃省政府；甘肃省建设厅
【档案编号】　027-001-0653
【成文时间】　1948-06-09—1948-07-19
【收藏单位】　甘肃省档案馆
【涉及地域】　康乐县等
【关 键 词】　伐木
【内容提要】
　　此案卷共24份文件，均与伐木等事有关。甘肃省政府致电第一区、第九区行政督察专员公署，为伐运修建兰中等校房屋木料，特设甘肃省政府公用建筑木料伐运组，并抄发伐运木料实施办法给两区。第一区行政督察专员公署致电甘肃省政府，将拟具布告，发给临潭、卓尼设治局等处，并令严密稽查有偷拿窃取木料的情形。第一区行政督察专员公署致电甘肃省政府，关于伐运木料一事与甘肃省政府商榷。康乐县鸣崑桥建修委员会上呈甘肃省政府，可否将在莲花山砍伐的结余尖梢拨给桥工，以补充修建桥梁木料的不足。甘肃省建设厅第二科就此事致呈省建设厅，认为应等该项木料建筑工程用过后有剩余时再拨发，甘肃省政府即如此回复康乐县鸣崑桥建修委员会。甘肃省政府致电第一区、第九区行政督察专员公署，就伐运木料一事向两区下达指令。甘肃省政府职员高某桂向甘肃省政府报告在莲花山的开会日期及试验运送莲花山木材的方法。第九区行政督察专员公署致电甘肃省政府，已商定砍伐树木兴修学校，甘肃省政府就此事回电给第九区行政督察专员公署、省保安第五团，令其速研究伐木的办法。省教育厅致函省建设厅，抄送修建红山根兰中第一期及改建兰州工校第一期所需木料表。第九区行政督察专员公署致电甘肃

省政府，已与参加伐运莲花山木料的各县代表及附近乡镇长议定伐木开工的日期。第一区行政督察专员公署致电甘肃省政府，已派本署视察员张瑛前往莲花山负责督促赶办伐木事宜。第九区行政督察专员公署呈报甘肃省政府，恳请将前天兰路征工处所剩余的药品及医疗器械拨交本署以便聘请医生带往林区，甘肃省政府同意。甘肃省政府公用建筑木料伐运组向甘肃省政府报送参加伐运木料的官兵津贴办法。甘肃省政府建修委员会呈报甘肃省政府，可否变卖一部分木料，为伐木官兵购买麻鞋、面粉，甘肃省政府同意，并就此事致电第九区行政督察专员公署、省保安第五团。金塔县、礼县、通渭县等县政府分别向甘肃省政府呈报民国三十七年（1948）春季植树情况，甘肃省政府认为各县植树株数均与规定相差悬殊，应补植。

【叙录编号】 0321

【档案题名】

甘肃省政府、甘肃省建设厅关于砍伐、拉运莲花山木材、巨大树木改底板、购买成品木料等事宜的训令代电

【发文单位】 岷县政府；临洮县政府等

【收文单位】 甘肃省政府；甘肃省建设厅

【档案编号】 027-001-（0654-0656）

【成文时间】 1948-06-30—1948-09-30

【收藏单位】 甘肃省档案馆

【涉及地域】 岷县；临洮县等

【关 键 词】 伐木；运输；高攀桂

【内容提要】

此案卷均与砍伐、运输木料相关。甘肃省政府、甘肃省建设厅、第九区行政督察专员公署关于伐运木料的会议记录、办法、征雇民工的代电与函。甘肃省政府、甘肃省建设厅、省运输处关于办理运输木材手续、征雇民工、畜力拉运木材、购买成品木材的训令、代电、公函。第九区行政督察专员公署、保安第五团团

长兼伐运组组长高攀桂报到达康乐县、临洮县的日期及伐木数量。0654-0006 为高攀桂因砍伐莲花山树木及运输事宜致信骆力学，第一区行政督察专员公署询问可否在洮河沿岸购买成品木料，甘肃省政府询问第一区行政督察专员公署购买成品木料情况，自行交购木料。0655-0001 为《第九区行政督察专员公署奉令召开商讨伐运木材会议记录》。0655-0002 为《伐木会议记录》岷县参议会请免征民夫伐运木料，建设厅利用民兵伐运木料，不许征牛、征夫。0656-0008 为第一区行政督察专员公署张瑛、第五团保安司令部高攀桂致信骆力学报送伐运木料情形，高攀桂请甘肃省政府拨付大套伐运卡车，甘肃省政府秘书长丁宜中训令高攀桂按规定指挥民兵赶办伐运木料。

【叙录编号】 0322

【档案题名】

甘肃省政府、甘肃省建设厅、省修建委员会关于拉运莲花山木材拨付运费、代售木料的文件

【发文单位】 岷县政府；临洮县政府等

【收文单位】 甘肃省政府；甘肃省建设厅

【档案编号】 027-001-（0657-0663）

【成文时间】 1948-08-20—1949-03-28

【收藏单位】 甘肃省档案馆

【涉及地域】 岷县；临洮县等

【关 键 词】 伐木；运输；高攀桂

【内容提要】

甘肃省保安第五团团长兼伐运组组长高攀桂报送伐运木料情况，木料运回兰暂由周西峰代理，高攀桂执行甘肃省政府关于运送莲花山木料运兰树木不足的补救办法，高攀桂请甘肃省建设厅拨发木料运费。临潭县政府请借木料，甘肃省政府不同意，甘肃省政府训令甘肃省贸易公司、甘肃林牧实业公司代售木料。0658 为运送木料的经过、交通工具及运输木

料的费用。0659 为运送莲花山木料拨发木料运费伐运木料官兵粮食、津贴、伐运木料白布带等内容。0660 为伐运木料的《甘肃省运输队胶车队车辆移交清册》《甘肃省运输队胶车队骡马移交清册》，甘肃省政府训令高攀桂迅速伐运 4000 根莲花山木料，莲花山伐木官兵休息一月等事宜。0661 为高攀桂上报拉运木料致马匹死亡情况，商借木料归还，不同意高攀桂辞职、洮河冰冻无法拉运木料。0662 为高攀桂伐运木料情况、请假报送津贴督运木料一事。0663 为伐运木料所需经费，甘肃省政府同意按照易换原则拨给木料，附 0363-0011 为《甘肃省参议会第三审查组讨论莲花山伐木事宜的会议记录》。0016 为甘肃省建设厅报送民国三十七年（1948）《伐运木料经过节略》。

【叙录编号】 0323
【档案题名】
漳县政府、永昌县政府、临潭县政府关于报送植树造林待查表、免除秋季植树的呈文及省政府的指令
【发文单位】 临潭县政府；夏河县政府等
【收文单位】 甘肃省政府；甘肃省建设厅
【档案编号】 027-001-0664-（0001-0029）
【成文时间】 1948-09-29—1948-11-17
【收藏单位】 甘肃省档案馆
【涉及地域】 临潭县；夏河县等
【关 键 词】 秋季植树；报表
【内容提要】
漳县政府报送本县秋季植树及补植树株插种榆钱树株、插种榆钱穴数调查表，甘肃省政府回文准予备查。甘肃省政府电令各县局秋季将春季未完成株数补足，甘肃省造林委员会总干事张桂海报送民国三十七年（1948）各县局秋季植树造林办法及预算，甘肃省政府训令重新编造预算，张桂海报送《民国三十七年（1948）拟定于秋季公务人员植树株数分配

表》。正宁县缺乏树苗暂缓植树。卓尼设治局，永昌、临潭、夏河、和政、民乐等县因天气寒冷请免于秋季植树，甘肃省政府同意。

【叙录编号】 0324
【档案题名】
兰州市政府、洮沙县政府、山丹县政府关于报送植树造林待查表、免除秋季植树的呈文及甘肃省政府的指令
【发文单位】 洮沙县政府等
【收文单位】 甘肃省政府；甘肃省建设厅
【档案编号】 027-001-0665-（0001-0026）
【成文时间】 1948-11-13—1948-12-21
【收藏单位】 甘肃省档案馆
【涉及地域】 洮沙县等
【关 键 词】 秋季植树；报表
【内容提要】
0001 为兰州市政府报送《兰州市民国三十七年（1948）秋季扩大造林报告表》，其余为洮沙、山丹、榆中、环县、镇原、高台、会川、定西、临洮等县报送民国三十七年（1948）秋季植树造林报告表。甘肃省政府回文准予备查或数目不足请补种。

【叙录编号】 0325
【档案题名】
夏河县政府、定西县政府、会川县政府等关于报送植树造林办法计划的呈文及甘肃省政府指令
【发文单位】 夏河县政府；临夏县政府等
【收文单位】 甘肃省政府；甘肃省建设厅
【档案编号】 027-001-0666-（0001-0012）
【成文时间】 1948-03-07—1948-03-24
【收藏单位】 甘肃省档案馆
【涉及地域】 夏河县；临夏县等
【关 键 词】 春季造林；报表
【内容提要】

0001为夏河县政府报送《夏河县民国三十七年（1948）植树造林办法》，甘肃省政府回文准予备查。0003为《第五区行政督察专员兼保安司令公署民国三十七年（1948）植树育苗各种建设会议记录》。0005为《定西县各乡镇及各级学校民国三十七年（1948）春季植树造林护林办法》，定西县、渭源县、临夏县等报送民国三十七年（1948）春季植树造林情况，甘肃省政府回文准予备查。

【叙录编号】　0326
【档案题名】
　　武山县政府、庆阳县政府、天水县政府等报送植树造林情况、育苗数、挖掘水平沟一览表的呈文及甘肃省政府指令
【发文单位】　武山县政府；临潭县政府等
【收文单位】　甘肃省政府；甘肃省建设厅
【档案编号】　027-001-0667-（0001-0020）
【成文时间】　1948-03-18—1948-06-17
【收藏单位】　甘肃省档案馆
【涉及地域】　临潭县等
【关 键 词】　植树；造林；报表
【内容提要】
　　0001为武山县政府报送民国三十七年（1948）植树节造林情况，甘肃省政府回文准予备查。兰州私立中学呈文甘肃省建设厅请补植树木，甘肃省政府同意。合水县、庆阳县、徽县等县政府、第四区行政督察专员公署报送民国三十七年（1948）各县植树情况，甘肃省政府回文准予备查。0013为榆中县政府报送《榆中县民国三十七年（1948）植树造林实施计划》。0015为《临潭县民国三十七年（1948）植树造林实施办法及本年度预计植树数量表》。0017为《甘肃省第三区庆阳县植树调查表》。

【叙录编号】　0327

【档案题名】
　　甘肃省农业改进所陇东区农林实验场等关于林务督导报告的各类文件
【发文单位】　农林部洮河流域国有林区管理处
【收文单位】　甘肃省政府；甘肃省建设厅
【档案编号】　027-001-0673
【成文时间】　1943-05-31—1943-06-17
【收藏单位】　甘肃省档案馆
【涉及地域】　洮河流域
【关 键 词】　林务督导
【内容提要】
　　此案卷共2份文件，均与林务督导工作有关。省农政所陇东区农林实验场向甘肃省政府呈报民国三十二年（1943）年3月份各县林务督导报告。甘肃省政府回令，陇东区林务督导专员姜正舫的督导呈文周到细致，应以此督导各县，并注意各项工作的改进，同时督导员要按照林务督导暂行办法规定，每期工作向甘肃省农业改进所核转。附宁县、化平县、崇信县、镇原县、庆阳县、固原县、海原县、西吉县、静宁县、庄浪县、隆德县、平凉县、灵台县、华亭县、泾川等县的林务督导报告。报告内容包括：县苗圃、保苗圃、造林、林木保护、其他林政等内容。

【叙录编号】　0328
【档案题名】
　　农林部洮河流域国有林区管理处关于报送工作简报、政绩比较表的呈文及甘肃省政府指令
【发文单位】　农林部洮河流域国有林区管理处
【收文单位】　甘肃省政府；甘肃省建设厅
【档案编号】　027-001-0674-（0001-0010）
【成文时间】　1948-11-09—1948-04-28
【收藏单位】　甘肃省档案馆
【涉及地域】　洮河流域
【关 键 词】　洮河林场；政绩

【内容提要】

0001《农林部洮河流域国有林区管理处民国三十七年（1948）10月份工作简报表》。0003《农林部洮河流域国有林区管理处民国三十七年（1948）11月份工作简报表》。0005《农林部洮河流域国有林区管理处民国三十八年（1949）1月份工作简报表》。0009《农林部洮河流域国有林区管理处民国三十八年（1949）2月份工作简报表》。0007为《农林部洮河流域国有林区管理处民国三十七年（1948）政绩比较表》。此类表均包括行政部分：法令之奉行、会议召集、与各方联系、人事考核变动；业务部分：勘察天然林、清理森林业权、查验木材、整理保护森林、育苗造林、砍伐利用等内容。后文此表从略。

【叙录编号】　0329
【档案题名】
　　甘肃省政府等伏案与林务工作报告等事的各类文件
【发文单位】　农林部洮河流域国有林区管理处等
【收文单位】　甘肃省政府；甘肃省建设厅
【档案编号】　027-001-0675
【成文时间】　1943-08-23—1949-07-25
【收藏单位】　甘肃省档案馆
【涉及地域】　洮河流域
【关　键　词】　林务
【内容提要】

　　甘肃省农业改进所呈报甘肃省政府，请甘肃省政府转令泾川等县政府按期报送林务工作报告及处分不尽职尽责的海原县苗圃主任张殿升。甘肃省政府令泾川、宁县、合水、环县等县政府遵照甘肃省农业改进所的要求报送林务工作报告，海原县苗圃主任不尽职一事，还应继续查明。甘肃省农业改进所又请甘肃省政府转令平凉、化平、泾川、庆阳、宁县、华亭、

隆德等县政府切实遵办农业改进所陇东区林务督导专员姜玉舫的要求，按期造送林务工作报告，甘肃省政府照办，后附姜玉舫工作报告。内容包括：县局苗圃、保苗圃、造林、保护林木等内容，又将庆阳等县保护古木及天然林保护不周一事呈报。甘肃省农业改进所向甘肃省政府呈报民国三十二年（1943）河西区林务督导工作报告，甘肃省政府回令准予备查、农林部洮河流域国有林区管理处向甘肃省政府呈报民国三十八年（1949）3—5月份的工作简报，甘肃省政府均回复准予备查。

【叙录编号】　0330
【档案题名】
　　农林部洮河流域国有林区管理处关于报送工作简报的呈及甘肃省政府的指令
【发文单位】　农林部洮河流域国有林区管理处
【收文单位】　甘肃省政府；甘肃省建设厅
【档案编号】　027-001-0676-（0001-0010）
【成文时间】　1948-02-07—1948-07-02
【收藏单位】　甘肃省档案馆
【涉及地域】　洮河流域
【关　键　词】　洮河林场；工作报告
【内容提要】

　　农林部洮河流域国有林区管理处报送：0001《农林部洮河流域国有林区管理处民国三十七年（1948）1月份工作简报表》。0003《农林部洮河流域国有林区管理处民国三十七年（1948）2月份工作简报表》。0005《农林部洮河流域国有林区管理处民国三十七年（1948）3月份工作简报表》。0007《农林部洮河流域国有林区管理处民国三十七年（1948）4月份工作简报表》。0009为《农林部洮河流域国有林区管理处民国三十七年（1948）5月份工作简报表》。甘肃省政府回文准予备查。

【叙录编号】　0331

【档案题名】

农林部洮河流域国有林区管理处关于报送工作简报的呈及甘肃省政府的指令

【发文单位】 农林部洮河流域国有林区管理处

【收文单位】 甘肃省政府；甘肃省建设厅

【档案编号】 027-001-0677-（0001-0008）

【成文时间】 1948-07-28—1948-11-13

【收藏单位】 甘肃省档案馆

【涉及地域】 洮河流域

【关 键 词】 洮河林场；工作报告

【内容提要】

农林部洮河流域国有林区管理处报送：0001《农林部洮河流域国有林区管理处上半年度工作检讨报告表》。0003《农林部洮河流域国有林区管理处民国三十七年（1948）7月份工作简报表》。0005《农林部洮河流域国有林区管理处民国三十七年（1948）8月份工作简报表》。0007《农林部洮河流域国有林区管理处民国三十七年（1948）9月份工作简报表》。甘肃省政府均回令准予备查。

【叙录编号】 0332

【档案题名】

华亭县政府、西吉县政府、安西县政府等关于挖掘水平沟、秋季造林寄送树种、拨发树苗的呈文及甘肃省政府的指令

【发文单位】 临洮县政府等

【收文单位】 甘肃省政府；甘肃省建设厅

【档案编号】 027-001-0681-（0001-0026）

【成文时间】 1948-10-16—1948-08-10

【收藏单位】 甘肃省档案馆

【涉及地域】 华亭县；临洮县等

【关 键 词】 秋季造林；水平沟

【内容提要】

兰州市政府、西吉、临洮、安西等县政府报送挖掘水平沟、秋季造林、保护林木一事。华亭县政府请求甘肃省政府暂缓挖水平沟，甘肃省政府训令于雨水冲刷之地挖水平沟。0003为《甘肃省农业改进所民国三十七年（1948）森林苗木价格表》。0005为《西吉县民国三十七年（1948）挖掘水平沟报告表》。0007为《甘肃省农业改进所民国三十七年（1948）秋季价让森林苗木数量及价格统计表》。0011为临洮县政府报送《临洮县民国三十七年（1948）各乡镇挖掘水平沟报告表》。安西县政府请甘肃省政府寄发各种树种，甘肃省政府训令甘肃省农业改进所寄送。空军第二四五供应中队请免费拨发树苗500株、中央警官学校第一分校请免费拨发树苗40株。泾川县政府致电甘肃省政府称，第八补给区司令部禁止部队马匹损坏行道树与禾苗，联勤总司令部训令各营队。0025为交通部、农林部致函甘肃省建设厅要求寄送各项森林调查报告与有关资料。

【叙录编号】 0333

【档案题名】

兰州市政府、皋兰县政府、临夏县政府等关于挖水平沟情况的呈文及省政府的指令

【发文单位】 夏河县政府；和政县政府等

【收文单位】 甘肃省政府；甘肃省建设厅

【档案编号】 027-001-0682-（0001-0036）

【成文时间】 1948-08-18—1948-09-24

【收藏单位】 甘肃省档案馆

【涉及地域】 夏河县；和政县等

【关 键 词】 秋季植树；水平沟；报表

【内容提要】

兰州市政府、皋兰县政府、临夏县政府等报送秋季植树与挖掘水平沟情况。永昌县、夏河县、合水县、环县、高台县、临潭县、和政县、镇原县、金塔县、酒泉县、安西县等请求甘肃省政府免其开挖水平沟，原因是地势平坦无需开挖，甘肃省政府同意或督导部分县尽快开挖。农林部致电甘肃省政府检送《编定林地

与推广造林》10册，甘肃省政府回令再寄送20册。

【叙录编号】　0334
【档案题名】
　　甘肃省政府、民政厅、会川县政府关于拨付修建学校、桥梁木料、保修木材规格的训令、呈文、代电
【发文单位】　会川县政府等
【收文单位】　甘肃省政府
【档案编号】　027-001-0703-（0001-0014）
【成文时间】　1945-03-12—1949-03-06
【收藏单位】　甘肃省档案馆
【涉及地域】　会川
【关　键　词】　木料
【内容提要】
　　0001为康乐县望莲乡民众代表丁星一呈文甘肃省政府申请建设厅拨付会川县多砍伐木料，留作修建哈浪桥，建设厅询问会川县政府，会川县政府回电并无多余木料并牌示。会川县政府请求将已砍伐莲花山木料拨建500株修建初级中学，会川县政府拟将县政府多余木料给官堡中心学校修建校舍，甘肃省政府回令准予备查。

【叙录编号】　0335
【档案题名】
　　甘肃省政府、甘肃省建设厅、兰州商会关于查处世裕木材厂木料数量、来源、私伐木料充公的训令、呈文
【发文单位】　兰州商会
【收文单位】　甘肃省政府；甘肃省建设厅
【档案编号】　027-001-0712-（0001-0010）
【成文时间】　1934-01-26—1934-02-23
【收藏单位】　甘肃省档案馆
【涉及地域】　临洮县；临夏县等
【关　键　词】　木料；伐木

【内容提要】
　　0001为卢俊瀚报送查封世裕木村厂在唐汪川木料情况，省建设厅指令卢俊瀚查封李和义私伐木料并充公，世裕木材厂请甘肃省建设厅复查木厂木料，附呈请书。兰州商会请甘肃省建设厅复查世裕木材厂查封木材，并报送世裕木材厂被扣押木料数目表及来历。临洮县县长姜洽认为查封世裕木材厂不符合实际情况。

【叙录编号】　0336
【档案题名】
　　甘肃省政府、甘肃省建设厅、兰州世裕木材厂关于查封李和义砍伐木料、历年账簿、将私伐林木充公、拨付运费的训令、呈文
【发文单位】　世裕木材厂
【收文单位】　甘肃省政府；甘肃省建设厅
【档案编号】　027-001-0713-（0001-0010）
【成文时间】　1944-02-19—1944-07-26
【收藏单位】　甘肃省档案馆
【涉及地域】　临洮县；临夏县等
【关　键　词】　木料；运费
【内容提要】
　　甘肃省政府训令省建设厅将查封李和义砍伐木料、世裕木材厂木料一并充公，世裕木材厂致函建设厅请赎回查封木料，建设厅报送李和义与金常山签订承运私伐木料合约，附合约1份。世裕木材厂呈文甘肃省建设厅派人将本厂历年账簿与忠和历年账簿进行对证有无串通运送木料，建设厅不同意派人彻查忠和木厂账簿。甘肃省建设厅请财政厅拨解运送莲花山查封木料运费，康乐设治局局长童树新电报拉运莲花山木料均抵达临洮，甘肃省政府训令康乐设治局查运抵临洮木料数目、大小直径，训令押运员郭炳埜。

【叙录编号】　0337
【档案题名】

甘肃省政府、甘肃省建设厅、临洮县政府关于将私伐木料拨付学校、拘押释放金常山、协助运送木料、拨付运费的训令、代电、呈文

【发文单位】 临洮县政府

【收文单位】 甘肃省政府；甘肃省建设厅

【档案编号】 027-001-0714-（0001-0015）

【成文时间】 1934-04-22—1934-05-30

【收藏单位】 甘肃省档案馆

【涉及地域】 临洮县；临夏县等

【关 键 词】 木料；运费；金常山

【内容提要】

卢俊瀚、梁生俊请甘肃省建设厅拨发运送木料运费。0002为建设厅报送临洮及唐汪川木料运费计算书，附《由唐汪川存储木料运至兰州运价及绳等费表》《唐汪川木料直径大小尺度一览表》《甘肃省建设厅转运唐汪川木料至兰州运费表》。甘肃省政府同意临洮县教育局将李和义私伐木料变卖修建学校，并将此事训令临洮县政府、卢俊瀚等人。皋兰县县长报送审讯金常山情况，甘肃省政府要求皋兰县政府从宽处理金常山。其余为运费及协助运输木料运费伙食事宜。

【叙录编号】 0338

【档案题名】

甘肃省建设厅、临洮县政府、康乐县政府关于拨付建校木材、派人拉运木料、拨付运费的指令、呈文、代电

【发文单位】 临洮县政府；康乐县政府等

【收文单位】 甘肃省政府；甘肃省建设厅

【档案编号】 027-001-0715-（0001-0016）

【成文时间】 1934-07-24—1935-05-30

【收藏单位】 甘肃省档案馆

【涉及地域】 临洮县；康乐县等

【关 键 词】 木料；运费；木材

【内容提要】

临洮县县长王重揆询问省建设厅如何拉运木料，通知乡长集合民夫拉运木料、确定运输木料民夫人数、忠和木厂租赁房屋一事。

【叙录编号】 0339

【档案题名】

甘肃省政府、甘肃省建设厅、临潭县政府关于将私伐木料拨付学校建房、监运木料、赔偿木料损失的训令、代电、呈文

【发文单位】 临潭县政府

【收文单位】 甘肃省政府；甘肃省建设厅

【档案编号】 027-001-0716-（0001-0013）

【成文时间】 1934-07-04—1934-07-23

【收藏单位】 甘肃省档案馆

【涉及地域】 临潭县

【关 键 词】 木料；运费

【内容提要】

临洮县县长王重揆询问省建设厅如何拉运木料，通知乡长集合民夫拉运木料、确定运输木料民夫人数、忠和木厂租赁房屋一事。王重揆报送木料由兰州运至临洮需要1632元。卢俊瀚请求木料短少请免予赔偿。临潭县政府请求将李和义私伐木料划拨一半给临潭县修建房屋，甘肃省政府不同意。临洮县政府报送运送木料样式章。

【叙录编号】 0340

【档案题名】

甘肃省政府、甘肃省建设厅、临洮县政府关于处理李和义私伐木料、查验木材运输、赔偿木材损失的训令、代电与呈文

【发文单位】 临洮县政府

【收文单位】 甘肃省政府；甘肃省建设厅

【档案编号】 027-001-0717-（0001-0011）

【成文时间】 1934-07-26—1934-08-17

【收藏单位】 甘肃省档案馆

【涉及地域】 临洮县

【关 键 词】 木料；运费

【内容提要】

　　临洮县政府报送运输莲花山木料预算表，附《莲花山木料运费总数表》，省建设厅训令重新编制预算。监运委员会梁生俊关于查验莲花山木料及运输情况呈文省建设厅。皋兰县政府报送赔偿金常山差旅费给甘肃省建设厅的函。卢俊瀚呈文甘肃省政府询问按照市价赔偿短少木料，监运委员郭炳垫报送调查木料及各项运费树木详细情况。

【叙录编号】　0341
【档案题名】
　　甘肃省政府、甘肃省建设厅、临洮县政府关于拉运木料、办理民工伙食、支付运费的指令、代电呈文
【发文单位】　临洮县政府
【收文单位】　甘肃省政府；甘肃省建设厅
【档案编号】　027-001-0718-（0001-0012）
【成文时间】　1934-08-14—1934-10-09
【收藏单位】　甘肃省档案馆
【涉及地域】　临洮县
【关 键 词】　木料；运费；伙食
【内容提要】

　　临洮县政府呈文省建设厅询问如何开支民夫伙食，甘肃省政府回令按原规定每夫两角开支。临洮县政府报送制造木质印章样式，省建设厅回文准予备查。0007为甘肃省政府训令临洮县政府令监运委员郭炳垫派民夫协助转运莲花山木料，临洮县政府报送协助转运木料情况。

【叙录编号】　0342
【档案题名】
　　甘肃省政府、甘肃省建设厅、郭炳垫关于报送拉运木料情况禁止擅自动用木料款、申请辞职的指令、呈文
【发文单位】　临洮县政府

【收文单位】　甘肃省政府；甘肃省建设厅
【档案编号】　027-001-0719-（0001-0009）
【成文时间】　1934-09-15—1934-11-05
【收藏单位】　甘肃省档案馆
【涉及地域】　临洮县
【关 键 词】　木料；运费；伙食
【内容提要】

　　此案卷主要为木料运输的运费价目情况。郭炳垫呈文省建设厅未收到运费，请假来兰。郭炳垫报送前往莲花山监运木料及调查木料数目表详细情况。临洮县政府报送出售木料价款数目表及拨莲花山伙食费。郭炳垫请求辞职，甘肃省政府不同意。

【叙录编号】　0343
【档案题名】
　　甘肃省建设厅、临潭县政府关于拉运木料、追回余款赔偿、垫付运费的指令、呈文
【发文单位】　临潭县政府
【收文单位】　甘肃省政府；甘肃省建设厅
【档案编号】　027-001-0720-（0001-0014）
【成文时间】　1934-10-13—1934-11-17
【收藏单位】　甘肃省档案馆
【涉及地域】　临潭县
【关 键 词】　木料；伙食
【内容提要】

　　梁生俊报送莲花山木料运输困难情况，卢俊瀚呈文甘肃省政府请免予赔偿短少木料，建设厅回令免予赔偿。临潭县政府报送拉运莲花山木料日期，请速拨拉运木料运费。

【叙录编号】　0344
【档案题名】
　　甘肃省建设厅、临潭县政府关于放运木筏、查明木材数量、拨发工人工资、运费的指令、呈文
【发文单位】　临潭县政府

【收文单位】　甘肃省政府；甘肃省建设厅

【档案编号】　027-001-0721-（0001-0020）

【成文时间】　1934-11-05—1934-12-22

【收藏单位】　甘肃省档案馆

【涉及地域】　临潭县

【关　键　词】　木料；运费

【内容提要】

卢俊瀚、梁生俊请赠送康乐设治局木料是否发给民夫运费呈文建设厅，建设厅回令收回木料不准报销运费。梁生俊报送临洮教育局购买木料拨发民工工资清册，甘肃省政府同意拨发莲花山溜道工人工资清册。临潭县政府请从上缴款项内支用莲花山木料工价。建设厅训令临夏县政府派人随时看护莲花山木料。

【叙录编号】　0345

【档案题名】

甘肃省建设厅、皋兰县政府关于点收木材、报送木料移交清册、保释卢俊瀚的指令、呈文

【发文单位】　皋兰县政府

【收文单位】　甘肃省政府；甘肃省建设厅

【档案编号】　027-001-0722-（0001-0020）

【成文时间】　1935-01-07—1935-02-16

【收藏单位】　甘肃省档案馆

【涉及地域】　皋兰县

【关　键　词】　木料；清册

【内容提要】

甘肃省谈钟毓、蒋生福请速派专员清点接收木料，甘肃省政府同意临潭县县长龚瑾请拨发拉运莲花山木料运费，甘肃省政府训令报送清册。谈钟毓等人报送亲自运送木料情况经过，报送唐汪川各码木料大小口径长度表致甘肃省建设厅。

【叙录编号】　0346

【档案题名】

甘肃省建设厅、临潭县政府、临夏县政府关于点收木材、报送木料移交清册、动支差旅费、汇运费的指令、呈文

【发文单位】　临潭县政府；临夏县政府等

【收文单位】　甘肃省政府；甘肃省建设厅

【档案编号】　027-001-0723-（0001-0019）

【成文时间】　1934-12-18—1935-03-26

【收藏单位】　甘肃省档案馆

【涉及地域】　临潭县；临夏县等

【关　键　词】　木料；运费

【内容提要】

监运员郭炳堃致电甘肃省建设厅已将康乐县、临洮县木料运送至唐汪川，请派员接收，甘肃省政府训令将木料给临夏县政府暂时保管，梁生俊请求卸任。临夏县政府报送唐汪川公安派出所黄绅协助当地乡公清点人数保管木料并报送差旅费。临夏县政府报送抵达唐汪川木料数目表，报送木料大小尺寸情况，卢俊瀚汇送运费。

【叙录编号】　0347

【档案题名】

甘肃省建设厅、临洮县政府关于报送运材工作日记、运费、运送木材情况的梳理、规格的训令、呈文

【发文单位】　临洮县政府

【收文单位】　甘肃省政府；甘肃省建设厅

【档案编号】　027-001-0724-（0001-0020）

【成文时间】　1935-01-04—1935-03-12

【收藏单位】　甘肃省档案馆

【涉及地域】　临洮县

【关　键　词】　木料；运费；日记

【内容提要】

0001-0005为梁生俊卸任情况。甘肃省政府训令谈钟毓按照原定计划发给员工工资，建设厅第一科陆松林报送建设厅审核梁生俊经手莲花山木料运费一事，谈钟毓报送《造呈奉令

遵拟由莲花山运木至省政府运费数目分段翔实估价缮造清册》，附《莲花山运至火烧洼大小数目一览表》。

【叙录编号】　0348
【档案题名】
　　甘肃省建设厅、临洮县政府关于报送拉运木料的情况、拨付民工各自运费、差旅费核销、发还单据的训令、呈文
【发文单位】　临洮县政府
【收文单位】　甘肃省政府；甘肃省建设厅
【档案编号】　027-001-0725-（0001-0014）
【成文时间】　1935-01-14—1935-04-11
【收藏单位】　甘肃省档案馆
【涉及地域】　临洮县
【关　键　词】　木料；差旅费
【内容提要】
　　谈钟毓报送民夫用工数目、木料收支费用清折簿。0006为卸任监委梁生俊报送《公主日记簿》1册。梁生俊请求释放本人，临洮县政府报送莲花山拉运木料运费、民夫工资伙食报送建设厅及修改。

【叙录编号】　0349
【档案题名】
　　甘肃省建设厅、临潭县政府关于拨发运费、更正单据错误、报送单据、审查木材损失的指令、呈文
【发文单位】　临潭县政府
【收文单位】　甘肃省政府；甘肃省建设厅
【档案编号】　027-001-0726-（0001-0014）
【成文时间】　1935-04-13—1935-05-27
【收藏单位】　甘肃省档案馆
【涉及地域】　临潭县
【关　键　词】　木料；差旅费
【内容提要】
　　郭炳垫致电建设厅请拨发莲花山拉运木料

运费；更正梁生俊单据粘贴簿件；郭炳垫请人补运木料、拨发民工工资、汇取木料运费，临洮县政府拨发郭炳垫运费电报等内容。

【叙录编号】　0350
【档案题名】
　　甘肃省建设厅、皋兰县政府关于拨发差旅费、运费、麻绳费，保释梁生俊的指令、代电、呈文
【发文单位】　皋兰县政府
【收文单位】　甘肃省政府；甘肃省建设厅
【档案编号】　027-001-0727-（0001-0015）
【成文时间】　1935-04-04—1935-05-27
【收藏单位】　甘肃省档案馆
【涉及地域】　皋兰县
【关　键　词】　木料；运费
【内容提要】
　　0001-0004为梁生俊保释，郭炳垫请发差旅费；临洮县县长请在汇款之中拨发250元给郭炳垫；郭炳垫请发300元民夫运费及麻绳费，郭炳垫请速发运费、麻绳等事宜。

【叙录编号】　0351
【档案题名】
　　甘肃省建设厅、临夏县政府关于损失木价估计表、数量、规格、核发单据的训令、代电、呈文
【发文单位】　临夏县政府
【收文单位】　甘肃省政府；甘肃省建设厅
【档案编号】　027-001-0728-（0001-0013）
【成文时间】　1935-05-26—1935-06-19
【收藏单位】　甘肃省档案馆
【涉及地域】　临夏县
【关　键　词】　木料；运费
【内容提要】
　　谈钟毓报送在运送途中损失木料详细数目单，建设厅训令永靖县限期查明损失木料并追

赔。建设厅致函甘肃省政府待莲花山木料运齐之后再估价，罗松林报送临洮—河口一段运费单据，临洮县政府报送运费粘贴单据、运费单据树木审核问题。

【叙录编号】　0352
【档案题名】
　　甘肃省政府、甘肃省建设厅、临洮县政府关于汇款、核发余款支付运费、送木材规格、估价表的指令、呈文
【发文单位】　临洮县政府
【收文单位】　甘肃省政府；甘肃省建设厅
【档案编号】　027-001-0731-（0001-0014）
【成文时间】　1935-03-30—1935-07-30
【收藏单位】　甘肃省档案馆
【涉及地域】　临洮县
【关 键 词】　木料；运费
【内容提要】
　　甘肃省监运委谈钟毓报送速汇运费300元致甘肃省建设厅；谈钟毓报送木料启程日期及购买串杆情况；谈钟毓报送赴唐汪川接受管理木料情况；建设厅指令临潭县政府缴纳900元运费。0006为临洮县政府报送民工拉运木料情况并请垫付运费。其余为建设厅审核木材价格、拉运费、木料长度直径估价表。

【叙录编号】　0353
【档案题名】
　　甘肃省政府、甘肃省建设厅关于拨发皋兰县木料、审查木料及运费表册、更正民工各自运费、保释卢俊瀚的训令、代电、呈文
【发文单位】　皋兰县政府
【收文单位】　甘肃省政府；甘肃省建设厅
【档案编号】　027-001-0732-（0001-0009）
【成文时间】　1935-08-09—1935-08-24
【收藏单位】　甘肃省档案馆
【涉及地域】　莲花山

【关 键 词】　木料；运费
【内容提要】
　　0001为甘肃省建设厅报送拨给皋兰县政府修筑碉堡之莲花山木料数目表及收据，监运委员会谈钟毓报送杂费清册、粘件簿、发票，建设厅回文不符，请重新填报。0006为郭炳堃报送拉运木料运费清册簿，建设厅训令郭炳堃支付民工工资、运费及卢俊瀚请求保释一事。

【叙录编号】　0354
【档案题名】
　　甘肃省建设厅、临洮县政府、临潭县政府关于拉运木料情况、核销运费、保释请求等的指令
【发文单位】　临潭县政府；临洮县政府
【收文单位】　甘肃省政府；甘肃省建设厅
【档案编号】　027-001-0733-（0001-0010）
【成文时间】　1935-08-21—1935-09-28
【收藏单位】　甘肃省档案馆
【涉及地域】　临潭县；临洮县
【关 键 词】　木料；运费
【内容提要】
　　临洮县政府报送拉运莲花山木料至野木河详情并请拨发民工工资，临潭县政府核发拉运木料工价，建设厅同意核发民工工资，谈钟毓报送运杂费四柱清册致甘肃省建设厅。临夏县政府指令卢俊瀚另觅保人。

【叙录编号】　0355
【档案题名】
　　甘肃省建设厅、临洮县政府关于核发运费、汇寄运费、另寻担保人、减轻赔款的指令、呈文
【发文单位】　临洮县政府
【收文单位】　甘肃省政府；甘肃省建设厅
【档案编号】　027-001-0734-（0001-0010）

【成文时间】 1935-09-27—1935-10-26

【收藏单位】 甘肃省档案馆

【涉及地域】 临洮县

【关 键 词】 木料；运费

【内容提要】

　　谈钟毓呈文建设厅请免予追还运伐工运费余数，建设厅训令临洮县政府调查谈钟毓议定运价情况给临洮县政府的训令。临洮县政府请拨发运费。卢俊瀚请减轻赔偿短少木料价格及运木料收支情况。甘肃省建设厅统一核销木料筏价训令临洮县政府。

【叙录编号】 0356

【档案题名】

　　甘肃省政府、甘肃省建设厅、皋兰县政府关于保释卢俊瀚、押运木材、查处刘升裕偷盗木材、垫付工资的呈文、训令

【发文单位】 皋兰县政府

【收文单位】 甘肃省政府；甘肃省建设厅

【档案编号】 027-001-0735-（0001-0011）

【成文时间】 1935-05—1936-04

【收藏单位】 甘肃省档案馆

【涉及地域】 皋兰县

【关 键 词】 木料；运费

【内容提要】

　　0001-0004 为保释卢俊瀚。0005 为苟瑞林等 10 人控告临洮县县长不发工价致甘肃省建设厅的呈文，建设厅报送押送莲花山木料致甘肃省政府，附《木价统计表》。甘肃省政府报送刘升裕偷取刘家峡木料，临潭县政府垫送民工费用、伙食费。

【叙录编号】 0357

【档案题名】

　　甘肃省建设厅、临洮县政府关于增加工资、拨付运费、报送木材运输情况的收据、运费表的指令

【发文单位】 临洮县政府

【收文单位】 甘肃省政府；甘肃省建设厅

【档案编号】 027-001-0736-（0001-0011）

【成文时间】 1935-08-09—1935-12-09

【收藏单位】 甘肃省档案馆

【涉及地域】 临洮县

【关 键 词】 木料；运费

【内容提要】

　　甘肃省建设厅报送莲花山木料变卖收集及开支旅费等项目，甘肃制造局报送本局所用木料价款估计表、正式收据，附《更正木料数量长度直径及估价表》。郭炳垫请建设厅发放工资，其余为运送木料差旅费、收据粘贴簿件的文件。

【叙录编号】 0358

【档案题名】

　　甘肃省政府、甘肃省建设厅、省制造局关于拨付建房木材、查核木材价款、运费、汇寄木料款的训令公函

【发文单位】 临洮县政府

【收文单位】 甘肃省政府；甘肃省建设厅

【档案编号】 027-001-0738-（0001-0020）

【成文时间】 1935-12-21—1936-02-24

【收藏单位】 甘肃省档案馆

【涉及地域】 临洮县

【关 键 词】 木料；运费

【内容提要】

　　甘肃省政府训令建设厅详细填报莲花山料运费木价，甘肃省政府同意从招待所木料款建设费下扣除，建设厅请通知财政厅拨发本厅垫付押运莲花山木料运费。甘肃省建设厅训令追查刘升裕偷取木料一事。临洮县政府呈文建设厅将郭炳垫借款汇交兰州自立商号。

【叙录编号】 0359

【档案题名】

甘肃省政府、甘肃省建设厅、临洮县政府关于核发运费请求免于赔款、送增设苗圃经费的训令、代电、呈文

【发文单位】　临洮县政府

【收文单位】　甘肃省政府；甘肃省建设厅

【档案编号】　027-001-0739-（0001-0010）

【成文时间】　1935-12-30—1942-07-31

【收藏单位】　甘肃省档案馆

【涉及地域】　临洮县

【关 键 词】　木料；运费

【内容提要】

临洮县政府呈文甘肃省政府请拨核发莲花山木料各项运费，甘肃省政府回令运费交由自立合商号会发。卢俊瀚请求免予赔偿短少木料价款，卢俊瀚请求以差旅费抵消短少木款。0007为经济部致函甘肃省政府不再追究黄石坪工人砍伐林木一案，甘肃省政府新开榆中县不再追究。0009为甘肃省第901次会议讨论增设本省景泰等县苗圃，一并列入各县民国三十一年度（1942）地方预算内的议案。甘肃省建设厅关于报送应增设本省临夏等28县、县苗圃经费预算数目表致甘肃省政府会计处的公函。

【叙录编号】　0360

【档案题名】

甘肃省政府、甘肃省建设厅、临夏县政府关于拉运木料核发运费、协助押运木料、调查刘升裕偷盗木材的训令、代电、呈文

【发文单位】　临夏县政府

【收文单位】　甘肃省政府；甘肃省建设厅

【档案编号】　027-001-0740-（0001-0013）

【成文时间】　1936-01-27—1936-04-13

【收藏单位】　甘肃省档案馆

【涉及地域】　临夏县

【关 键 词】　木料；运费

【内容提要】

甘肃省政府指令建设厅询问修建省招待所木料款如何支给木料运费；甘肃省建设厅拟派郭炳堃前往莲花山起运木材并会同临洮、临潭两县拟定运费预算；建设厅核销卢俊瀚赔偿短少木价；永靖县政府报送追查刘升裕偷盗官木经过情况，及甘肃省政府训令谈钟毓提交刘升裕盗伐木料的证据。

【叙录编号】　0361

【档案题名】

甘肃省政府、皋兰县政府、临洮县政府、临夏县政府等关于拉运木料、借款、拨付建筑材料、验收木料、汇兑余款的训令、呈文

【发文单位】　临夏县政府；临洮县政府等

【收文单位】　甘肃省政府；甘肃省建设厅

【档案编号】　027-001-0741-（0001-0015）

【成文时间】　1936-04-29—1936-06-04

【收藏单位】　甘肃省档案馆

【涉及地域】　临夏县；临洮县等

【关 键 词】　木料；运费

【内容提要】

皋兰县政府请发看守木料工人马大汉工资，甘肃省政府训令皋兰县拨发。临洮县政府报送郭炳堃由本县借用法币树木。临夏县政府同意提前拨付卢俊瀚工资。临洮县县长张恒懋报送起运木料大小尺寸。甘肃省建设厅巴松莲花山存目拨唐后期使用，临洮县政府报送甘肃省政府请与康乐设治局一起拉运莲花山木料。甘肃省政府通知康乐设治局并训令临洮县政府、临潭县政府报送木料大小、根数、起运日期。甘肃省政府关于垫拨运费500元以便拉运木料训令郭炳堃。甘肃省陈福昌等13人呈文甘肃省政府请派人查勘木料是否被盗致甘肃省建设厅的函，附原呈文1件，甘肃省政府训令临潭县政府查办。

【叙录编号】　0362

【档案题名】

　　甘肃邓权群关于出售存放临洮、岷县木材及移植苗圃树苗给甘肃省建设厅的笺函

【发文单位】　洮河林场

【收文单位】　甘肃省建设厅

【档案编号】　027-002-0005-（0005-0006）

【成文时间】　1944-09-23—1944-10-11

【收藏单位】　甘肃省档案馆

【涉及地域】　临洮县；岷县

【关　键　词】　木材；树苗

【内容提要】

　　甘肃邓权群报存放临洮县、岷县木材1500根运兰请总公司收购，本厂树苗已达移植时期，其他机关如需要全部出售。建设厅回令查所有树苗多为灌木，宜在水分充足地方栽种，并以在兰种植不易等缘由请另外设法出售。

【叙录编号】　0363

【档案题名】

　　甘肃水利林牧公司关于申请将莲花山林区拨交洮河林场管理经营给甘肃省建设厅的公函，附莲花山林区地界图

【发文单位】　甘肃水利林牧公司；甘肃省政府等

【收文单位】　洮河林场；农林部洮河流域国有林区管理处

【档案编号】　027-002-0005-（0007-0009）

【成文时间】　1944-09-07—1944-09-23

【收藏单位】　甘肃省档案馆

【涉及地域】　岷县

【关　键　词】　林区；计划

【内容提要】

　　甘肃省建设厅第四科请查报莲花山森林的林区范围、面积、林区管理等事宜。甘肃省政府致电甘肃水利林牧公司称将莲花山给洮河林场管理培育一案请先汇报该林区的详细经营计划。

【叙录编号】　0364

【档案题名】

　　农林部关于送岷县垦区管理局结束移交、垦区主任被控告问题处理意见给甘肃省政府的代电

【发文单位】　农林部

【收文单位】　甘肃省政府

【档案编号】　027-002-0016-0003

【成文时间】　1944-09-04

【收藏单位】　甘肃省档案馆

【涉及地域】　岷县

【关　键　词】　祁连山；水土保持

【内容提要】

　　农林部致函甘肃省岷县垦区局结束移交，农林部水土保持实验区被人控告因强派工人从坟地之中掘沟引起民愤，祁连山固有林区管理处分理森林盗窃，建设厅批示从秘书处。

【叙录编号】　0365

【档案题名】

　　甘肃省政府等关于优良牧草、民马配种等事的各类文件

【发文单位】　河西草原改良实验

【收文单位】　甘肃省政府；甘肃省农业改进所等

【档案编号】　027-002-0184-（0001-0017）

【成文时间】　1944-04-15—1946-06-25

【收藏单位】　甘肃省档案馆

【涉及地域】　甘肃省

【关　键　词】　优良牧草；民马配种

【内容提要】

　　此案卷共17份文件，均与优良牧草、民马配种有关。河西草原改良实验区向甘肃省政府呈报优良牧草栽培实验报告书，甘肃省政府回令准予备查。甘肃省政府令甘肃省农业改进

所、夏河县政府、皋兰县政府协助中央畜牧实验所牧草专家耿以礼开展相关工作。农林部中央畜牧实验所致函甘肃省建设厅，请该厅抄寄牧草管理等计划及意见材料，甘肃省建设厅照办。渭源县政府向甘肃省政府呈报本县杨家山成立畜牧经营一事，甘肃省政府要求该县将此事详情上报。军政部致函甘肃省政府，向其送交军政部各军马牧场附设临时民马配种组编组表。军政部岷县种马牧场呈报甘肃省政府，本场第四配种所将由天水县迁移到徽县，请通知徽县给予协助，甘肃省政府照办。第八战区司令长官部致电甘肃省政府，已令岷县种马牧场派遣第五民马配种所携带优良种马于民国三十四（1945）3月1日起常驻临潭县，甘肃省政府就此事通知临潭县、夏河县、卓尼设治局。军政部岷县种马牧场呈报甘肃省政府，本场拟于民国三十四年（1945）3月1日在临潭县成立第五民马配种所，请临潭县予以协助，甘肃省政府照办。军政部军务署马政司驻甘办事处致电甘肃省政府，民马配种业务拟交由地方办理，是否可行，此事已转请军政部核定。

【叙录编号】　0366
【档案题名】
　　甘肃省政府等关于砍伐木料、垦荒、购置柏树等事的各类文件
【发文单位】　甘肃省政府
【收文单位】　甘肃省政府等
【档案编号】　027-003-0136
【成文时间】　1944
【收藏单位】　甘肃省档案馆
【涉及地域】　甘肃省各县
【关　键　词】　砍伐木料；校舍；垦务
【内容提要】
　　甘肃省政府致电祁连山林管局，高台、临潭两县绿化工程处砍伐木料一案准予备查。甘肃省政府致电秦安县政府，准予由公教食粮节

余项下开支苗圃长工食粮。甘肃省政府致电甘肃省陇南区农林督导专员办事处，准予追加秦安县苗圃长工3人的食粮。甘肃省政府就张向明阻挠垦荒一事给甘肃张文智作出批示。甘肃省政府给兰州市政府作出指示，该市购置柏树的单据准予备查。甘肃省政府给所属各县市局下发训令，废止林业公会规则，并将林业公会改为林业协会。甘肃省政府致电河西、永昌垦区管理局、永昌县政府，准予垦区免纳地税。甘肃省政府指示陇西县政府，要求上报划拨青年团荒山情况，并绘图说明，并就此事也给秦安县政府、静宁县政府作出指示。甘肃省政府通知第二区行政督察专员公署、永昌县政府，经查，马占彪并没有截断青海省与黄城滩水道的情况。高台县政府需修建监狱木料呈请甘肃省政府砍伐树木，省政府批准，并令张掖县国有林区管理处进行查明办理。甘肃省政府通知兰州市政府，其上报的农业推广所苗圃面积及播种插条数目准予备查。甘肃省政府指令固原县政府，准予利用公树建修校舍。甘肃省政府向各行政督察专员公署、垦区、县市局下发协助各省垦务机关团体经费办法。

【叙录编号】　0367
【档案题名】
　　甘肃省政府关于派徐文斌为洮河林场警察队队长给甘肃水利林牧公司及给徐文斌的派令
【发文单位】　甘肃水利林牧公司
【收文单位】　甘肃省政府
【档案编号】　027-003-0139-0003
【成文时间】　1944-10-01
【收藏单位】　甘肃省档案馆
【涉及地域】　临洮县
【关　键　词】　林场
【内容提要】
　　如题。

【叙录编号】 0368
【档案题名】
　　甘肃省政府关于青年林场一事的指令
【发文单位】 甘肃省政府
【收文单位】 临夏县政府等
【档案编号】
　　027-003-0139-（0008-0010、0020-0021）
【成文时间】 1944-08-24
【收藏单位】 甘肃省档案馆
【涉及地域】 临夏县等
【关 键 词】 青年林场
【内容提要】
　　甘肃省政府指令甘谷县、临夏县、酒泉、金塔绘制该县青年林场位置面积图，准予拨给公地。[此案件绝大部分在 026-001-（0276-0279）以及 059-005-0053]。

【叙录编号】 0369
【档案题名】
　　甘肃省政府关于皋兰、临洮砍伐运送木杆的文件
【发文单位】 甘肃省政府等
【收文单位】 洮岷路保安司令；卓尼设治局
【档案编号】 027-003-0171-（0001-0015）
【成文时间】 1946-05-14—1936-06-16
【收藏单位】 甘肃省档案馆
【涉及地域】 临洮县；卓尼设治局
【关 键 词】 木杆
【内容提要】
　　甘肃省政府指令从速运输木杆，皋兰县政府因本县人民服役修建兰青公路请暂缓运输木杆，甘肃省政府回令知悉。甘肃省洮岷路保安司令请示甘肃省政府所需木杆、电杆是从各县征用还是从何处砍伐，甘肃省政府回令卓尼一带公有林砍伐运输，卓尼设治局回令境内还未砍伐，甘肃省政府通知洮岷路保安司令从速去卓尼砍伐。

【叙录编号】 0370
【档案题名】
　　甘肃省政府、甘肃省建设厅关于派人前往莲花山运送剩余木料一事的呈文、训令
【发文单位】 甘肃省建设厅
【收文单位】 洮沙县政府
【档案编号】 027-0004-0067-（0006-0008）
【成文时间】 1944-01-19—1944-02-23
【收藏单位】 甘肃省档案馆
【涉及地域】 洮沙县
【关 键 词】 莲花山；木料
【内容提要】
　　甘肃省建设厅签呈甘肃省政府拟派人前往莲花山运送剩余木料，甘肃省政府同意将存放莲花山木料卖给甘肃省建设厅营造厂，并将木料款解库给洮沙县政府，甘肃省建设厅营造厂主任汪祖康请求省政府拨让莲花山木料，预计运费2960元。

【叙录编号】 0371
【档案题名】
　　甘肃省参议会关于双岔大树木充作临潭县经费给甘肃省政府的咨文
【发文单位】 临潭县政府
【收文单位】 甘肃省建设厅
【档案编号】 027-005-0054-（0017-0018）
【成文时间】 1948-01-09—1948-01-20
【收藏单位】 甘肃省档案馆
【涉及地域】 临潭县
【关 键 词】 林木
【内容提要】
　　如题，附《甘肃省参议会决议案》李识音提案拨发林区内5000株。

【叙录编号】 0372
【档案题名】
　　甘肃省政府关于农林部垦区管理局组织业

务情况给岷县政府、第一区行政督察专员公署
的文件
【发文单位】 岷县政府
【收文单位】 农林部岷县垦区管理局
【档案编号】
027-005-0086-（0001-0008、0011-0025）
【成文时间】 1942-05-28
【收藏单位】 甘肃省档案馆
【涉及地域】 岷县
【关 键 词】 垦区
【内容提要】
甘肃省建设厅报农林部岷县垦区管理局成
立时间、正式工作日期，省政府催报农林部岷
县垦区管理局任务情况，农林部派任承统为农
林部岷县垦区管理局局长。漳县请派员制止垦
殖熟地，建设厅请撤销岷县垦区，行政院回令
不便撤销。

【叙录编号】 0373
【档案题名】
第一区行政督察专员兼保安司令公署关于
岷夏垦区管理局工作计划大纲及经费预算的
代电
【发文单位】 第一区行政督察专员兼保安司令
公署
【收文单位】 农林部岷县垦区管理局
【档案编号】 027-005-0087-（0001-0012）
【成文时间】 1942-04-23
【收藏单位】 甘肃省档案馆
【涉及地域】 岷县
【关 键 词】 小陇山；伐木
【内容提要】
第一区行政督察专员公署致函省政府报送
垦区管理局开荒地等事宜，附《农林部甘肃岷
县垦区管理局工作计划大纲》包括：岷县叠藏
河、洮西垦区自然地理概况，药材情况，实施
原则，进行程序分为三期。第 11 页为《农林

部甘肃岷县垦区管理局略图》2 份，《农林部
甘肃岷县垦区管理局民国三十年（1941）开办
预算表》《农林部甘肃岷县垦区管理局组织准
则》，省政府回令调查农林部甘肃岷县垦区管
理局组织业务情况。

【叙录编号】 0374
【档案题名】
会川县政府关于报送岷县垦民户口册、垦
民临时贷款清册等文件给甘肃省政府的呈文
【发文单位】 会川县政府
【收文单位】 农林部岷县垦区管理局
【档案编号】 027-005-0089
【成文时间】 1944-07-31—1944-08-11
【收藏单位】 甘肃省档案馆
【涉及地域】 岷县
【关 键 词】 垦场
【内容提要】
文件包括《农林部甘肃岷县垦区管理局岷
县北沟寺垦场各垦殖队垦民户口册》《农林部
甘肃岷县垦区管理局岷县北沟寺垦场各垦殖队
垦民临时贷款清册》《农林部甘肃岷县垦区管
理局岷县北沟寺垦场各垦殖队垦民户口册》
《农林部甘肃岷县垦区管理局岷县北沟寺垦场
各垦殖队垦民宿舍清册》《农林部甘肃岷县垦
区管理局岷县北沟寺垦场各垦殖队垦民耕牛贷
款价目清册》《农林部甘肃岷县垦区管理局岷
县洮北两垦场民国三十二年（1943）垦地及民
国三十三年（1944）秋插亩数清册》。

【叙录编号】 0375
【档案题名】
甘肃省政府、军政部西北牧场视察组关于
送查勘惠阳种马牧场区域图及征用漩涡村民地
情况致甘肃省政府的呈文，附会议出席名单
【发文单位】 岷县
【收文单位】 军政部

【档案编号】

　　027-005-0092-（0001-0011）；

　　027-005-0093-（0001-0012）；

　　027-005-0094-（0001-0014）

【成文时间】　1942-07-15—1942-07-22

【收藏单位】　甘肃省档案馆

【涉及地域】　岷县

【关 键 词】　征地

【内容提要】

　　甘肃省政府将设立惠阳种马牧场，如题，附第4页《军政部惠阳种马牧场大草滩总场略图》。甘肃省张发良、牛得海、刘存申请另选土地以免占据民地并附呈文3份，军政部会送勘界图，省政府通知村民不得阻挠牧场征地，军政部通知牛得海等人不得挑唆民众抗拒征地，牛一不拉等人抗拒征地。附《军政部岷县马厂大草滩总场征地计划图》地图。地政局致函建设厅按地亩数征收，附《军政部惠阳种马牧场漩涡村附近建筑房厩配置略图》《军政部惠阳种马场大草滩总场略图》竖版。

【叙录编号】　0376

【档案题名】

　　甘肃省关于各县协助惠阳种马牧场一事的训令、呈文及公函

【发文单位】　岷县

【收文单位】　军政部

【档案编号】

　　027-005-0095-（0001-0015）；

　　027-005-0096-（0001-0016）

【成文时间】　1941-10-17—1942-03-09

【收藏单位】　甘肃省档案馆

【涉及地域】　岷县

【关 键 词】　征地

【内容提要】

　　军政部请划拨岷县本直寺、狼渡滩土地给甘肃省政府的公函，建设厅签呈勘定本直寺等

垦场，省政府训令各县协助成立惠阳种马牧场，附《军政部惠阳种马牧场狼渡滩分场略图》线描等高线地图。

【叙录编号】　0377

【档案题名】

　　甘肃省建设厅、甘肃省农业改进所关于洮河流域种植甜菜一事的文件

【发文单位】　小陇山林区管理处

【收文单位】　甘肃省建设厅

【档案编号】　027-005-0129-（0004-0007）

【成文时间】　不详

【收藏单位】　甘肃省档案馆

【涉及地域】　天水县

【关 键 词】　林区

【内容提要】

　　甘肃省农业改进所报送《甜菜育种繁殖场计划及预算书》〔民国三十六年（1947）12月，甘肃省农业改进所〕包括奠定本省糖业发展基础等内容，实施办法包括暂以650亩为目的，员工及设备、预期效果、开办经费预算书、收入、支出预算书等内容，盈亏计算表。甘肃省参议会建议在洮河流域扩种甜菜大量制糖，省政府转咨甘肃省农业改进所。

【叙录编号】　0378

【档案题名】

　　甘肃省政府、黄河水利委员会上游工程处关于协助筹办陇南水土保持实验区及天水、平凉、岷县苗木草籽繁殖场的公函训令

【发文单位】　黄河水利委员会

【收文单位】　甘肃省政府；岷县等

【档案编号】　027-005-0213-（0001-0004）

【成文时间】　1940-11-19—1941-01-09

【收藏单位】　甘肃省档案馆

【涉及地域】　平凉县；岷县

【关 键 词】　合作造林

【内容提要】

黄河水利委员会上游工程处为发展上游林垦事业保持水土，将甘肃划分为五区：兰州区、陇南区、陇东区、洮西区、河西区，分别成立苗木草籽繁殖场，并请甘肃省政府协助，甘肃省政府分别训令天水县、平凉县、岷县工程处技正汇报调查甘肃境内自然区域划分并请甘肃省政府协助，甘肃省政府通知三县政府协助。

【叙录编号】　0379
【档案题名】

甘肃省政府关于定岷公路整修一事的文件
【发文单位】　永登县政府
【收文单位】　甘肃省建设厅
【档案编号】　027-005-0325-（0001-0022）
【成文时间】　1948-10-12—1948-11-27
【收藏单位】　甘肃省档案馆
【涉及地域】　永登县
【关 键 词】　永松公路
【内容提要】

漳县政府请甘肃省政府拨发定岷公路漳县段土方工程款，甘肃省政府回令工款不敷就地筹集，附《整修定岷公路计划草案》，包含《定岷公路—定陇段经过村镇略面》《定岷公路—陇岷段经过村镇略面》，草案内容包括定岷公路之创修、定岷公路之主要、定岷公路之整修、运输事宜等。杨垚堤报送定岷公路陇西县境兴修工程进展情况致甘肃省建设厅的函。

【叙录编号】　0380
【档案题名】

宁定县政府关于申请砍伐左公柳百株建筑沿线公路桥涵赶在封冻前修浚完毕一事致函甘肃省建设厅的代电
【发文单位】　宁定县政府
【收文单位】　甘肃省建设厅

【档案编号】

027-005-0332-（0020-0021）；
027-005-0333-（0006-0013）
【成文时间】　1948-10-30—1948-12-06
【收藏单位】　甘肃省档案馆
【涉及地域】　宁定县
【关 键 词】　左公柳
【内容提要】

宁定县政府关于申请砍伐左公柳百株建筑沿线公路桥涵赶在封冻前修浚完毕一事的函，甘肃省政府同意砍伐左公柳百株，但要以10倍补植通知建设厅。甘肃刘中仁申请砍伐左公柳制作修桥铁钉，甘肃省政府同意砍伐与动用存铁，所需松木从青海省购买。

【叙录编号】　0381
【档案题名】

农林部洮河流域国有林区管理处关于检送洮河流域公私林地所有权的往来文件
【发文单位】　甘肃省政府；农林部洮河流域国有林区管理处
【收文单位】　甘肃省政府；农林部洮河流域国有林区管理处
【档案编号】　027-006-0064-（0014-0015）
【成文时间】　1948-07-20—1948-07-21
【收藏单位】　甘肃省档案馆
【涉及地域】　洮河流域
【关 键 词】　公私林；登记
【内容提要】

农林部洮河流域国有林区管理处检送洮河流域公私林地所有权致函省政府。附《公私有林登记证》2张。后者代电收到。

【叙录编号】　0382
【档案题名】

甘肃省建设厅关于分配林地给甘肃水利林牧公司的往来文件

【发文单位】　甘肃省建设厅；甘肃省保安司令部

【收文单位】　甘肃省建设厅；甘肃水利林牧公司等

【档案编号】　027-006-0065-（0006-0007）

【成文时间】　1945-04-19—1945-04-25

【收藏单位】　甘肃省档案馆

【涉及地域】　甘肃省

【关 键 词】　占据林地；经营林场

【内容提要】

　　甘肃省保安司令部要求甘肃水利林牧公司接管土匪张英杰所占林地，附《临潭县政府奉令查封匪首张英杰森林地址一览表》1份。省建设厅致函甘肃水利林牧公司及保安司令部，将此地送至公司洮河林场经营。

【叙录编号】　0383

【档案题名】

　　甘肃省政府关于发还王富等人私人林地的各类文件

【发文单位】　甘肃省政府；甘肃省建设厅等

【收文单位】　甘肃省政府；临潭县政府等

【档案编号】　027-006-0065-（0008-0016）

【成文时间】　1945-05-09—1947-06-21

【收藏单位】　甘肃省档案馆

【涉及地域】　临潭县

【关 键 词】　冶力关；承租林地

【内容提要】

　　甘肃省建设厅呈文省政府，请批准由临潭县政府会同甘肃水利林牧公司一起勘定冶力关林地范围，以便移交接管。甘肃水利林牧公司致函甘肃省建设厅，送拟定的冶力关林地承租合约，省政府抄发合约给临潭县政府，代电公司知照。甘肃王富呈文省政府，称该地为早前私产，附契书1份。省政府回文令临潭县政府查明具报，甘肃雷华如、王雄伯等15人呈文甘肃省建设厅，证明冶力关地产权为私。省政

府令临潭县政府为其办理产权证明。

【叙录编号】　0384

【档案题名】

　　甘肃省政府关于发还王富等人私人林地的各类文件

【发文单位】　甘肃省政府；临潭县政府等

【收文单位】　甘肃省政府；临潭县政府等

【档案编号】　027-006-0066-（0001-0006）

【成文时间】　1947-06-25—1948-03-16

【收藏单位】　甘肃省档案馆

【涉及地域】　临潭县

【关 键 词】　发还林地；没收

【内容提要】

　　此案卷共6份文件，是上一卷内容的延续，王富再次呈文称，尚未被发还自己林地，请省政府、省建设厅调查发还。省政府批示临潭县政府，令其彻查真相。临潭县政府呈文确系王富所有，呈请省政府鉴核。省政府令临潭县政府呈报地被没收确切情形，以凭核办。

【叙录编号】　0385

【档案题名】

　　甘肃省建修委员会会议记录（第三册）

【发文单位】　甘肃省建修委员会

【收文单位】　不详

【档案编号】　027-006-0380-0001

【成文时间】　1948-10-20

【收藏单位】　甘肃省档案馆

【涉及地域】　临洮县

【关 键 词】　伐木；购置木料；建修

【内容提要】

　　如题，其中包括伐木组在临洮县购置木料、运输木料具体事宜、报告木料损耗等内容。

【叙录编号】　0386

【档案题名】

临夏县政府、甘肃省政府关于公民马子云在沙滩地植树情况的往来文件

【发文单位】 临夏县政府；甘肃省政府

【收文单位】 临夏县政府；甘肃省政府

【档案编号】 027-006-0382-（0010-0011）

【成文时间】 1943-07-10—1943-08-10

【收藏单位】 甘肃省档案馆

【涉及地域】 临夏县

【关 键 词】 植树造林；大夏河

【内容提要】

如题，马子云请承领大夏河沙滩植树造林，并填表请示。省政府回文该民举动未经批准，不同意其承领。

【叙录编号】 0387

【档案题名】

甘肃省政府、临夏县政府关于保护新植树木及苗圃幼苗情况的往来文件

【发文单位】 临夏县政府；甘肃省政府

【收文单位】 临夏县政府；甘肃省政府

【档案编号】 027-006-0383-（0023-0024）

【成文时间】 1943-11-28—1943-12-07

【收藏单位】 甘肃省档案馆

【涉及地域】 临夏县

【关 键 词】 冬季保护；中山林；苗圃

【内容提要】

临夏县政府呈报对树木进行冬季保护工作，在中山林及公路两旁新植树木涂抹红泥进行区别保护、在苗圃幼苗处设置防风设备等。省政府对其准予备查。

【叙录编号】 0388

【档案题名】

临潭县政府关于待春暖化冻后即发动各界民众实施植树造林致甘肃省政府的代电

【发文单位】 临潭县政府

【收文单位】 甘肃省政府

【档案编号】 027-006-0384-0001

【成文时间】 1944-03-17

【收藏单位】 甘肃省档案馆

【涉及地域】 临潭县

【关 键 词】 解冻；植树

【内容提要】

如题，临潭县政府称，本县尚未解冻，先选定苗木树条地点，待春暖化冻后再行植树。

【叙录编号】 0389

【档案题名】

洮沙县政府关于报送植树造林情况及保护林木办法与甘肃省政府的往来文件

【发文单位】 洮沙县政府；甘肃省政府

【收文单位】 洮沙县政府；甘肃省政府

【档案编号】 027-006-0384-（0007-0008）

【成文时间】 1944-04-30—1944-05-17

【收藏单位】 甘肃省档案馆

【涉及地域】 洮沙县

【关 键 词】 植树造林；荒地；河渠

【内容提要】

洮沙县县长康耀建报送本县自3月以来扩大植树造林情况，包括在河渠荒滩田畔植树等，请省政府鉴核。省政府对其准予备查。

【叙录编号】 0390

【档案题名】

第九区行政督察专员公署、甘肃省政府关于采发槐树种子的往来文件

【发文单位】 第九区行政督察专员公署；甘肃省政府

【收文单位】 第九区行政督察专员公署；甘肃省政府

【档案编号】 027-006-0387-（0006-0007）

【成文时间】 1945-10-23—1945-10-24

【收藏单位】 甘肃省档案馆

【涉及地域】 第九区行政督察专员公署
【关 键 词】 槐树子；树种拨发
【内容提要】

第九区行政督察专员公署呈称本区槐树种子产量极微，请拨发树种以便早日下种。省政府回文按期下种，无需借调树种。

【叙录编号】 0391
【档案题名】

甘肃水利林牧公司在临洮一带进行林业实验请卓尼设治局等予以协助的各类文件
【发文单位】 甘肃省政府；洮岷路保安司令部等
【收文单位】 甘肃省政府；甘肃水利林牧公司等
【档案编号】 027-006-0579-（0002-0008）
【成文时间】 1941-10-06—1942-01-05
【收藏单位】 甘肃省档案馆
【涉及地域】 卓尼设治局
【关 键 词】 伐木；保护林木
【内容提要】

甘肃水利林牧公司呈文省政府，卓尼林区私人砍伐严重，已联络地方政府和当地地主协调控制采伐。但因民众对公司性质未明，阻碍维护行为，请省政府将公司性质宣示周知，以便协助森林部保护林木。省政府回文令洮岷路保安司令杨复兴协助甘肃水利林牧公司及森林部工作，并致函公司执照。洮岷路保安司令部呈文省政府，请其通知甘肃水利林牧公司派员到卓尼境内工作，又呈文省政府甘肃水利林牧公司购置林场一事已经暂有头绪，己方随时协助。

【叙录编号】 0392
【档案题名】

临洮县政府呈请本县保苗圃设置管理员以负责苗圃事宜被拒的往来文件

【发文单位】 临洮县政府；甘肃省政府
【收文单位】 临洮县政府；甘肃省政府
【档案编号】 027-007-0006-（0001-0002）
【成文时间】 1945-11-06—1945-11-19
【收藏单位】 甘肃省档案馆
【涉及地域】 临洮县
【关 键 词】 苗圃；管理
【内容提要】

临洮县政府因保长兼任苗圃管理员难以顾及，根据《甘肃省各县育苗造林护林五年计划纲要》呈请省政府专列苗圃管理员职务。（0001）省政府回文因所列待遇与纲要不符不予照准。

【叙录编号】 0393
【档案题名】

岷县政府关于报送甘肃省洮岷畜牧股份有限公司章程及牧场草图的文件
【发文单位】 甘肃省洮岷畜牧股份有限公司；岷县政府
【收文单位】 甘肃省政府
【档案编号】 027-007-0235-（0003-0004）
【成文时间】 1940-06-18—1940-09-26
【收藏单位】 甘肃省档案馆
【涉及地域】 岷县
【关 键 词】 畜牧；牧场
【内容提要】

甘肃省洮岷畜牧股份有限公司呈文甘肃省政府报送公司章程、牧场草图、股东成立会议记录，岷县政府转呈省政府。

【叙录编号】 0394
【档案题名】

甘肃省政府、临夏县政府关于报送本县保护树木奖惩规定的往来文件
【发文单位】 甘肃省政府；临夏县政府
【收文单位】 甘肃省政府；临夏县政府

【档案编号】 027-007-0297-（0014-0015）

【成文时间】 1947-01-25—1947-06-25

【收藏单位】 甘肃省档案馆

【涉及地域】 临夏县

【关 键 词】 保护树木；森林法

【内容提要】

临夏县政府报送本县保护树木奖惩规定1份，其中包括对毁坏树木的惩戒措施等。甘肃省政府回文惩处数额不符森林法，应按规定调整。

【叙录编号】 0395

【档案题名】

夏河县政府关于报送农场、苗圃建设的各类文件

【发文单位】 甘肃省政府；夏河县政府

【收文单位】 甘肃省政府；夏河县政府

【档案编号】 027-007-0298-（0001-0016）

【成文时间】 1943-04-14—1946-04-11

【收藏单位】 甘肃省档案馆

【涉及地域】 夏河县

【关 键 词】 育苗造林；苗圃；农场

【内容提要】

此案卷共16份文件，均与夏河县政府进行育苗造林建设有关。其中包括：夏河县政府报送育苗造林经费，省政府回文表格不合规发还重做；夏河县政府报送苗圃印模及员工编制表，省政府回文将所列工役删除；夏河县政府报送本县育苗造林护林5年计划，计划中包括植树（选种、插种、施肥、灌溉、移植、种子、播种）、造林（苗圃树移植、筹造公林）、护林（天然林、人造林）等内容。省政府对其审核反馈意见；夏河县政府报送本县苗圃筹设经过及育苗株数情况，省政府回文不够详尽令其补报；夏河县政府呈文省政府请向各乡镇采购苗圃树苗，省政府回文令其呈复购树苗价款与筹措方式。

【叙录编号】 0396

【档案题名】

宁定县政府、甘肃省政府关于采用松鸣岩倒山木料添制学校桌椅修理校舍的往来文件

【发文单位】 甘肃省政府；宁定县政府

【收文单位】 甘肃省政府；宁定县政府

【档案编号】 027-007-0299-（0005-0006）

【成文时间】 1947-07-29—1947-08-06

【收藏单位】 甘肃省档案馆

【涉及地域】 宁定县

【关 键 词】 木料；修建

【内容提要】

宁定县政府呈文省政府申请采用松鸣岩倒山木料添制学校桌椅、修理校舍，省政府回文令其查明倒山木料长度、株数。

【叙录编号】 0397

【档案题名】

临夏县政府、甘肃省政府关于县模范林木被冲毁情况的往来文件

【发文单位】 甘肃省政府；临夏县政府

【收文单位】 甘肃省政府；临夏县政府

【档案编号】 027-007-0299-（0013-0014）

【成文时间】 1947-10-17—1947-10-20

【收藏单位】 甘肃省档案馆

【涉及地域】 临夏县

【关 键 词】 栽植活树；筑坝

【内容提要】

临夏县政府代电甘肃省政府，本年河水高涨冲毁栽植活树，请派员设法筑坝组织。省政府回文准予备查，令其补栽。

【叙录编号】 0398

【档案题名】

临潭县政府、甘肃省政府关于报送本县护树公约的往来文件

【发文单位】 甘肃省政府；临潭县政府

【收文单位】 甘肃省政府；临潭县政府
【档案编号】 027-007-0299-（0015-0016）
【成文时间】 1947-11-01—1947-11-03
【收藏单位】 甘肃省档案馆
【涉及地域】 临潭县
【关 键 词】 保护林木；公约；损毁树木
【内容提要】
　　临潭县政府呈文省政府报送本县护树公约，省政府回文令其修正损毁树株罚款数目及罚款用途等内容。

【叙录编号】 0399
【档案题名】
　　甘肃省政府关于查明冶力关某某乡乡长盗卖公有林木给第一区行政督察专员兼保安司令公署的密令
【发文单位】 甘肃省政府
【收文单位】 第一区行政督察专员兼保安司令公署
【档案编号】 027-007-0299-0017
【成文时间】 1947-12-20
【收藏单位】 甘肃省档案馆
【涉及地域】 临潭县
【关 键 词】 倒卖林木；冶力关
【内容提要】
　　如题，密令其彻查具报。

【叙录编号】 0400
【档案题名】
　　甘肃省政府、卓尼设治局关于制止夏河县砍伐森林的各类文件
【发文单位】 甘肃省政府；卓尼设治局
【收文单位】 甘肃省政府；卓尼设治局
【档案编号】 027-007-0300-（0010-0011）
【成文时间】 1947-05-16—1947-05-28
【收藏单位】 甘肃省档案馆
【涉及地域】 卓尼设治局；夏河县

【关 键 词】 森林；砍伐树木
【内容提要】
　　卓尼设治局、洮岷路保安司令部代电省政府，称惹利札萨森林遭西宁人民大加砍伐，请令夏河县政府制止。省政府回文令夏河县政府查明核报，并令卓尼设治局知照。

【叙录编号】 0401
【档案题名】
　　宁定县马尚福等、甘肃省政府关于处理赵福祥等人偷挖树苗一事的往来文件
【发文单位】 马尚福等17人；甘肃省政府
【收文单位】 马尚福等17人；宁定县政府等
【档案编号】 027-007-0302-（0014-0015）
【成文时间】 1947-04-18—1947-04-21
【收藏单位】 甘肃省档案馆
【涉及地域】 宁定县
【关 键 词】 砍挖树苗；堡子山
【内容提要】
　　宁定县善乡第三保保民马尚福等人呈文甘肃省建设厅，称山中盗贼将通庄境内堡子山上树苗连根挖出，共毁3700余株，请甘肃省建设厅办理。甘肃省政府令宁定县政府调查砍挖树苗一事，并批示马尚福等人。

【叙录编号】 0402
【档案题名】
　　会川县政府关于报送栽植榆苗树株致甘肃省政府的电报
【发文单位】 会川县政府
【收文单位】 甘肃省政府
【档案编号】 027-007-0303-0008
【成文时间】 1946-11-18
【收藏单位】 甘肃省档案馆
【涉及地域】 会川县
【关 键 词】 栽植树木；榆树
【内容提要】

栽植榆树400余株。

【叙录编号】　0403

【档案题名】

　　甘肃省政府、各县政府关于报送办理育苗造林情况的文件

【发文单位】　甘肃省政府；临夏县政府

【收文单位】　甘肃省政府；民勤县政府

【档案编号】

　　027-007-0304-（0001、0005、0009-0010）

【成文时间】　1946-08-28—1946-12-23

【收藏单位】　甘肃省档案馆

【涉及地域】　临夏县；安西县等

【关 键 词】　育苗造林；培育办法

【内容提要】

　　临夏县政府、安西县政府呈报办理育苗造林情形，其中临夏县列举3点苗圃建设及造林工作情况，安西县称饬令各乡镇认真办理。省政府令各县市局、湟惠渠特种乡按育苗造林工作10点认真培育苗木。其中包括：每县调查清楚森林保护办法、对森林进行详细记载、依照本省5年造林计划纲要种树、保苗圃必须于每年秋季一律完成等内容。

【叙录编号】　0404

【档案题名】

　　甘肃省政府、洮沙县政府关于报送县造林委员会委员姓名简历表及保护林木规则的往来文件

【发文单位】　洮沙县政府；甘肃省政府

【收文单位】　洮沙县政府；甘肃省政府

【档案编号】　027-007-0304-（0016-0017）

【成文时间】　1946-10-03—1946-10-19

【收藏单位】　甘肃省档案馆

【涉及地域】　洮沙县

【关 键 词】　造林委员会；人事

【内容提要】

　　甘肃省政府令洮沙县政府报送造林委员会委员姓名简历表及保护林木规则，洮沙县政府代电省政府呈报。其中包括植树造林负责人、监督人、荒山荒地林木保护事项、破坏林木处罚规则、罚款数量等内容。

【叙录编号】　0405

【档案题名】

　　甘肃省政府、临潭县政府关于李和义强伐莲花山林木一事的往来文件

【发文单位】　甘肃省建设厅；临潭县政府

【收文单位】　甘肃省建设厅；甘肃省民政厅等

【档案编号】　027-007-0305-（0001-0004）

【成文时间】　1934-06-18—1934-06-25

【收藏单位】　甘肃省档案馆

【涉及地域】　临潭县等

【关 键 词】　伐运树木；莲花山

【内容提要】

　　临潭县政府呈文甘肃省建设厅转报县各机关、各法团及民众代表赵文炯等呈请李和义砍伐莲花山林木一事，请颁发保护令。建设厅令临潭县政府将其所砍林木运至兰州，民政厅咨文甘肃省建设厅商榷解决办法。建设厅回文由临潭县县长主持运往兰州。

【叙录编号】　0406

【档案题名】

　　临潭县各界民众、甘肃省建设厅、临潭县政府关于李和义私伐林木的各类文件

【发文单位】　甘肃省政府；甘肃省建设厅

【收文单位】　甘肃省政府；临潭县政府

【档案编号】　027-007-0306-（0015-0019）

【成文时间】　1934-06-15—1934-07-02

【收藏单位】　甘肃省档案馆

【涉及地域】　临潭县等

【关 键 词】　私伐林木；运输木料

【内容提要】

临潭县各界民众呈文甘肃省建设厅举报李和义强霸公林，私伐林木运输挣钱，请建设厅明察，业归原主。甘肃省建设厅批示民众此事已报甘肃省政府审查，并令临潭县政府、临洮县政府、康乐县政府尽快配合运输木料至兰。省政府回文甘肃省建设厅已派驻甘绥靖主任公署将李和义依法惩捕，令其将木料押运至兰。甘肃省建设厅呈文省政府报已令各县协助运输木料，并令运输各县知照省政府令。甘肃省政府令甘肃省建设厅知照此事处理办法已令临潭县县长知照各界民众。

【叙录编号】　0407
【档案题名】
　　甘肃省建设厅、监运木料委员卢俊瀚关于运输唐汪川木料的往来文件
【发文单位】　甘肃省建设厅；监运木料委员卢俊瀚
【收文单位】　甘肃省建设厅；监运木料委员卢俊瀚
【档案编号】
　　027-007-0306-（0001-0002、0011-0012）
【成文时间】　1934-06-07—1934-06-19
【收藏单位】　甘肃省档案馆
【涉及地域】　临潭县；临洮县等
【关 键 词】　木料；运输
【内容提要】
　　监运木料委员卢俊瀚呈报运到封存唐汪川木料根数，请奖赏出力民夫及警兵。甘肃省建设厅回文运到数量和之前所报不符，令其查明具复。卢俊瀚呈报运到木料及损失数目情况，甘肃省建设厅查仍与实情不符，令其详报不得搪塞。

【叙录编号】　0408
【档案题名】
　　甘肃省建设厅、监运木料委员关于莲花山

木料运输及拨发的各类文件
【发文单位】　甘肃省建设厅；监运木料委员卢俊瀚、梁生俊等
【收文单位】　甘肃省建设厅；监运木料委员卢俊瀚、梁生俊等
【档案编号】
　　027-007-0306-（0003-0010、0013-0014）
【成文时间】　1934-06-07—1934-06-22
【收藏单位】　甘肃省档案馆
【涉及地域】　临洮县等
【关 键 词】　木料；运输
【内容提要】
　　临洮县政府呈文甘肃省建设厅莲花山木料散置山林中难以查点，监运木料委员卢俊瀚、梁生俊呈文报甘肃省建设厅莲花山木料起运所需民工数目、款费及到兰日期等问题，请甘肃省建设厅核夺。甘肃省建设厅回文令其另行开单呈报。监运木料委员卢俊瀚、梁生俊还就康乐第一小学呈请拨给莲花山木料建设校舍一事请甘肃省建设厅批准，转报省建设厅临洮县商民王钧请求退还畅园一事。甘肃省建设厅回文令康乐小学用教育局木料价款备价承买，待人查复后再行退还。

【叙录编号】　0409
【档案题名】
　　甘肃省农业改进所、甘肃省建设厅关于报送岷县野人沟试验场牦牛迁至甘坪寺种畜场饲养的往来文件
【发文单位】　甘肃省农业改进所；甘肃省建设厅
【收文单位】　甘肃省农业改进所；甘肃省建设厅
【档案编号】　027-007-0368-（0016-0017）
【成文时间】　1942-08-28—1942-09-08
【收藏单位】　甘肃省档案馆
【涉及地域】　岷县
【关 键 词】　迁牛；牦牛
【内容提要】

如题，甘肃省建设厅批准迁牛。

【叙录编号】　0410

【档案题名】

洮河林场申请奖励职员

【发文单位】　洮河林场

【收文单位】　甘肃水利林牧公司

【档案编号】　038-001-0158-（0029、0035）

【成文时间】　1944-02-08—1944-02-14

【收藏单位】　甘肃省档案馆

【涉及地域】　甘肃省

【关 键 词】　洮河林场

【内容提要】

洮河林场、甘肃水利林牧公司关于奖励职员以达到激励效果的公文往来，附表。

【叙录编号】　0411

【档案题名】

洮河林场及分场奖励金名册

【发文单位】　甘肃水利林牧公司；洮河林场等

【收文单位】　洮河林场；甘肃水利林牧公司等

【档案编号】　038-001-0158-（0040-0041）

【成文时间】　1948-02-25—1948-02-28

【收藏单位】　甘肃省档案馆

【涉及地域】　甘肃省

【关 键 词】　奖励金

【内容提要】

甘肃水利林牧公司、洮河林场关于赵子仁奖励金及蓬治分场民国三十六年（1947）职员考绩表的奖励金名册的公文往来，附表。

【叙录编号】　0412

【档案题名】

岷县、卓尼一带不易采集抗旱树籽

【发文单位】　洮河林场；甘肃水利林牧公司

【收文单位】　甘肃省政府；甘肃省建设厅

【档案编号】　039-001-0008-（0024-0025）

【成文时间】　1944-10-12—1944-10-19

【收藏单位】　甘肃省档案馆

【涉及地域】　甘肃省

【关 键 词】　收集树籽

【内容提要】

洮河林场、省政府、甘肃水利林牧公司、甘肃省建设厅之间关于岷县、卓尼一带不易收集抗旱树籽的公文往来。

【叙录编号】　0413

【档案题名】

为检发物品清单事致陇南牧场、洮河林场函

【发文单位】　张掖工作站

【收文单位】　洮河林场；陇南牧场

【档案编号】　039-001-0014-0005

【成文时间】　1943-06-03

【收藏单位】　甘肃省档案馆

【涉及地域】　甘肃省

【关 键 词】　检发物品清单

【内容提要】

主要涉及检发物品清单。

【叙录编号】　0414

【档案题名】

洮岷一带设立牧场

【发文单位】　甘肃水利林牧公司；甘肃省建设厅

【收文单位】　甘肃省建设厅第三科；甘肃水利林牧公司

【档案编号】　039-001-0025-（0015-0016）

【成文时间】　1946-01-25—1946-01-26

【收藏单位】　甘肃省档案馆

【涉及地域】　甘肃省

【关 键 词】　畜牧业

【内容提要】

甘肃水利林牧公司、甘肃省建设厅关于在洮岷一带设立牧场及呈送经营状况的公文往来。

【叙录编号】 0415

【档案题名】

　　第一林区为送李漱石预支旅费收据一事致函甘肃水利林牧公司

【发文单位】 第一林区受理处

【收文单位】 甘肃水利林牧公司

【档案编号】 039-001-0080-（0006-0007）

【成文时间】 1942-07-15

【收藏单位】 甘肃省档案馆

【涉及地域】 岷县

【关 键 词】 第一林区

【内容提要】

　　此案卷共1份文件，内容如题。附收据1张。

【叙录编号】 0416

【档案题名】

　　甘肃水利林牧公司、马寿光为视察洮河林场及夏河奶品制造厂一事的往来函、电

【发文单位】 甘肃水利林牧公司；马寿光

【收文单位】 洮河林场；夏河奶品制造厂等

【档案编号】

　　039-001-0081-（0035-0039、0046）

【成文时间】 1946-06-20—1946-12-17

【收藏单位】 甘肃省档案馆

【涉及地域】 临洮县；夏河县

【关 键 词】 洮河林场；夏河奶品制造厂

【内容提要】

　　此案卷共5份文件，甘肃水利林牧公司派马寿光视察洮河林场及夏河奶品制造厂。马寿光于民国三十五年（1946）6月28日抵临洮县；8月8日抵兰，12月14日抵平凉县。

【叙录编号】 0417

【档案题名】

　　甘肃水利林牧公司、洮河林场关于每周库存电报准以代电报告一事的往来公函

【发文单位】 洮河林场；甘肃水利林牧公司

【收文单位】 甘肃水利林牧公司；洮河林场

【档案编号】 039-001-0086-（0022-0024）

【成文时间】 1943-07-26—1943-07-29

【收藏单位】 甘肃省档案馆

【涉及地域】 卓尼设治局

【关 键 词】 洮河林场；库存

【内容提要】

　　此案卷共2份文件，内容如题。

【叙录编号】 0418

【档案题名】

　　甘肃水利林牧公司、陇南畜牧场、兰州牧场、兰州制革厂、夏河奶品制造厂就刊发、查收、启用官章日期事宜的往来公文

【发文单位】 甘肃水利林牧公司；夏河奶品制造厂等

【收文单位】 甘肃水利林牧公司；夏河奶品制造厂等

【档案编号】 039-001-0096-（0006-0018）

【成文时间】 1941-04-23—1946-01-19

【收藏单位】 甘肃省档案馆

【涉及地域】 夏河县

【关 键 词】 夏河奶品制造厂；官章

【内容提要】

　　此案卷共14份文件，涉及官章刊发、查收及启用官章日期上报事宜。

【叙录编号】 0419

【档案题名】

　　甘肃水利林牧公司、陇南畜牧场就试行《甘肃水利林牧公司陇南畜牧场组织章程修正草案》及后续修正事宜往来公文

【发文单位】 甘肃水利林牧公司；甘肃省政府

【收文单位】 甘肃水利林牧公司；陇南畜牧场

【档案编号】

039-001-0096-（0020、0024、0029、0031）

【成文时间】 1942-04-18—1944-12-09

【收藏单位】 甘肃省档案馆

【涉及地域】 岷县

【关 键 词】 陇南畜牧场；章程

【内容提要】

此案卷共4份文件，内容如题，附《陇南畜牧场章程》2份。

【叙录编号】 0420

【档案题名】

甘肃水利林牧公司、甘肃水利林牧公司陇南畜牧场就夏河奶品制造厂改称夏河分场一事往来公文

【发文单位】 甘肃水利林牧公司总管理处；甘肃水利林牧公司陇南畜牧场

【收文单位】 甘肃水利林牧公司陇南畜牧场；甘肃水利林牧公司总管理处

【档案编号】 039-001-0096-（0027-0028）

【成文时间】 1943-02-15—1943-03-09

【收藏单位】 甘肃省档案馆

【涉及地域】 岷县；夏河县

【关 键 词】 夏河奶品制造厂；陇南牧场

【内容提要】

此案卷共2份文件。2月15日，甘肃水利林牧公司总管理处致函甘肃水利林牧公司陇南牧场提出拟定夏河牛奶制造厂改称夏河分场一事。3月9日，陇南畜牧场复函甘肃水利林牧公司总管理处，因改名超出计划故需等陇南畜牧场资金既定且事业计划核定后再同岷县各厂通盘订定。

【叙录编号】 0421

【档案题名】

农林部西北羊毛改进所、甘肃水利林牧公司、省政府、甘肃省建设厅为在岷县南川设牧

场的函

【发文单位】 农林部西北羊毛改进所；甘肃水利林牧公司等

【收文单位】 甘肃水利林牧公司；农林部西北羊毛改进所等

【档案编号】

039-001-0102-（0001-0003、0006-0009）

【成文时间】 1941-08-12—1942-07-04

【收藏单位】 甘肃省档案馆

【涉及地域】 定西县；岷县

【关 键 词】 牧场设置；购地

【内容提要】

此案卷共8份文件，内容如题。政府购地以普通买卖方式进行，特请岷县士绅为中介（0001）。

【叙录编号】 0422

【档案题名】

甘肃水利林牧公司和农林部西北羊毛改进所为岷县新设农场试制酪素的函

【发文单位】 农林部西北羊毛改进所；甘肃水利林牧公司

【收文单位】 甘肃水利林牧公司；农林部西北羊毛改进所

【档案编号】 039-001-0102-（0004-0005）

【成文时间】 1941-09-04—1941-09-05

【收藏单位】 甘肃省档案馆

【涉及地域】 夏河县；卓尼设治局

【关 键 词】 酪素；收购牛奶

【内容提要】

此案卷共2份文件。夏河县、临潭县、卓尼设治局为牛奶收购地（0004）；甘肃水利林牧公司与航空研究院合作提制酪素（0005）。

【叙录编号】 0423

【档案题名】

中央研究院动植物研究所、甘肃省建设

厅、甘肃水利林牧公司为保护、经营岷县天然林区的函

【发文单位】 中央研究院动植物研究所；甘肃省建设厅；甘肃水利林牧公司森林部

【收文单位】 甘肃水利林牧公司

【档案编号】

　039-001-0102-（0011-0012、0015-0016）

【成文时间】 1941-02—1942-04

【收藏单位】 甘肃省档案馆

【涉及地域】 定西县；岷县

【关 键 词】 森林保护

【内容提要】

　此案卷共4份文件。岷县林区设保安林（0011）；中央研究院动植物研究所和省政府共同拟定自然林区保护管理办法（0012）；森林部工作内部架构（0015）；设置锯木厂（0011、0016）

【叙录编号】 0424

【档案题名】

　洮河林场、森林部就保卫林场购买枪支一事致甘肃水利林牧公司总管理处的函

【发文单位】 洮河林场；甘肃水利林牧公司森林部

【收文单位】 甘肃水利林牧公司总管理处

【档案编号】 039-001-0102-（0017-0018）

【成文时间】 1932-11-29—1932-12-02

【收藏单位】 甘肃省档案馆

【涉及地域】 岷县

【关 键 词】 林场保护；枪支；木材定价

【内容提要】

　此案卷共3份文件，内容如题。

【叙录编号】 0425

【档案题名】

　甘肃水利林牧公司总管理处为林区规划致森林部童专员函

【发文单位】 甘肃水利林牧公司

【收文单位】 甘肃水利林牧公司森林部童专员

【档案编号】 039-001-0103-0009

【成文时间】 1941-11-29

【收藏单位】 甘肃省档案馆

【涉及地域】 岷县；卓尼设治局

【关 键 词】 林区规划

【内容提要】

　此案卷共1份文件，内容如题。

【叙录编号】 0426

【档案题名】

　甘肃水利林牧公司总管理处派员筹办洮河运输木料事宜致李专员函

【发文单位】 甘肃水利林牧公司总管理处

【收文单位】 甘肃水利林牧公司李专员

【档案编号】 039-001-0104-0011

【成文时间】 1943-06-28

【收藏单位】 甘肃省档案馆

【涉及地域】 岷县

【关 键 词】 木料运输

【内容提要】

　此案卷共1份文件，内容如题。

【叙录编号】 0427

【档案题名】

　甘肃水利林牧公司、甘肃省政府为洽商令卓尼杨土司及设治局协助林场购置的函

【发文单位】 甘肃省政府；甘肃水利林牧公司等

【收文单位】 甘肃水利林牧公司；甘肃水利林牧公司森林部等

【档案编号】 039-001-0105-（0008-0012）

【成文时间】 1941-10-01—1941-12-19

【收藏单位】 甘肃省档案馆

【涉及地域】 卓尼设治局

【关 键 词】 卓尼保安司令；林区

【内容提要】

此案卷共5份文件。省政府准许甘肃水利林牧公司训令卓尼杨土司协助筹划林区保护工作（0008-0012）；甘肃水利林牧公司森林部购置林场的目的（0010）。

【叙录编号】　0428
【档案题名】
　　甘肃水利林牧公司与第一林区为保护卓尼林场的函
【发文单位】　甘肃水利林牧公司总管理处；第一林区行政督察专员
【收文单位】　第一林区行政督察专员；甘肃水利林牧公司总管理处
【档案编号】　039-001-0105-0018
【成文时间】　1942-06-04—1942-07-27
【收藏单位】　甘肃省档案馆
【涉及地域】　卓尼设治局
【关　键　词】　卓尼林场
【内容提要】
　　此案卷共2份文件。甘肃水利林牧公司充实武器弹药用以保护卓尼林场（0018）。

【叙录编号】　0429
【档案题名】
　　甘肃水利林牧公司为森林部马匹交由林场代为管理一事致洮河林场函
【发文单位】　甘肃水利林牧公司
【收文单位】　洮河林场
【档案编号】　039-001-0105-0028
【成文时间】　1944-03-15
【收藏单位】　甘肃省档案馆
【涉及地域】　岷县
【关　键　词】　马匹
【内容提要】
　　此案卷共1份文件，内容如题。

【叙录编号】　0430

【档案题名】
　　洮河林场与甘肃水利林牧公司为林场垫付森林部所需马医等款项的往返函
【发文单位】　洮河林场；甘肃水利林牧公司总管理处
【收文单位】　甘肃水利林牧公司总管理处；洮河林场
【档案编号】
　　039-001-0106-（0012-0013、0015-0016、0019）
【成文时间】　1942-04-18—1942-05-18
【收藏单位】　甘肃省档案馆
【涉及地域】　岷县
【关　键　词】　垫付款；马匹
【内容提要】
　　此案卷共5份文件，内容如题。

【叙录编号】　0431
【档案题名】
　　甘肃水利林牧公司与洮河林场为林场请代购枪支的函
【发文单位】　甘肃水利林牧公司总管理处；洮河林场
【收文单位】　洮河林场；甘肃水利林牧公司总管理处
【档案编号】　039-001-0106-（0017-0018）
【成文时间】　1944-05-25—1944-05-30
【收藏单位】　甘肃省档案馆
【涉及地域】　岷县
【关　键　词】　枪支；子弹；林场
【内容提要】
　　此案卷共1份文件，内容如题。

【叙录编号】　0432
【档案题名】
　　甘肃水利林牧公司为函知粒珠沟分场陈主任带马饲料价款致洮河林场的函

【发文单位】 甘肃水利林牧公司总管理处

【收文单位】 洮河林场

【档案编号】 039-001-0106-0048

【成文时间】 1944-09-05

【收藏单位】 甘肃省档案馆

【涉及地域】 岷县

【关 键 词】 马饲料；林场

【内容提要】

此案卷共1份文件，内容如题。

【叙录编号】 0433

【档案题名】

甘肃水利林牧公司因代付林场所需枪弹、林警制服及马鞍等款价致洮河林场函

【发文单位】 甘肃水利林牧公司总管理处

【收文单位】 洮河林场

【档案编号】 039-001-0106-（0021、0029）

【成文时间】 1944-06-17—1944-07-17

【收藏单位】 甘肃省档案馆

【涉及地域】 岷县

【关 键 词】 枪弹；林警制服；马鞍；林场

【内容提要】

此案卷共2份文件，内容如题。

【叙录编号】 0434

【档案题名】

甘肃水利林牧公司总管理处为告知洮河林场木款垫付的函

【发文单位】 甘肃水利林牧公司总管理处

【收文单位】 洮河林场

【档案编号】 039-001-0106-0020

【成文时间】 1944-06-14

【收藏单位】 甘肃省档案馆

【涉及地域】 岷县

【关 键 词】 木材

【内容提要】

此案卷共1份文件，内容如题。

【叙录编号】 0435

【档案题名】

甘肃水利林牧公司总管理处为林场垫付款项致洮河林场的函

【发文单位】 甘肃水利林牧公司总管理处

【收文单位】 洮河林场

【档案编号】 039-001-0107-0013

【成文时间】 1944-02-05

【收藏单位】 甘肃省档案馆

【涉及地域】 岷县

【关 键 词】 兽医药品；差旅费；林场

【内容提要】

此案卷共1份文件。垫付款项包括兽医药品、差旅费、印刷品等。

【叙录编号】 0436

【档案题名】

甘肃水利林牧公司为价让脱脂机致洮河林场的函

【发文单位】 甘肃水利林牧公司总管理处

【收文单位】 洮河林场

【档案编号】 039-001-0107-0014

【成文时间】 1945-02-12

【收藏单位】 甘肃省档案馆

【涉及地域】 岷县

【关 键 词】 脱脂机

【内容提要】

此案卷共1份文件，内容如题。

【叙录编号】 0437

【档案题名】

甘肃水利林牧公司为请颁布固定资产折旧及公摊造林费致甘肃水利林牧公司的函

【发文单位】 甘肃水利林牧公司总管理处

【收文单位】 洮河林场

【档案编号】 039-001-0107-（0023-0024）

【成文时间】 1945-11-22

【收藏单位】　甘肃省档案馆

【涉及地域】　岷县

【关 键 词】　造林费用

【内容提要】

此案卷共1份文件，内容如题。

【叙录编号】　0438

【档案题名】

洮河林场因粒珠沟牛场牦牛感染牛痘致甘肃水利林牧公司总管理处的函

【发文单位】　甘肃水利林牧公司总管理处

【收文单位】　洮河林场

【档案编号】　039-001-0107-（0024-0025）

【成文时间】　1945-09-28

【收藏单位】　甘肃省档案馆

【涉及地域】　岷县

【关 键 词】　牦牛；牛痘；粒珠沟牛场

【内容提要】

此案卷共2份文件。

【叙录编号】　0439

【档案题名】

洮河林场因大峪沟分场木材损失致甘肃水利林牧公司函

【发文单位】　洮河林场

【收文单位】　甘肃水利林牧公司总管理处

【档案编号】　039-001-0107-（0025-0026）

【成文时间】　1945-10-01

【收藏单位】　甘肃省档案馆

【涉及地域】　岷县

【关 键 词】　林场

【内容提要】

此案卷共2份文件。木材损耗情况：野狐桥作桨、烧材等。

【叙录编号】　0440

【档案题名】

甘肃水利林牧公司为请拨款致洮河林场的函

【发文单位】　甘肃水利林牧公司总管理处

【收文单位】　洮河林场

【档案编号】　039-001-0107-0030

【成文时间】　1946-03-07

【收藏单位】　甘肃省档案馆

【涉及地域】　岷县

【关 键 词】　借款；林场

【内容提要】

此案卷共1份文件，内容如题。

【叙录编号】　0441

【档案题名】

甘肃水利林牧公司与洮河林场关于去年公司财政盈亏状况的函

【发文单位】　甘肃水利林牧公司总管理处；洮河林场

【收文单位】　洮河林场；甘肃水利林牧公司总管理处

【档案编号】　039-001-0107-（0029-0034）

【成文时间】　1946-02-08—1946-02-25

【收藏单位】　甘肃省档案馆

【涉及地域】　岷县

【关 键 词】　财政盈亏；林场

【内容提要】

此案卷共6份文件，内容如题。

【叙录编号】　0442

【档案题名】

洮河林场为报卓尼设治局木材运输数量致甘肃水利林牧公司的函

【发文单位】　甘肃水利林牧公司森林部

【收文单位】　洮河林场

【档案编号】　039-001-0107-0036

【成文时间】　1946-05-21

【收藏单位】　甘肃省档案馆

【涉及地域】 岷县；卓尼设治局

【关 键 词】 木材运输

【内容提要】

此案卷共1份文件，内容如题。

【叙录编号】 0443

【档案题名】

甘肃水利林牧公司致洮河林场上报营业报告书的函

【发文单位】 甘肃水利林牧公司

【收文单位】 洮河林场

【档案编号】 039-001-0107-（0039、0043）

【成文时间】 1946-10-23

【收藏单位】 甘肃省档案馆

【涉及地域】 岷县

【关 键 词】 营业报告书

【内容提要】

此案卷共1份文件。营业报告书仅为本年度上半期。

【叙录编号】 0444

【档案题名】

洮河林场为木材运费致甘肃水利林牧公司的函

【发文单位】 洮河林场

【收文单位】 甘肃水利林牧公司

【档案编号】 039-001-0107-（0043-0044）

【成文时间】 1942-10-15

【收藏单位】 甘肃省档案馆

【涉及地域】 岷县

【关 键 词】 木材运费

【内容提要】

此案卷共2份文件，内容如题。

【叙录编号】 0445

【档案题名】

甘肃水利林牧公司与第一林区就岷地汇款

的函

【发文单位】 甘肃水利林牧公司总管理处；第一林区管理处

【收文单位】 第一林区管理处；甘肃水利林牧公司总管理处

【档案编号】 039-001-0108-（0027-0034）

【成文时间】 1942-10-21—1943-11-20

【收藏单位】 甘肃省档案馆

【涉及地域】 岷县

【关 键 词】 汇款；林区

【内容提要】

此案卷共8份文件。甘肃水利林牧公司由中行和邮政先后向第一林区汇款（0030-0033）。

【叙录编号】 0446

【档案题名】

洮河林场为报拟购木材放运请汇款致甘肃水利林牧公司的函

【发文单位】 洮河林场

【收文单位】 甘肃水利林牧公司

【档案编号】 039-001-0108-0049

【成文时间】 1944-01-08

【收藏单位】 甘肃省档案馆

【涉及地域】 岷县

【关 键 词】 木材采购；木材运放；汇款

【内容提要】

此案卷共1份文件，内容如题。

【叙录编号】 0447

【档案题名】

洮河林场为收购木材请甘肃水利林牧公司汇款的函电

【发文单位】 洮河林场

【收文单位】 甘肃水利林牧公司

【档案编号】 039-001-0109-（0002-0003）

【成文时间】 1944-06-12

【收藏单位】　甘肃省档案馆

【涉及地域】　岷县

【关 键 词】　收购木材

【内容提要】

　　此案卷共2份文件，内容如题。

【叙录编号】　0448

【档案题名】

　　洮河林场为报价木料事宜致甘肃水利林牧公司的函

【发文单位】　洮河林场

【收文单位】　甘肃水利林牧公司

【档案编号】　039-001-0109-0009

【成文时间】　1944-07-15

【收藏单位】　甘肃省档案馆

【涉及地域】　岷县

【关 键 词】　木材定价

【内容提要】

　　此案卷共1份文件，内容如题。

【叙录编号】　0449

【档案题名】

　　甘肃水利林牧公司为知由省行拨夏河奶品制造厂款项给洮河林场的函

【发文单位】　甘肃水利林牧公司总管理处

【收文单位】　洮河林场

【档案编号】　039-001-0109-（0013-0015）

【成文时间】　1944-08-23—1944-08-24

【收藏单位】　甘肃省档案馆

【涉及地域】　夏河县；岷县

【关 键 词】　汇款

【内容提要】

　　此案卷共3份文件，内容如题。

【叙录编号】　0450

【档案题名】

　　甘肃水利林牧公司与洮河林场为汇放林场

水款的函

【发文单位】　洮河林场；甘肃水利林牧公司总管理处

【收文单位】　甘肃水利林牧公司总管理处；洮河林场

【档案编号】　039-001-0109-（0017、0021）

【成文时间】　1944-09-11—1944-11-07

【收藏单位】　甘肃省档案馆

【涉及地域】　岷县

【关 键 词】　水款

【内容提要】

　　此案卷共2份文件，内容如题。

【叙录编号】　0451

【档案题名】

　　洮河林场与甘肃水利林牧公司总管理处为拨放木款的函电

【发文单位】　甘肃水利林牧公司总管理处；洮河林场

【收文单位】　洮河林场；甘肃水利林牧公司总管理处

【档案编号】　039-001-0109-（0021-0022）

【成文时间】　1944-09-26

【收藏单位】　甘肃省档案馆

【涉及地域】　岷县

【关 键 词】　木款

【内容提要】

　　此案卷共2份文件，内容如题。

【叙录编号】　0452

【档案题名】

　　洮河林场为西北林业代垫林场职员差旅费的函

【发文单位】　洮河林场；甘肃水利林牧公司总管理处

【收文单位】　甘肃水利林牧公司总管理处；洮河林场

【档案编号】 039-001-0109-（0023-0025）
【成文时间】 1944-10-29—1944-11-08
【收藏单位】 甘肃省档案馆
【涉及地域】 岷县
【关 键 词】 枪支；林场
【内容提要】
　　此案卷共3份文件。洮河林场派职员前往宝鸡购买保卫林场所需枪支弹药。

【叙录编号】 0453
【档案题名】
　　洮河林场与甘肃水利林牧公司为请拨放林场木款的函、电
【发文单位】 洮河林场；甘肃水利林牧公司总管理处
【收文单位】 甘肃水利林牧公司总管理处；洮河林场
【档案编号】
　　039-001-0109-（0038-0040、0043）
【成文时间】 1945-04-25—1945-06-22
【收藏单位】 甘肃省档案馆
【涉及地域】 岷县
【关 键 词】 木款；林场
【内容提要】
　　此案卷共3份文件，内容如题。

【叙录编号】 0454
【档案题名】
　　洮河林场与甘肃水利林牧公司就发放林场所需款项的函
【发文单位】 洮河林场；甘肃水利林牧公司总管理处
【收文单位】 甘肃水利林牧公司总管理处；洮河林场
【档案编号】 039-001-0109-（0046-0047）
【成文时间】 1945-07-07—1945-07-17
【收藏单位】 甘肃省档案馆

【涉及地域】 岷县
【关 键 词】 运木；驮畜繁殖场
【内容提要】
　　此案卷共2份文件。洮河林场向甘肃水利林牧公司总管理处请赐开支包括运木费用、贡材拉材费用、驮畜繁殖费、白龙江划界及筹设分场、职员薪资（0046）。

【叙录编号】 0455
【档案题名】
　　甘肃水利林牧公司为先汇出及放木费款项致洮河林场的电
【发文单位】 甘肃水利林牧公司
【收文单位】 洮河林场
【档案编号】 039-001-0109-0054
【成文时间】 1945-10-15
【收藏单位】 甘肃省档案馆
【涉及地域】 岷县
【关 键 词】 木费
【内容提要】
　　此案卷共1份文件，内容如题。

【叙录编号】 0456
【档案题名】
　　洮河林场为请增加森林开发资金致甘肃水利林牧公司的函
【发文单位】 甘肃水利林牧公司经理邓叔群
【收文单位】 洮河林场
【档案编号】 039-001-0109-（0054-0055）
【成文时间】 1945-05-22
【收藏单位】 甘肃省档案馆
【涉及地域】 岷县
【关 键 词】 森林开发；资金
【内容提要】
　　此案卷共3份文件。洮河林场开发预算（0055）。

【叙录编号】 0457

【档案题名】

洮河林场为报林场木材、牲畜出售情况致甘肃水利林牧公司的函

【发文单位】 洮河林场

【收文单位】 甘肃水利林牧公司

【档案编号】 039-001-0109-0059

【成文时间】 1945-10-27

【收藏单位】 甘肃省档案馆

【涉及地域】 岷县

【关 键 词】 木材出售；牲畜出售；林场

【内容提要】

此案卷共1份文件，内容如题。

【叙录编号】 0458

【档案题名】

甘肃水利林牧公司、甘肃水利林牧公司森林部、甘肃省政府关于该公司在岷县、卓尼设治局设置林区编练林警并拨发武器一事的往来公函

【发文单位】 甘肃水利林牧公司；甘肃省政府等

【收文单位】 甘肃省政府；甘肃水利林牧公司等

【档案编号】 039-001-0110-（0001-0007）

【成文时间】 1941-11-28—1942-02-05

【收藏单位】 甘肃省档案馆

【涉及地域】 岷县；卓尼设治局

【关 键 词】 林警；武器

【内容提要】

此案卷共7份文件，内容如题。

【叙录编号】 0459

【档案题名】

甘肃水利林牧公司第一林区、总管理处为迅发所需枪弹一事和甘肃省建设厅、第八战区司令部的往来公函

【发文单位】 甘肃水利林牧公司第一林区；甘肃水利林牧公司总管处等

【收文单位】 甘肃水利林牧公司总管处；第八战区司令部等

【档案编号】 039-001-0110-（0007-0016）

【成文时间】 1942-07-27—1943-02-24

【收藏单位】 甘肃省档案馆

【涉及地域】 岷县；卓尼设治局

【关 键 词】 岷县；枪弹

【内容提要】

此案卷共9份文件。甘肃水利林牧公司关于所需枪弹函省建设厅转呈省政府，而省政府无库存。询第八战区亦无旧枪，所需枪弹或可设法办到。

【叙录编号】 0460

【档案题名】

甘肃水利林牧公司请求农林部提供设立林区所需枪弹等事的相关公函

【发文单位】 甘肃水利林牧公司；农林部

【收文单位】 农林部；洮河林场等

【档案编号】 039-001-0110-（0017-0021）

【成文时间】 1943-02-24—1943-06-20

【收藏单位】 甘肃省档案馆

【涉及地域】 岷县；卓尼设治局

【关 键 词】 第一林区；枪弹

【内容提要】

此案卷共5份文件。农林部批准甘肃水利林牧公司的申请，由军政部提供所需枪弹。

【叙录编号】 0461

【档案题名】

甘肃水利林牧公司总管理处、张丹如、军工署等关于接洽洮河林场所需枪弹一事的往来公函

【发文单位】 甘肃水利林牧公司总管理处

【收文单位】 张丹如代表；军工署等

【档案编号】　039-001-0110-（0022-0024）

【成文时间】　1943-07-30—1943-07-31

【收藏单位】　甘肃省档案馆

【涉及地域】　岷县；卓尼设治局

【关 键 词】　洮河林场；枪弹

【内容提要】

　　此案卷共3份文件，内容如题。

【叙录编号】　0462

【档案题名】

　　甘肃水利林牧公司、西北枕木厂、枕木场宝鸡办事处、兵工署军械司关于洽商、运输洮河林场所需枪弹的往来公函

【发文单位】　甘肃水利林牧公司；军械司等

【收文单位】　甘肃水利林牧公司；洮河林场等

【档案编号】　039-001-0110-（0025-0036）

【成文时间】　1943-09-23—1943-12-28

【收藏单位】　甘肃省档案馆

【涉及地域】　岷县；卓尼设治局

【关 键 词】　洮河林场；枪弹

【内容提要】

　　此案卷共15份文件，洮河林场所需枪弹由西北枕木场负责支付。附军械司《运输说明书》（0026），3张《领据》（0031）。

【叙录编号】　0463

【档案题名】

　　甘肃水利林牧公司为填发洮河、渭河林场林警枪支护照给甘肃省保安司令部的公函

【发文单位】　甘肃水利林牧公司

【收文单位】　甘肃省保安司令部

【档案编号】　039-001-0110-（0037-0038）

【成文时间】　1944-01-09—1944-01-11

【收藏单位】　甘肃省档案馆

【涉及地域】　岷县；卓尼设治局

【关 键 词】　渭河林场；洮河林场

【内容提要】

　　此案卷共2份文件，内容如题。

【叙录编号】　0464

【档案题名】

　　甘肃水利林牧公司、甘肃省建设厅关于洮河林场所需枪弹价格一事的往来公函

【发文单位】　甘肃水利林牧公司；甘肃省建设厅

【收文单位】　甘肃省建设厅；甘肃水利林牧公司

【档案编号】

　　039-001-0110-0039；

　　039-001-0111-0001

【成文时间】　1944-04-29—1944-07-12

【收藏单位】　甘肃省档案馆

【涉及地域】　岷县；卓尼设治局

【关 键 词】　洮河林场；枪弹；价格

【内容提要】

　　此案卷共2份文件，内容如题。

【叙录编号】　0465

【档案题名】

　　甘肃水利林牧公司总管理处、洮河林场、甘肃省保安司令部等关于洮河林场续领枪械相关手续一事的相关公函

【发文单位】　甘肃水利林牧公司；洮河林场等

【收文单位】　张丹如；军政部军械司等

【档案编号】　039-001-0111-（0002-0017）

【成文时间】　1944-07-13—1944-11-16

【收藏单位】　甘肃省档案馆

【涉及地域】　岷县；卓尼设治局

【关 键 词】　洮河林场；枪械

【内容提要】

　　此案卷共16份文件，附《甘肃水利林木公司洮河林场枪支清册》（0005），《洮河林场枪支号码表》（0008），《修正国民政府查验自卫枪炮及给照暂行条例》（0013），《由军政部价领枪支号码清单》（0017）。

【叙录编号】　0466

【档案题名】

甘肃水利林牧公司关于洮河林场所存枪弹代管一事的往来公函

【发文单位】　甘肃水利林牧公司；甘肃省保安司令部等

【收文单位】　甘肃省建设厅；洮河林场

【档案编号】　039-001-0111-（0018-0022）

【成文时间】　1947-12-27—1948-06-20

【收藏单位】　甘肃省档案馆

【涉及地域】　岷县；卓尼设治局

【关 键 词】　洮河林场；枪械

【内容提要】

此案卷共4份文件，洮河林场枪弹由第一区行政督察专员公署代管，附《枪械子弹清册》（0021）。

【叙录编号】　0467

【档案题名】

关于改订外勤费、津贴等事的往来公函

【发文单位】　洮河林场；甘肃水利林牧公司总管理处

【收文单位】　甘肃水利林牧公司总管理处；洮河林场

【档案编号】　039-001-0111-（0029-0033）

【成文时间】　1943-08-20—1943-08-28

【收藏单位】　甘肃省档案馆

【涉及地域】　岷县

【关 键 词】　洮河林场；津贴

【内容提要】

此案卷共5份文件，附《外勤费数目表》（0030），《改订职员及工役津贴表》（0031）。

【叙录编号】　0468

【档案题名】

甘肃水利林牧公司为询新派会计是否抵达洮河林场一事的公函

【发文单位】　甘肃水利林牧公司总管理处

【收文单位】　洮河林场

【档案编号】　039-001-0111-0034

【成文时间】　1946-10-11

【收藏单位】　甘肃省档案馆

【涉及地域】　岷县

【关 键 词】　洮河林场；会计

【内容提要】

此案卷共1份文件，内容如题。

【叙录编号】　0469

【档案题名】

第一林区、甘肃水利林牧公司总管理处关于该区会计股长林肇栋旷工停职一事的往来公函

【发文单位】　第一林区管理处；甘肃水利林牧公司总管理处

【收文单位】　甘肃水利林牧公司总管理处；第一林区管理处等

【档案编号】

039-001-0154-（0019-0023）；

039-001-0155-0006

【成文时间】　1942-11-23—1942-12-31

【收藏单位】　甘肃省档案馆

【涉及地域】　卓尼设治局

【关 键 词】　林肇栋

【内容提要】

此案卷共3份文件。林肇栋无故来兰，久不返卓，旷工日久，予以停职。

【叙录编号】　0470

【档案题名】

甘肃水利林牧公司、林肇栋关于交接账据、公款公物的往来函、呈

【发文单位】　甘肃水利林牧公司；林肇栋

【收文单位】　林肇栋；陈森等

【档案编号】　039-001-0154-0024

【成文时间】　1943-01-02—1943-02-15

【收藏单位】　甘肃省档案馆

【涉及地域】　卓尼设治局

【关 键 词】　林肇栋；交接

【内容提要】

　　此案卷共9份文件。0025涉及林肇栋前代湟惠渠购买洋镐发票一事。0026附《第一林区会计股长林肇栋领去会计账表书目清单》。0031涉及移交接受木寨岭林场单据及银行存折一事。

【叙录编号】　0471

【档案题名】

　　甘肃水利林牧公司为复调张保赴第一林区致森林部的函

【发文单位】　甘肃水利林牧公司

【收文单位】　森林部

【档案编号】　039-001-0156-0006

【成文时间】　1942-09-09

【收藏单位】　甘肃省档案馆

【涉及地域】　岷县

【关 键 词】　张保；第一林区

【内容提要】

　　此案卷共1份文件，内容如题。

【叙录编号】　0472

【档案题名】

　　第一林区管理处、甘肃水利林牧公司关于第一林区与卓尼卫生院合作一事的往来公函

【发文单位】　第一林区管理处；甘肃水利林牧公司

【收文单位】　甘肃水利林牧公司；第一林区管理处

【档案编号】　039-001-0157-（0011-0014）

【成文时间】　1942-05-20—1942-05-26

【收藏单位】　甘肃省档案馆

【涉及地域】　卓尼设治局

【关 键 词】　卓尼卫生院；第一林区；合作办法

【内容提要】

　　此案卷共2份文件，附《卓尼卫生院合作办法》（0013）。

【叙录编号】　0473

【档案题名】

　　《洮河林场购有森林一览表》

【发文单位】　不详

【收文单位】　不详

【档案编号】　039-001-0228-0002

【成文时间】　不详

【收藏单位】　甘肃省档案馆

【涉及地域】　甘肃省

【关 键 词】　森林

【内容提要】

　　此案卷共1份文件，内容如题。

【叙录编号】　0474

【档案题名】

　　《甘肃水利林牧公司洮河林场木寨岭驮畜繁殖场全图》

【发文单位】　不详

【收文单位】　不详

【档案编号】　039-001-0228-0004

【成文时间】　不详

【收藏单位】　甘肃省档案馆

【涉及地域】　甘肃省

【关 键 词】　驮畜；繁殖场

【内容提要】

　　此案卷共1份文件，内容如题。

【叙录编号】　0475

【档案题名】

　　《卓尼办事处地基合同》

【发文单位】　不详

【收文单位】　不详

【档案编号】 039-001-0228-0006

【成文时间】 1940

【收藏单位】 甘肃省档案馆

【涉及地域】 卓尼设治局

【关 键 词】 地基

【内容提要】

此案卷共1份文件，内容如题。

【叙录编号】 0476

【档案题名】

《卓尼达子多四座森林契约》

【发文单位】 不详

【收文单位】 不详

【档案编号】 039-001-0228-0007

【成文时间】 1942-03-02

【收藏单位】 甘肃省档案馆

【涉及地域】 卓尼设治局

【关 键 词】 林契

【内容提要】

此案卷共1份文件，内容如题。

【叙录编号】 0477

【档案题名】

民国三十一年（1942）甘肃水利林牧公司就准函送粒珠沟等五处林契致第一林区总管理处的函

【发文单位】 甘肃水利林牧公司

【收文单位】 第一林区总管理处

【档案编号】 039-001-0228-0008

【成文时间】 1942-09-01—1942-10-12

【收藏单位】 甘肃省档案馆

【涉及地域】 卓尼设治局

【关 键 词】 林契

【内容提要】

此案卷共1份文件，内容如题。

【叙录编号】 0478

【档案题名】

《郭乍沟、大阳坡之间森林一座契约（抄存）》

【发文单位】 甘肃水利林牧公司

【收文单位】 不详

【档案编号】 039-001-0228-0009

【成文时间】 1942-05-04—1942-09-17

【收藏单位】 甘肃省档案馆

【涉及地域】 卓尼设治局

【关 键 词】 林契

【内容提要】

此案卷共1份文件，内容如题。

【叙录编号】 0479

【档案题名】

民国三十一年（1942）就检送购下两处森林契约的函

【发文单位】 不详

【收文单位】 甘肃水利林牧公司

【档案编号】 039-001-0228-0019

【成文时间】 1942-12-22

【收藏单位】 甘肃省档案馆

【涉及地域】 甘肃省

【关 键 词】 林契

【内容提要】

此案卷共1份文件，内容如题。

【叙录编号】 0480

【档案题名】

民国三十一年（1942）、民国三十二年（1943）甘肃水利林牧公司分别为复卡车沟知庄两处、郭乍沟格目浪林等六处、粒珠沟等处林契已照收的事宜致第一林区总管理处的函

【发文单位】 甘肃水利林牧公司

【收文单位】 第一林区总管理处

【档案编号】 039-001-0228-（0011-0013）

【成文时间】 1942-12-03—1943-11-20

【收藏单位】　甘肃省档案馆

【涉及地域】　卓尼设治局

【关 键 词】　林契

【内容提要】

　　此案卷共3份文件，内容如题。

【叙录编号】　0481

【档案题名】

　　《其步寺大湾全部森林契约（抄存底）》

【发文单位】　无

【收文单位】　无

【档案编号】　039-001-0228-0014

【成文时间】　1942-06-15—1942-12-17

【收藏单位】　甘肃省档案馆

【涉及地域】　卓尼设治局

【关 键 词】　林契

【内容提要】

　　此案卷共1份文件，内容如题。

【叙录编号】　0482

【档案题名】

　　民国三十三年（1944）洮河林场就检送粒珠沟森林契约致甘肃水利林牧公司的函

【发文单位】　洮河林场

【收文单位】　甘肃水利林牧公司

【档案编号】　039-001-0228-（0015-0016）

【成文时间】　1944-01-29—1944-02-08

【收藏单位】　甘肃省档案馆

【涉及地域】　卓尼设治局

【关 键 词】　林契

【内容提要】

　　此案卷共2份文件，附《粒珠沟森林契约底稿》1份，其他内容如题。

【叙录编号】　0483

【档案题名】

　　民国三十四年（1945）洮河林场就送小林沟森林契约一事致甘肃水利林牧公司的函

【发文单位】　洮河林场

【收文单位】　甘肃水利林牧公司

【档案编号】　039-001-0228-0017

【成文时间】　1945-03-13

【收藏单位】　甘肃省档案馆

【涉及地域】　卓尼设治局

【关 键 词】　林契

【内容提要】

　　此案卷共1份文件（第1—2页相关），内容如题。

【叙录编号】　0484

【档案题名】

　　民国三十三年（1944）沙地庄居民出售尼达沟阴坡森林的契约

【发文单位】　沙地庄居民

【收文单位】　不详

【档案编号】　039-001-0228-0022

【成文时间】　1944-06-13—1944-07-23

【收藏单位】　甘肃省档案馆

【涉及地域】　卓尼设治局

【关 键 词】　林契

【内容提要】

　　此案卷共1份文件，内容如题。

【叙录编号】　0485

【档案题名】

　　民国三十三年（1944）洮河林场函送7张购林契约给甘肃水利林牧公司总管理处

【发文单位】　洮河林场

【收文单位】　甘肃水利林牧公司

【档案编号】　039-001-0228-0023

【成文时间】　1944-08-12

【收藏单位】　甘肃省档案馆

【涉及地域】　卓尼设治局

【关 键 词】　林契

【内容提要】

此案卷共1份文件，内容如题。

【叙录编号】 0486
【档案题名】

民国三十一年（1942）第一林区管理处、甘肃水利林牧公司及山丹军马场就保护桑布沟、大峪沟林场一事的往来公文
【发文单位】 第一林区管理处；甘肃水利林牧公司等
【收文单位】 甘肃水利林牧公司；山丹军马场等
【档案编号】 039-001-0229-（0001-0004）
【成文时间】 1942-12-17—1942-12-29
【收藏单位】 甘肃省档案馆
【涉及地域】 卓尼设治局
【关 键 词】 森林保护
【内容提要】

此案卷共4份文件，主要内容为第一林场所购买的桑布沟、大峪沟森林屡经盗伐，故第一林场向甘肃水利林牧公司发函寻求山丹军马场的帮助，而后山丹军马场函复甘肃水利林牧公司已令洮岷分场随时保护。

【叙录编号】 0487
【档案题名】

洮河流域国有林区的管理办法
【发文单位】 农林部
【收文单位】 不详
【档案编号】 039-001-0306-（0003-0005）
【成文时间】 1943-09-08
【收藏单位】 甘肃省档案馆
【涉及地域】 甘肃省
【关 键 词】 林区；木材
【内容提要】

此案卷共3份文件，涉及村有林、封护林管理规则，以及各工作站查验木材管理办法。《农林部洮河流域国有林区管理处封护林区管

理规则》（0003）。《农林部洮河流域国有林区管理处村有林管理规则》（0004）。《农林部洮河流域国有林区管理处各工作站查验木材总则》（0005）。

【叙录编号】 0488
【档案题名】

姚开元为报800根木材即将运至洮河上游一事致甘肃水利林牧公司总管理处的电
【发文单位】 姚开元
【收文单位】 甘肃水利林牧公司总管理处
【档案编号】 039-001-0308-0013
【成文时间】 1943-10-09
【收藏单位】 甘肃省档案馆
【涉及地域】 临洮县
【关 键 词】 木材
【内容提要】

此案卷共1份文件，内容如题。

【叙录编号】 0489
【档案题名】

甘肃水利林牧公司总管理处为函知由洮惠渠管理处拨付木料价款一事致洮河林场的函
【发文单位】 甘肃水利林牧公司总管理处
【收文单位】 洮河林场
【档案编号】 039-001-0308-0021
【成文时间】 1944-02-24
【收藏单位】 甘肃省档案馆
【涉及地域】 临洮县
【关 键 词】 木料价款
【内容提要】

此案卷共1份文件，内容如题。

【叙录编号】 0490
【档案题名】

甘肃水利林牧公司总管理处为指示订购木材规格及价格致洮河林场的函

【发文单位】 甘肃水利林牧公司总管理处

【收文单位】 洮河林场

【档案编号】 039-001-0308-0031

【成文时间】 1942-06-12

【收藏单位】 甘肃省档案馆

【涉及地域】 临洮县

【关 键 词】 木料

【内容提要】

　　此案卷共1份文件，内容如题。

【叙录编号】 0491

【档案题名】

　　甘肃水利林牧公司为将旧烂木料就近出售给洮河林场一事致洮河林场的函

【发文单位】 甘肃水利林牧公司总管理处

【收文单位】 洮河林场

【档案编号】 039-001-0308-0041

【成文时间】 不详

【收藏单位】 甘肃省档案馆

【涉及地域】 临洮县

【关 键 词】 木料

【内容提要】

　　此案卷共1份文件，内容如题。

【叙录编号】 0492

【档案题名】

　　第一林区管理处与甘肃水利林牧公司负责人商讨洮河放木木材运销一事的往来函

【发文单位】 第一林区管理处；甘肃水利林牧公司

【收文单位】 甘肃水利林牧公司；第一林区管理处

【档案编号】 039-001-0309-（0006-0007）

【成文时间】 1942-10-20—1942-10-23

【收藏单位】 甘肃省档案馆

【涉及地域】 临洮县

【关 键 词】 木材

【内容提要】

　　此案卷共2份文件，内容如题。

【叙录编号】 0493

【档案题名】

　　甘肃水利林牧公司为就第一林区管理处木材运兰请求协助一事致洮惠渠和溥济渠的函

【发文单位】 甘肃水利林牧公司

【收文单位】 洮惠渠；溥济渠

【档案编号】 039-001-0309-0008

【成文时间】 1943-03-31

【收藏单位】 甘肃省档案馆

【涉及地域】 兰州市

【关 键 词】 木材

【内容提要】

　　此案卷共1份文件，内容如题。

【叙录编号】 0494

【档案题名】

　　甘肃水利林牧公司为报洪水冲下木料捞取一事致洮惠渠管理处的电

【发文单位】 甘肃水利林牧公司

【收文单位】 洮惠渠管理处

【档案编号】 039-001-0309-（0009-0012）

【成文时间】 1943-07-10

【收藏单位】 甘肃省档案馆

【涉及地域】 临洮县

【关 键 词】 木材

【内容提要】

　　此案卷共5份文件，内容如题。

【叙录编号】 0495

【档案题名】

　　洮河林场为报放运木料遭兵匪、洪水影响一事的函

【发文单位】 洮河林场

【收文单位】 甘肃水利林牧公司

【档案编号】 039-001-0309-0015
【成文时间】 1943-07-27
【收藏单位】 甘肃省档案馆
【涉及地域】 卓尼设治局
【关 键 词】 木材
【内容提要】

此案卷共1份文件。木材损失之处集中在九甸峡和宝舌口。

【叙录编号】 0496
【档案题名】

洮河林场派员为报洮河林场木材收购一事致甘肃水利林牧公司总管理处的工作报告
【发文单位】 甘肃水利林牧公司
【收文单位】 洮河林场派员张世杰、陈子玉等
【档案编号】 039-001-0309-0016
【成文时间】 1943-07-28
【收藏单位】 甘肃省档案馆
【涉及地域】 卓尼设治局
【关 键 词】 木材
【内容提要】

此案卷共1份文件，内容如题。

【叙录编号】 0497
【档案题名】

甘肃省政府为请洮河沿河乡镇保甲长护运木料至兰丰渠致岷县政府、临洮县政府、皋兰县政府的电
【发文单位】 甘肃省政府
【收文单位】 甘肃水利林牧公司总管理处
【档案编号】 039-001-0309-0025
【成文时间】 1943-09-29
【收藏单位】 甘肃省档案馆
【涉及地域】 岷县；临洮县；皋兰县
【关 键 词】 木材
【内容提要】

此案卷共1份文件，内容如题。

【叙录编号】 0498
【档案题名】

临洮县木料商业同业公会与甘肃水利林牧公司就报洮河林场木材被盗及处决办法一事的往来公文
【发文单位】 临洮县木料商业同业公会；甘肃水利林牧公司
【收文单位】 甘肃水利林牧公司；洮惠渠等
【档案编号】 039-001-0309-（0027-0030）
【成文时间】 1943-12-01—1943-12-17
【收藏单位】 甘肃省档案馆
【涉及地域】 临洮县
【关 键 词】 木材
【内容提要】

此案卷共4份文件。民国三十二年（1943）12月1日，屠家良、王尚仁偷窃洮河林场放运木材（0027-0028）；12月17日，甘肃水利林牧公司就两人偷卖木料一事向地方法院起诉（0029-0030）。

【叙录编号】 0499
【档案题名】

甘肃水利林牧公司为派员查验漂遗一事致洮河林场的函
【发文单位】 甘肃水利林牧公司；洮河林场
【收文单位】 洮河林场；甘肃水利林牧公司
【档案编号】 039-001-0310-0001
【成文时间】 1943-12-14—1943-12-21
【收藏单位】 甘肃省档案馆
【涉及地域】 甘肃省
【关 键 词】 木料
【内容提要】

此案卷共1份文件，内容如题。

【叙录编号】 0500
【档案题名】

甘肃水利林牧公司、甘肃贸易公司、临洮

县政府为调查临洮县绅商藏匿木料一事的往来公文

【发文单位】 甘肃水利林牧公司；甘肃省贸易公司

【收文单位】 临洮县政府；甘肃水利林牧公司

【档案编号】

　039-001-0310-（0001-0004、0009）

【成文时间】 1943-12-16—1944-01-13

【收藏单位】 甘肃省档案馆

【涉及地域】 临洮县；岷县

【关 键 词】 木料

【内容提要】

　　此案卷共4份文件。临洮县木商从临潭县采运木料，水路运送。其中九甸峡水势险峻，多将木料冲散，两岸居民趁机捞获甚多（0002）。为恢复市场木料供求平衡，甘肃水利林牧公司与甘肃贸易公司请临洮县政府负责调查木料被窃案（0003），临洮县政府表示严惩木料藏匿者（0009）。

【叙录编号】 0501

【档案题名】

　　甘肃水利林牧公司森林部为送洮河林场民国三十二年（1943）放运木料情形报告书一事致甘肃水利林牧公司总管理处的函

【发文单位】 甘肃水利林牧公司

【收文单位】 甘肃省政府

【档案编号】

　039-001-0310-（0005、0011、0012）

【成文时间】 1944-01-15

【收藏单位】 甘肃省档案馆

【涉及地域】 临洮县

【关 键 词】 木料；放运

【内容提要】

　　此案卷共3份文件，内容如题。

【叙录编号】 0502

【档案题名】

　　蔺继春就临洮县打捞木材情形致甘肃水利林牧公司总管理处的函

【发文单位】 蔺继春

【收文单位】 甘肃水利林牧公司总管理处

【档案编号】 039-001-0310-0013

【成文时间】 1944-02-07

【收藏单位】 甘肃省档案馆

【涉及地域】 临洮县

【关 键 词】 木料；水运；捞木

【内容提要】

　　此案卷共1份文件。木业工会组织捞木队第三分队赴洮河上游打捞木料。

【叙录编号】 0503

【档案题名】

　　甘肃水利林牧公司就洮河林场未改组前木料放运情形致甘肃水利林牧公司的函

【发文单位】 甘肃水利林牧公司总管理处

【收文单位】 洮河林场

【档案编号】 039-001-0310-0014

【成文时间】 1943-03-14

【收藏单位】 甘肃省档案馆

【涉及地域】 临洮县

【关 键 词】 木材；木料放运

【内容提要】

　　此案卷共1份文件，内容如题。

【叙录编号】 0504

【档案题名】

　　《洮河林场民国三十二年（1943）木料存运报告表》

【发文单位】 不详

【收文单位】 不详

【档案编号】 039-001-0310-（0017-0018）

【成文时间】 1943

【收藏单位】 甘肃省档案馆

【涉及地域】 岷县；卓尼设治局

【关　键　词】 木料；存运

【内容提要】

　　此案卷共2份文件。涉及岷县、新堡、多坝等地区木料放送情况，木料损失原因包括军队强征、腐朽、被偷等。

【叙录编号】 0505

【档案题名】

　　甘肃水利林牧公司职员就岷县运兰松木税务一事致洮河林场、临潭税务征收局等的函

【发文单位】 甘肃水利林牧公司；洮河林场

【收文单位】 洮河林场；临潭税务征收局等

【档案编号】 039-001-0310-（0023-0026）

【成文时间】 1944-10-07—1944-11-06

【收藏单位】 甘肃省档案馆

【涉及地域】 兰州市；岷县；临潭县

【关　键　词】 松木；税务

【内容提要】

　　此案卷共4份文件。木料运输途至临洮九甸峡处遗失一部分（0025）。

【叙录编号】 0506

【档案题名】

　　洮河林场就林场木材运输报告致甘肃水利林牧公司的函

【发文单位】 洮河林场

【收文单位】 甘肃水利林牧公司

【档案编号】 039-001-0310-（0027-0030）

【成文时间】 1944-11-27

【收藏单位】 甘肃省档案馆

【涉及地域】 卓尼设治局；临潭县；岷县

【关　键　词】 木材；洮河林场；大峪沟

【内容提要】

　　此案卷共4份文件，内容包括《洮河木材运输概况报告》《民国三十二年（1943）木材数量一览表》《大峪沟内放木情形报告》。

【叙录编号】 0507

【档案题名】

　　洮河林场转陈木材运输损失缘由致甘肃水利林牧公司总管理处的函

【发文单位】 洮河林场

【收文单位】 甘肃水利林牧公司

【档案编号】 039-001-0310-0031

【成文时间】 1944-12-05

【收藏单位】 甘肃省档案馆

【涉及地域】 岷县

【关　键　词】 木材损失；九甸峡

【内容提要】

　　此案卷共1份文件。因九甸峡水流湍急，导致木材多有损失。

【叙录编号】 0508

【档案题名】

　　甘肃水利林牧公司为核复临洮县存木及宝舌口放木情况致洮河林场的函

【发文单位】 甘肃水利林牧公司

【收文单位】 洮河林场

【档案编号】 039-001-0311-0002

【成文时间】 1944-12-11

【收藏单位】 甘肃省档案馆

【涉及地域】 临洮县

【关　键　词】 放木

【内容提要】

　　此案卷共1份文件，内容如题。

【叙录编号】 0509

【档案题名】

　　洮河林场为派专员至临洮县清点验收木材一事致甘肃水利林牧公司的函

【发文单位】 洮河林场；甘肃水利林牧公司

【收文单位】 甘肃水利林牧公司总管理处；洮河林场

【档案编号】 039-001-0311-（0003-0004）

【成文时间】 1944-12-19—1944-12-26

【收藏单位】 甘肃省档案馆

【涉及地域】 临洮县

【关 键 词】 木材；验收

【内容提要】

此案卷共2份文件，内容如题。

【叙录编号】 0510

【档案题名】

洮河林场就木材运至宝舌口的损失情况致甘肃水利林牧公司的函

【发文单位】 洮河林场

【收文单位】 甘肃水利林牧公司

【档案编号】 039-001-0311-0005

【成文时间】 1944-12-21

【收藏单位】 甘肃省档案馆

【涉及地域】 临洮县

【关 键 词】 放木损失

【内容提要】

此案卷共1份文件，内容如题。

【叙录编号】 0511

【档案题名】

洮河林场转陈洮河林场木材运输情形致甘肃水利林牧公司的呈及工作报告

【发文单位】 洮河林场

【收文单位】 甘肃水利林牧公司

【档案编号】 039-001-0311-（0008-0009）

【成文时间】 1944-12-20

【收藏单位】 甘肃省档案馆

【涉及地域】 临洮县

【关 键 词】 木材运输；宝舌口

【内容提要】

此案卷共2份文件。涉及木材运输组织、放木损失情况。

【叙录编号】 0512

【档案题名】

甘肃水利林牧公司就洮河林场放木情况及核实办法致洮河林场的指令

【发文单位】 甘肃水利林牧公司

【收文单位】 洮河林场

【档案编号】 039-001-0311-0010

【成文时间】 1944-12-28

【收藏单位】 甘肃省档案馆

【涉及地域】 临洮县

【关 键 词】 放木；宝舌口

【内容提要】

此案卷共1份文件，内容如题。

【叙录编号】 0513

【档案题名】

洮河林场总经理为扩充林区一事致甘肃水利林牧公司总管理处总经理沈君怡和甘肃省建设厅厅长张心一的函

【发文单位】 洮河林场总经理邓叔群

【收文单位】 甘肃水利林牧公司总管理处总经理沈君怡；甘肃省建设厅厅长张心一

【档案编号】 039-001-0311-（0012-0013）

【成文时间】 不详

【收藏单位】 甘肃省档案馆

【涉及地域】 临洮县

【关 键 词】 木材运输；洮河林场

【内容提要】

此案卷共2份文件，内容如题。

【叙录编号】 0514

【档案题名】

洮河林场就追查民国三十三年（1944）年内最末次下放木材损失的结果致甘肃水利林牧公司的函

【发文单位】 洮河林场

【收文单位】 甘肃水利林牧公司

【档案编号】 039-001-0311-0015

【成文时间】 1945-01-08

【收藏单位】 甘肃省档案馆

【涉及地域】 临洮县

【关 键 词】 运放木材；宝舌口

【内容提要】

此案卷共1份文件，内容如题。

【叙录编号】 0515

【档案题名】

甘肃水利林牧公司为搜寻遗失放木一事致洮河林场的函

【发文单位】 甘肃水利林牧公司

【收文单位】 洮河林场

【档案编号】 039-001-0311-0016

【成文时间】 1944-01-18

【收藏单位】 甘肃省档案馆

【涉及地域】 临洮县

【关 键 词】 放木；木材遗失；搜寻

【内容提要】

此案卷共1份文件，内容如题。

【叙录编号】 0516

【档案题名】

洮河林场与甘肃水利林牧公司就核实放木损失一事的往来函

【发文单位】 洮河林场；甘肃水利林牧公司

【收文单位】 甘肃水利林牧公司；洮河林场

【档案编号】 039-001-0311-（0017-0018）

【成文时间】 1945-03-02

【收藏单位】 甘肃省档案馆

【涉及地域】 临洮县

【关 键 词】 木材损失

【内容提要】

此案卷共2份文件，内容如题。

【叙录编号】 0517

【档案题名】

洮河林场就民国三十二年（1943）、民国三十三年（1944）林场木材收支的报告致甘肃水利林牧公司的函及工作报告

【发文单位】 洮河林场

【收文单位】 甘肃水利林牧公司

【档案编号】 039-001-0311-（0019-0021）

【成文时间】 1945-03-02

【收藏单位】 甘肃省档案馆

【涉及地域】 临洮县

【关 键 词】 放木

【内容提要】

此案卷共3份文件。《洮河林场民国三十二年（1943）放木报告》（0020）；《洮河林场民国三十三年（1944）放木报告》（0021）。

【叙录编号】 0518

【档案题名】

洮河林场就派员追查会川县中寨镇附近居民抢劫木材一事的函及工作报告

【发文单位】 洮河林场；职员曹观方

【收文单位】 甘肃水利林牧公司

【档案编号】 039-001-0311-（0022-0023）

【成文时间】 1945-04-03—1945-04-10

【收藏单位】 甘肃省档案馆

【涉及地域】 岷县

【关 键 词】 木材；抢劫

【内容提要】

此案卷共2份文件，内容如题。

【叙录编号】 0519

【档案题名】

洮河林场为报河川解冻可运输木材致甘肃水利林牧公司的函

【发文单位】 洮河林场

【收文单位】 甘肃水利林牧公司

【档案编号】 039-001-0311-0024

【成文时间】 1945-03-21

【收藏单位】　甘肃省档案馆

【涉及地域】　岷县

【关 键 词】　木材；运输

【内容提要】

　　此案卷共1份文件，内容如题。

【叙录编号】　0520

【档案题名】

　　甘肃水利林牧公司与洮河林场就通知王琢至临洮洽办木材放运一事往来公文

【发文单位】　甘肃水利林牧公司

【收文单位】　洮河林场；临洮县政府等

【档案编号】

　　039-001-0311-（0025-0027、0029）

【成文时间】　1944-04-23

【收藏单位】　甘肃省档案馆

【涉及地域】　临洮县

【关 键 词】　木材；运输

【内容提要】

　　此案卷共4份文件，内容如题。

【叙录编号】　0521

【档案题名】

　　洮河林场姚仲吾为报拟放运木材及其所需费致甘肃水利林牧公司的函

【发文单位】　甘肃水利林牧公司

【收文单位】　洮河林场姚仲吾

【档案编号】　039-001-0311-0028

【成文时间】　1945-04-20

【收藏单位】　甘肃省档案馆

【涉及地域】　临洮县；兰州市

【关 键 词】　木材；放运

【内容提要】

　　此案卷共1份文件，内容如题。

【叙录编号】　0522

【档案题名】

甘肃水利林牧公司就协助看管放运木材一事致水川口乡公所的函

【发文单位】　甘肃水利林牧公司

【收文单位】　水川口乡公所

【档案编号】　039-001-0311-0030

【成文时间】　1945-04-23

【收藏单位】　甘肃省档案馆

【涉及地域】　临洮县

【关 键 词】　木材；看管；放运

【内容提要】

　　此案卷共1份文件，内容如题。

【叙录编号】　0523

【档案题名】

　　洮河林场王琢为办清木筏下放手续致甘肃水利林牧公司的函和电

【发文单位】　洮河林场王琢

【收文单位】　甘肃水利林牧公司

【档案编号】　039-001-0312-0003

【成文时间】　1945-04-26

【收藏单位】　甘肃省档案馆

【涉及地域】　临洮县

【关 键 词】　木筏；手续

【内容提要】

　　此案卷共1份文件，内容如题。

【叙录编号】　0524

【档案题名】

　　甘肃水利林牧公司就将木材运输临洮购放兰州一事致洮河林场的函

【发文单位】　甘肃水利林牧公司

【收文单位】　洮河林场

【档案编号】　039-001-0312-0004

【成文时间】　1945-05-07

【收藏单位】　甘肃省档案馆

【涉及地域】　临洮县

【关 键 词】　木材；运输

【内容提要】

此案卷共1份文件，内容如题。

【叙录编号】 0525

【档案题名】

洮河林场为报大峪沟林场木材放运情形致甘肃水利林牧公司的函

【发文单位】 洮河林场

【收文单位】 甘肃水利林牧公司

【档案编号】 039-001-0312-0005

【成文时间】 1945-07-03

【收藏单位】 甘肃省档案馆

【涉及地域】 临洮县

【关 键 词】 木材；放运；洮河

【内容提要】

此案卷共1份文件，涉及洮河流域内木材运输的情形。

【叙录编号】 0526

【档案题名】

甘肃水利林牧公司与洮河林场就调查放运木材损失缘由一事的往来公文

【发文单位】 甘肃水利林牧公司；洮河林场

【收文单位】 洮河林场；甘肃水利林牧公司

【档案编号】 039-001-0312-（0006、0008）

【成文时间】 1945-07-03

【收藏单位】 甘肃省档案馆

【涉及地域】 临洮县

【关 键 词】 木材损失；放运

【内容提要】

此案卷共2份文件，内容如题。

【叙录编号】 0527

【档案题名】

洮河林场就粒珠沟、卡车沟、大峪沟木材运输情形致甘肃水利林牧公司的函

【发文单位】 洮河林场

【收文单位】 甘肃水利林牧公司

【档案编号】 039-001-0312-0007

【成文时间】 1945-07-19

【收藏单位】 甘肃省档案馆

【涉及地域】 临洮县

【关 键 词】 木材运输

【内容提要】

此案卷共2份文件。粒珠沟木材需转运放运，卡车沟木材用牛脚拉运，编小筏入洮河；大峪沟木材用牛脚拉运，下放宝舌口。

【叙录编号】 0528

【档案题名】

甘肃水利林牧公司就木材运输方式、放运根数致洮河林场的函

【发文单位】 甘肃水利林牧公司

【收文单位】 洮河林场协理王琢

【档案编号】 039-001-0312-0009

【成文时间】 不详

【收藏单位】 甘肃省档案馆

【涉及地域】 临洮县

【关 键 词】 木材运输；木材损失

【内容提要】

此案卷共1份文件，内容如题。

【叙录编号】 0529

【档案题名】

甘肃水利林牧公司与洮河林场就第二批木材放运一事的往返函；因木材价跌且九甸峡堵塞洮河林场就原定木材是否放运一事致甘肃水利林牧公司的函

【发文单位】 洮河林场；甘肃水利林牧公司

【收文单位】 甘肃水利林牧公司；洮河林场

【档案编号】 039-001-0312-（0010、0011）

【成文时间】 1945-09-14

【收藏单位】 甘肃省档案馆

【涉及地域】 临洮县

【关 键 词】 木材运输

【内容提要】

此案卷共2份文件。因木材价跌且九甸峡堵塞，洮河林场就第二批木材是否继续运送一事询问甘肃水利林牧公司（0010）；甘肃水利林牧公司就第二批木材集中运存至临洮县一事致洮河林场的函（0011）。

【叙录编号】 0530

【档案题名】

洮河林场就运放木材损失核销一事致甘肃水利林牧公司的函

【发文单位】 洮河林场

【收文单位】 甘肃水利林牧公司

【档案编号】 039-001-0312-0012

【成文时间】 1946-01-17

【收藏单位】 甘肃省档案馆

【涉及地域】 临洮县

【关 键 词】 木材损失

【内容提要】

此案卷共1份文件，内容如题。

【叙录编号】 0531

【档案题名】

洮河林场为报洮河林场民国三十四年（1945）运木报告书致甘肃水利林牧公司的函和工作报告

【发文单位】 洮河林场

【收文单位】 甘肃水利林牧公司

【档案编号】 039-001-0312-（0013-0014）

【成文时间】 1946-01-17

【收藏单位】 甘肃省档案馆

【涉及地域】 临洮县

【关 键 词】 木材运送

【内容提要】

此案卷共2份文件。《甘肃水利林牧公司洮河林场民国三十四年（1945）运木报告书》

（0014）。

【叙录编号】 0532

【档案题名】

甘肃水利林牧公司就木材运送时间、木料规格等注意事项致洮河林场的函

【发文单位】 甘肃水利林牧公司

【收文单位】 洮河林场

【档案编号】 039-001-0312-（0015-0016）

【成文时间】 1946-05-02—1946-05-06

【收藏单位】 甘肃省档案馆

【涉及地域】 临洮县

【关 键 词】 木材；规格；价格

【内容提要】

此案卷共2份文件，内容如题。

【叙录编号】 0533

【档案题名】

洮河林场为报大峪沟木材采伐情况致甘肃水利林牧公司总管理处的函

【发文单位】 洮河林场

【收文单位】 甘肃水利林牧公司总经理

【档案编号】 039-001-0312-0018

【成文时间】 不详

【收藏单位】 甘肃省档案馆

【涉及地域】 临洮县

【关 键 词】 木材采伐；大峪沟

【内容提要】

此案卷共1份文件，内容如题。

【叙录编号】 0534

【档案题名】

洮河林场、甘肃水利林牧公司、甘肃省建设厅就供给天兰路所需电杆枕木一事的往来公文

【发文单位】 洮河林场；甘肃水利林牧公司总管理处等

【收文单位】 甘肃水利林牧公司总管理处；洮河林场经理张汉豪等

【档案编号】

039-001-0312-（0019-0022、0024-0025、0027、0029）

【成文时间】 1946-05-26—1946-10-09

【收藏单位】 甘肃省档案馆

【涉及地域】 临洮县；兰州市；岷县

【关 键 词】 枕木；电杆

【内容提要】

此案卷共8份文件。所需枕木规格及数量（0019）；兰州至岷县道路尚未修复，导致木料运输延期（0025）。

【叙录编号】 0535

【档案题名】

甘肃水利林牧公司为核洮河林场可供木料数量致洮河林场的函

【发文单位】 甘肃水利林牧公司

【收文单位】 洮河林场

【档案编号】 039-001-0312-0026

【成文时间】 不详

【收藏单位】 甘肃省档案馆

【涉及地域】 临洮县

【关 键 词】 木料；洮河林场

【内容提要】

此案卷共1份文件，内容如题。

【叙录编号】 0536

【档案题名】

甘肃水利林牧公司就提前发送洮河林场木料存货一事致洮河林场的电

【发文单位】 甘肃水利林牧公司

【收文单位】 洮河林场

【档案编号】 039-001-0312-0031

【成文时间】 1946-09-09

【收藏单位】 甘肃省档案馆

【涉及地域】 卓尼县；临洮县

【关 键 词】 存料

【内容提要】

此案卷共1份文件，内容如题。

【叙录编号】 0537

【档案题名】

甘肃水利林牧公司就洮河水涨谨慎保管沿岸木料存货一事致洮河林场桑园鑫的电

【发文单位】 甘肃水利林牧公司

【收文单位】 洮河林场桑园鑫

【档案编号】 039-001-0312-0032

【成文时间】 1946-09-09

【收藏单位】 甘肃省档案馆

【涉及地域】 临洮县

【关 键 词】 木料存货

【内容提要】

此案卷共1份文件，内容如题。

【叙录编号】 0538

【档案题名】

甘肃水利林牧公司为存放木料如期运兰一事致洮河林场的函

【发文单位】 甘肃水利林牧公司

【收文单位】 洮河林场

【档案编号】 039-001-0313-0001

【成文时间】 1944-09-25

【收藏单位】 甘肃省档案馆

【涉及地域】 兰州市

【关 键 词】 木料存货

【内容提要】

此案卷共1份文件，内容如题。

【叙录编号】 0539

【档案题名】

甘肃水利林牧公司与洮河林场就运兰木料一事的往来公文

【发文单位】　洮河林场；甘肃水利林牧公司

【收文单位】　甘肃水利林牧公司；洮河林场

【档案编号】　039-001-0313-（0002-0003）

【成文时间】　1946-10-03—1946-10-08

【收藏单位】　甘肃省档案馆

【涉及地域】　临洮县

【关　键　词】　木料

【内容提要】

　　此案卷共2份文件。运兰木材尽数交付吴家园（0002）。

【叙录编号】　0540

【档案题名】

　　甘肃水利林牧公司为通知木厂地点致洮河林场的函

【发文单位】　甘肃水利林牧公司

【收文单位】　洮河林场桑园鑫

【档案编号】　039-001-0313-0004

【成文时间】　1946-10-19

【收藏单位】　甘肃省档案馆

【涉及地域】　兰州市

【关　键　词】　木料

【内容提要】

　　此案卷共1份文件。木厂位于七里河东吴家园。

【叙录编号】　0541

【档案题名】

　　甘肃水利林牧公司就洮河林场率警接木一事致洮河林场桑园鑫的电

【发文单位】　甘肃水利林牧公司

【收文单位】　洮河林场桑园鑫

【档案编号】　039-001-0313-0005

【成文时间】　1946-11-13

【收藏单位】　甘肃省档案馆

【涉及地域】　甘肃省

【关　键　词】　木料

【内容提要】

　　此案卷共1份文件，内容如题。

【叙录编号】　0542

【档案题名】

　　洮河林场就陈副经理赴大峪河监视伐木情形以及首批木料由多坝开行一事致甘肃水利林牧公司的函和电

【发文单位】　洮河林场

【收文单位】　甘肃水利林牧公司

【档案编号】　039-001-0313-0011

【成文时间】　1947-04-04

【收藏单位】　甘肃省档案馆

【涉及地域】　卓尼设治局；兰州市

【关　键　词】　木料

【内容提要】

　　此案卷共1份文件，内容如题。

【叙录编号】　0543

【档案题名】

　　洮河林场就洮河林场木材定价一事致甘肃水利林牧公司的电

【发文单位】　甘肃水利林牧公司

【收文单位】　洮河林场

【档案编号】　039-001-0313-0012

【成文时间】　1947-04-05

【收藏单位】　甘肃省档案馆

【涉及地域】　卓尼设治局

【关　键　词】　木料

【内容提要】

　　此案卷共1份文件，内容如题。

【叙录编号】　0544

【档案题名】

　　洮河林场就首批枕木电杆运输一事致甘肃水利林牧公司的函

【发文单位】　洮河林场

【收文单位】　甘肃水利林牧公司

【档案编号】　039-001-0313-0013

【成文时间】　1947-04-09

【收藏单位】　甘肃省档案馆

【涉及地域】　卓尼设治局

【关　键　词】　木料

【内容提要】

此案卷共1份文件，内容如题。

【叙录编号】　0545

【档案题名】

甘肃水利林牧公司就该洮河林场松木售价定价一事致洮河林场的函

【发文单位】　甘肃水利林牧公司

【收文单位】　洮河林场

【档案编号】　039-001-0313-0019

【成文时间】　1945-06-23

【收藏单位】　甘肃省档案馆

【涉及地域】　临洮县

【关　键　词】　木料

【内容提要】

此案卷共1份文件，内容如题。

【叙录编号】　0546

【档案题名】

洮河林场为报木材启运日期及数量致甘肃水利林牧公司的函

【发文单位】　洮河林场

【收文单位】　甘肃水利林牧公司

【档案编号】　039-001-0313-（0025-0026）

【成文时间】　1947-06-14—1947-07-11

【收藏单位】　甘肃省档案馆

【涉及地域】　临洮县

【关　键　词】　木料；启运

【内容提要】

此案卷共1份文件，内容如题。

【叙录编号】　0547

【档案题名】

甘肃水利林牧公司为报7月木料如数收到致洮河林场的函

【发文单位】　甘肃水利林牧公司

【收文单位】　洮河林场

【档案编号】　039-001-0313-0031

【成文时间】　1947-07-21

【收藏单位】　甘肃省档案馆

【涉及地域】　临洮县

【关　键　词】　木料

【内容提要】

此案卷共1份文件，内容如题。

【叙录编号】　0548

【档案题名】

洮河林场为送下期木料运费概算表致甘肃水利林牧公司的函

【发文单位】　洮河林场

【收文单位】　甘肃水利林牧公司

【档案编号】　039-001-0313-（0034-0035）

【成文时间】　1947-07-11

【收藏单位】　甘肃省档案馆

【涉及地域】　临洮县

【关　键　词】　木料

【内容提要】

此案卷共2份文件。《甘肃水利林牧公司洮河林场下期运木概算表》（0035）。

【叙录编号】　0549

【档案题名】

洮河林场为报木材下河运输日期致甘肃水利林牧公司的函和电

【发文单位】　洮河林场

【收文单位】　甘肃水利林牧公司

【档案编号】　039-001-0313-0041

【成文时间】　1947-09-25

【收藏单位】　甘肃省档案馆

【涉及地域】　卓尼设治局；兰州市

【关 键 词】　木料

【内容提要】

　　此案卷共1份文件，内容如题。

【叙录编号】　0550

【档案题名】

　　洮河林场为报临洮县林场纠纷情形致甘肃水利林牧公司的函

【发文单位】　洮河林场总经理邓叔群

【收文单位】　甘肃水利林牧公司

【档案编号】　039-001-0314-0020

【成文时间】　1944-10-17

【收藏单位】　甘肃省档案馆

【涉及地域】　临洮县

【关 键 词】　林区保护

【内容提要】

　　此案卷共1份文件。涉及扎路沟、卡车沟林场森林纠纷。

【叙录编号】　0551

【档案题名】

　　洮河林场为报大峪沟林场被窃木料追查无着落请求核销一事的函

【发文单位】　洮河林场

【收文单位】　甘肃水利林牧公司周重光

【档案编号】　039-001-0314-0032

【成文时间】　1946-01-17

【收藏单位】　甘肃省档案馆

【涉及地域】　临洮县

【关 键 词】　木料偷窃；核销

【内容提要】

　　此案卷共1份文件，内容如题。

【叙录编号】　0552

【档案题名】

　　洮河林场、甘肃水利林牧公司、甘肃省建设厅就木材下放运送过程被盗一案的往来函

【发文单位】　洮河林场；甘肃水利林牧公司总管理处

【收文单位】　甘肃水利林牧公司总管理处；洮河林场

【档案编号】　039-001-0314-（0033-0034）

【成文时间】　1946-12-16—1946-12-21

【收藏单位】　甘肃省档案馆

【涉及地域】　卓尼设治局

【关 键 词】　木料偷窃；林区纠纷

【内容提要】

　　此案卷共1份文件，内容如题。

【叙录编号】　0553

【档案题名】

　　洮河林场为送林场森林清册、木材清册、家畜清册致甘肃水利林牧公司的函和清册

【发文单位】　洮河林场

【收文单位】　甘肃水利林牧公司

【档案编号】

　　039-001-0315-（0003、0012-0013、0015）

【成文时间】　1944-06-18

【收藏单位】　甘肃省档案馆

【涉及地域】　临洮县

【关 键 词】　林区；畜牧；洮河林场

【内容提要】

　　此案卷共4份文件。《甘肃水利林牧公司洮河林场森林清册》（0012）；《甘肃水利林牧公司洮河林场木材清册》（0013）；《甘肃水利林牧公司洮河林场家畜清册》（0015）。

【叙录编号】　0554

【档案题名】

　　洮河林场为送洮河林场及木寨岭分场《资产物品清册（下册）》致甘肃水利林牧公司的函和清册

【发文单位】 洮河林场

【收文单位】 甘肃水利林牧公司

【档案编号】 039-001-0316-（0004-0021）

【成文时间】 1944-07-28

【收藏单位】 甘肃省档案馆

【涉及地域】 岷县；临洮县

【关 键 词】 洮河林场；木寨岭林场

【内容提要】

此案卷共16份文件。《资产物品清册（下册）》封面（0005）；洮河林场木器清册（0007）；木寨岭分场建筑材料清册（0020）；木寨岭分场农产物清册（0021）。

【叙录编号】 0555

【档案题名】

洮河林场为送林场各项事业清册致甘肃水利林牧公司总管理处的函和清册

【发文单位】 洮河林场

【收文单位】 甘肃水利林牧公司总管理处

【档案编号】 039-001-0317-（0001-0007）

【成文时间】 1946-02-07

【收藏单位】 甘肃省档案馆

【涉及地域】 临洮县

【关 键 词】 洮河林场；苗木；林区

【内容提要】

《甘肃水利林牧公司洮河林场苗木移交清册》（0002）；《甘肃水利林牧公司洮河林场牲畜、房产、林区移交清册》（0003）。

【叙录编号】 0556

【档案题名】

洮河林场为送《甘肃水利林牧公司洮河林场留存各地木材清册》致甘肃水利林牧公司总管理处的报告

【发文单位】 洮河林场

【收文单位】 甘肃水利林牧公司总管理处

【档案编号】 039-001-0318-0001

【成文时间】 不详

【收藏单位】 甘肃省档案馆

【涉及地域】 卓尼设治局；岷县；临洮县

【关 键 词】 林区；木材

【内容提要】

此案卷共1份文件。内容涉及各林区存留木材、可清理旧木材。

【叙录编号】 0557

【档案题名】

《甘肃水利林牧公司洮河林场原生林移交清册》

【发文单位】 不详

【收文单位】 不详

【档案编号】 039-001-0318-0008

【成文时间】 1947-07-16

【收藏单位】 甘肃省档案馆

【涉及地域】 临洮县

【关 键 词】 林区

【内容提要】

此案卷共1份文件。内容涉及各处临洮县原生林区名。

【叙录编号】 0558

【档案题名】

《甘肃水利林牧公司洮河林场苗木移交清册》

【发文单位】 洮河林场经理叶惟熙

【收文单位】 洮河林场经理张汉豪

【档案编号】 039-001-0319-0004

【成文时间】 1947-12-31

【收藏单位】 甘肃省档案馆

【涉及地域】 临洮县

【关 键 词】 林区

【内容提要】

此案卷共1份文件，内容如题。

【叙录编号】 0559

【档案题名】

《甘肃水利林牧公司洮河林场林区房屋牲畜移交清册》

【发文单位】 洮河林场经理叶惟熙

【收文单位】 洮河林场经理张汉豪

【档案编号】 039-001-0319-0005

【成文时间】 1947-12-31

【收藏单位】 甘肃省档案馆

【涉及地域】 临洮县

【关 键 词】 林区

【内容提要】

此案卷共1份文件，内容如题。

【叙录编号】 0560

【档案题名】

洮河林场就莲冶分场木材移交情况致甘肃水利林牧公司的函和清册

【发文单位】 洮河林场经理张汉豪

【收文单位】 甘肃水利林牧公司总管理处

【档案编号】 039-001-0319-0011

【成文时间】 1948-04-02

【收藏单位】 甘肃省档案馆

【涉及地域】 临洮县

【关 键 词】 木材；莲冶分场

【内容提要】

此案卷共1份文件，内容如题。

【叙录编号】 0561

【档案题名】

洮河林场为报林场骟马病死一事致甘肃水利林牧公司总管理处的函

【发文单位】 洮河林场

【收文单位】 甘肃水利林牧公司总管理处

【档案编号】 039-001-0320-0021

【成文时间】 1944-12-11

【收藏单位】 甘肃省档案馆

【涉及地域】 临洮县

【关 键 词】 骟马

【内容提要】

此案卷共1份文件，内容如题。

【叙录编号】 0562

【档案题名】

洮河林场、西北制药厂、甘肃水利林牧公司就卓尼设治局驮畜繁殖场洽购兽医药品一事的往来公文

【发文单位】 洮河林场；甘肃水利林牧公司总管理处

【收文单位】 甘肃水利林牧公司总管理处；西北制药厂等

【档案编号】 039-001-0320-（0022-0025）

【成文时间】 1945-01-04—1945-01-05

【收藏单位】 甘肃省档案馆

【涉及地域】 卓尼设治局

【关 键 词】 兽医；药品；驮畜

【内容提要】

此案卷共4份文件，内容如题。

【叙录编号】 0563

【档案题名】

洮河林场与甘肃水利林牧公司就粒珠沟分场所属牛场牦牛死因及损失核销的往来公文

【发文单位】 洮河林场；甘肃水利林牧公司

【收文单位】 甘肃水利林牧公司；洮河林场

【档案编号】 039-001-0320-（0031-0032）

【成文时间】 1945-06-08—1945-06-21

【收藏单位】 甘肃省档案馆

【涉及地域】 临洮县

【关 键 词】 牦牛；粒珠沟牛场

【内容提要】

此案卷共2份文件，内容如题。

【叙录编号】 0564

【档案题名】

甘肃水利林牧公司就向夏河奶品制造厂拨款备制新乳一事致陇南畜牧场的函

【发文单位】 甘肃水利林牧公司

【收文单位】 陇南畜牧场

【档案编号】 039-001-0325-0032

【成文时间】 1944-01-03

【收藏单位】 甘肃省档案馆

【涉及地域】 夏河县

【关 键 词】 畜牧场；牛乳

【内容提要】

此案卷共1份文件，内容如题。

【叙录编号】 0565

【档案题名】

民国三十三年（1944）农林部洮河流域国有林区管理处7月、8月工作简报表

【发文单位】 甘肃水利林牧公司

【收文单位】 不详

【档案编号】 039-001-0330-（0007-0008）

【成文时间】 1944-07—1944-08

【收藏单位】 甘肃省档案馆

【涉及地域】 洮河流域

【关 键 词】 洮河；国有林区

【内容提要】

此案卷共2份文件，即《农林部洮河流域国有林区管理处7月份工作简报表》《农林部洮河流域国有林区管理处8月份工作简报表》各1份。

【叙录编号】 0566

【档案题名】

陇南畜牧场为送民国三十四年（1945）业务计划大纲及经费概算致甘肃水利林牧公司总管理处的函及工作报告

【发文单位】 陇南畜牧场

【收文单位】 甘肃水利林牧公司总管理处

【档案编号】 039-001-0356-（0001-0005）

【成文时间】 1935-01-17

【收藏单位】 甘肃省档案馆

【涉及地域】 兰州市；岷县；夏河县

【关 键 词】 乳牛；饲料

【内容提要】

此案卷共1份文件。陇南畜牧场将岷县奶牛分场所有牛只全部移送致兰州牧场（0003）。

【叙录编号】 0567

【档案题名】

陇南畜牧场与甘肃水利林牧公司就岷县蜂场结束转接相关事务的往来文件

【发文单位】 陇南畜牧场；甘肃水利林牧公司等

【收文单位】 甘肃水利林牧公司；陇南畜牧场等

【档案编号】 039-001-0361-（0001-0013）

【成文时间】 1945-10-19—1945-12-25

【收藏单位】 甘肃省档案馆

【涉及地域】 岷县

【关 键 词】 蜂场

【内容提要】

此案卷共13份文件。陇南畜牧场就岷县蜂场结束及交由甘肃省农业改进所接收情况上报致函甘肃水利林牧公司和甘肃省建设厅（0001-0003、0005-0007），在甘肃水利林牧公司与甘肃省建设厅沟通交流指导下完成接收工作（0004、0008-0013）。

【叙录编号】 0568

【档案题名】

夏河奶品制造厂与甘肃水利林牧公司就业务计划预算的电

【发文单位】 甘肃水利林牧公司；夏河奶品制造厂

【收文单位】 夏河奶品制造厂；甘肃水利林牧

公司

【档案编号】 039-001-0361-（0014-0015）

【成文时间】 1946-06-12—1946-08-01

【收藏单位】 甘肃省档案馆

【涉及地域】 岷县

【关 键 词】 奶品制造

【内容提要】

此案卷共2份文件，内容如题。

【叙录编号】 0569

【档案题名】

陇南畜牧场与甘肃水利林牧公司就请拨用兰州牧场器物相关事务的往来公文

【发文单位】 陇南畜牧场；甘肃水利林牧公司

【收文单位】 甘肃水利林牧公司；陇南畜牧场

【档案编号】 039-001-0362-（0006-0010）

【成文时间】 1944-09-27—1944-10-06

【收藏单位】 甘肃省档案馆

【涉及地域】 岷县

【关 键 词】 器物借用

【内容提要】

此案卷共5份文件，陇南畜牧场岷县奶牛场计划将牛迁至兰州饲养，恢复兰州牧场业务，希望迁用前兰州牧场的器物设备。

【叙录编号】 0570

【档案题名】

陇南畜牧场与甘肃水利林牧公司就建筑牛舍冰窖棚、小牛凉棚等建筑的付款报单相关事务的往来公文

【发文单位】 陇南畜牧场

【收文单位】 甘肃水利林牧公司

【档案编号】 039-001-0362-（0020-0021）

【成文时间】 1945-07-11

【收藏单位】 甘肃省档案馆

【涉及地域】 岷县

【关 键 词】 牛舍建造

【内容提要】

此案卷共1份文件，内容如题。

【叙录编号】 0571

【档案题名】

洮河林场紧缩原则

【发文单位】 甘肃水利林牧公司

【收文单位】 不详

【档案编号】 039-001-0371-0002

【成文时间】 不详

【收藏单位】 甘肃省档案馆

【涉及地域】 卓尼设治局

【关 键 词】 紧缩；洮河林场

【内容提要】

此案卷共1份文件，含《洮河林场紧缩原则》1份，其他内容如题。

【叙录编号】 0572

【档案题名】

民国三十四年（1945）洮河林场经理邓叔群就请洽租甘青宁电政管理局拉里沟森林一事致甘肃水利林牧公司的签呈及甘肃水利林牧公司为洮河林场暂租拉里沟森林十年一事致交通部的公函

【发文单位】 邓叔群；甘肃水利林牧公司

【收文单位】 甘肃水利林牧公司；交通部

【档案编号】 039-001-0375-（0017-0018）

【成文时间】 1945-05-22—1945-05-24

【收藏单位】 甘肃省档案馆

【涉及地域】 卓尼设治局

【关 键 词】 租借；森林

【内容提要】

此案卷共2份文件，内容如题。

【叙录编号】 0573

【档案题名】

民国三十四年（1945）甘肃水利林牧公司

就抄发员工乘马须知及牲畜管理办法致洮河林场的函

【发文单位】　甘肃水利林牧公司

【收文单位】　洮河林场

【档案编号】　039-001-0377-0003

【成文时间】　1945-05-23

【收藏单位】　甘肃省档案馆

【涉及地域】　卓尼设治局

【关 键 词】　乘马须知；牲畜管理

【内容提要】

　　此案卷共2份文件，含《甘肃水利林牧公司洮河林场员工乘马须知》《甘肃水利林牧公司洮河林场牲畜管理办法》各1份。

【叙录编号】　0574

【档案题名】

　　民国三十四年（1945）洮河林场就报1—6月增产牛马一事致甘肃水利林牧公司的函

【发文单位】　洮河林场

【收文单位】　甘肃水利林牧公司

【档案编号】　039-001-0377-0015

【成文时间】　1945-07-12

【收藏单位】　甘肃省档案馆

【涉及地域】　卓尼设治局

【关 键 词】　增产；牛马

【内容提要】

　　此案卷共1份文件，主要内容为洮河林场于民国三十四年（1945）1—6月增产牦牛犊10头、黄牛犊1头、公马驹1匹。

【叙录编号】　0575

【档案题名】

　　民国三十四年（1945）洮河林场、甘肃水利林牧公司就珠粒沟分场牛只病死一事的往来公文

【发文单位】　洮河林场；甘肃水利林牧公司

【收文单位】　甘肃水利林牧公司；洮河林场

【档案编号】　039-001-0377-（0016-0020）

【成文时间】　1945-07-13—1945-09-22

【收藏单位】　甘肃省档案馆

【涉及地域】　卓尼设治局

【关 键 词】　牛只病死

【内容提要】

　　此案卷共5份文件，含《粒珠沟分场牛场牛瘟报告》，主要内容为7月13日—8月6日洮河林场上报珠粒沟分场先后发现第6号牦牛患脑积水而病死、牛瘟，并在9月11日向甘肃水利林牧公司出具牛瘟报告书。9月22日甘肃水利林牧公司函复洮河林场，准予核销此次损失牛只，同时运送人员也需严加处置。

【叙录编号】　0576

【档案题名】

　　民国三十六年（1947）洮河林场就报送本场牛只被偷窃、被豺狗咬死等事致甘肃水利林牧公司的函

【发文单位】　洮河林场

【收文单位】　甘肃水利林牧公司

【档案编号】　039-001-0377-（0021-0022）

【成文时间】　1947-02-01

【收藏单位】　甘肃省档案馆

【涉及地域】　卓尼设治局

【关 键 词】　牛只；偷窃；咬死

【内容提要】

　　此案卷共2份文件，内容如题。

【叙录编号】　0577

【档案题名】

　　民国三十七年（1948）洮河林场就出售小青马情形致甘肃水利林牧公司总管理处的公函

【发文单位】　洮河林场

【收文单位】　甘肃水利林牧公司

【档案编号】　039-001-0377-0023

【成文时间】　1948-04-12

【收藏单位】　甘肃省档案馆

【涉及地域】　卓尼设治局

【关　键　词】　小青马；出售

【内容提要】

　　此案卷共1份文件，内容如题。

【叙录编号】　0578

【档案题名】

　　民国三十四年（1945）甘肃水利林牧公司、甘肃省建设厅、甘肃省政府、洮河林场及康乐县政府就准拨康乐县修桥木材200根一事的相关公文

【发文单位】　甘肃水利林牧公司；甘肃省政府

【收文单位】　甘肃省建设厅；洮河林场；康乐县政府

【档案编号】　039-001-0378-（0004-0006）

【成文时间】　1945-09-04—1945-09-15

【收藏单位】　甘肃省档案馆

【涉及地域】　康乐县

【关　键　词】　修桥木材

【内容提要】

　　此案卷共3份文件，内容如题。

【叙录编号】　0579

【档案题名】

　　民国三十四年（1945）甘肃省建设厅、临潭县政府、甘肃水利林牧公司、甘肃省政府、洮河林场就处置匪首张英杰森林等事的往来公文

【发文单位】　甘肃省建设厅；临潭县政府等

【收文单位】　甘肃水利林牧公司；洮河林场等

【档案编号】　039-001-0378-（0007-0017）

【成文时间】　1945-04-26—1945-05-28

【收藏单位】　甘肃省档案馆

【涉及地域】　临潭县

【关　键　词】　森林

【内容提要】

　　此案卷共11份文件，附《临潭县政府奉令查封匪首张英杰森林地址一览表》1份。内容涉及张英杰森林地址的确定、承租合约、承租权、核议租金、清查林木情形、承购并退租金等事。

【叙录编号】　0580

【档案题名】

　　民国三十四年（1945）甘肃水利林牧公司、甘肃省建设厅就开辟洮河林场荒滩经营利用权一事的往来公文

【发文单位】　甘肃水利林牧公司；甘肃省建设厅

【收文单位】　甘肃省建设厅；甘肃水利林牧公司

【档案编号】　039-001-0378-（0018-0019）

【成文时间】　1945-05-28—1945-10-29

【收藏单位】　甘肃省档案馆

【涉及地域】　卓尼设治局

【关　键　词】　荒滩；开垦

【内容提要】

　　此案卷共2份文件。主要内容为洮河林场因卓尼一带粮食缺乏，故向省建设厅申请开发当地的荒滩，甘肃省建设厅表示批准。

【叙录编号】　0581

【档案题名】

　　甘肃水利林牧公司、制革厂、夏河奶品制造厂、兰州牧场夏河分场关于洽商夏河牛皮价格的函、电

【发文单位】　甘肃水利林牧公司；夏河奶品制造厂等

【收文单位】　兰州制革厂；夏河奶品制造厂等

【档案编号】　039-001-0392-（0001-0007）

【成文时间】　1946-08-19—1946-09-03

【收藏单位】　甘肃省档案馆

【涉及地域】　夏河县

【关　键　词】　牛皮价格；制革

【内容提要】

此案卷共7份文件，内容如题。

【叙录编号】　0582
【档案题名】
　　甘肃林牧实业公司关于洮河林场上年工作概况的报告
【发文单位】　不详
【收文单位】　不详
【档案编号】　039-001-0394-0017
【成文时间】　1948-01-15
【收藏单位】　甘肃省档案馆
【涉及地域】　岷县
【关　键　词】　洮河林场；山林保育
【内容提要】
　　此案卷共1份文件。内容涉及洮河林场的山林保育、木材产销方面事宜。

【叙录编号】　0583
【档案题名】
　　甘肃省政府为请拨借兰州核心工事木料一事致甘肃林牧实业公司的代电
【发文单位】　甘肃省政府
【收文单位】　甘肃林牧实业公司
【档案编号】　039-001-0399-0040
【成文时间】　1949-01-24
【收藏单位】　甘肃省档案馆
【涉及地域】　兰州市
【关　键　词】　木料
【内容提要】
　　此案卷共1份文件，内容如题。

【叙录编号】　0584
【档案题名】
　　甘肃省建设厅召开关于筹借兰州市核心工事木料座谈会记录
【发文单位】　甘肃省建设厅
【收文单位】　不详

【档案编号】　039-001-0399-0041
【成文时间】　不详
【收藏单位】　甘肃省档案馆
【涉及地域】　兰州市
【关　键　词】　木料
【内容提要】
　　此案卷共1份文件。所需木料由临洮林场拨发，开春沿河运送。

【叙录编号】　0585
【档案题名】
　　甘肃林牧实业公司为转饬临洮站洽接木料并请拨还冶木河口存料的代电
【发文单位】　甘肃林牧实业公司
【收文单位】　甘肃省政府
【档案编号】　039-001-0399-0044
【成文时间】　1949-05-20
【收藏单位】　甘肃省档案馆
【涉及地域】　临洮县
【关　键　词】　木料
【内容提要】
　　此案卷共1份文件，内容如题。

【叙录编号】　0586
【档案题名】
　　甘肃省政府为木料不足一事致甘肃林牧实业公司请拨莲花山木材的函
【发文单位】　甘肃省政府
【收文单位】　甘肃林牧实业公司
【档案编号】　039-001-0399-0045
【成文时间】　1949-06-06
【收藏单位】　甘肃省档案馆
【涉及地域】　临潭县
【关　键　词】　木料
【内容提要】
　　此案卷共1份文件，内容如题。

【叙录编号】　0587

【档案题名】

　　甘肃林牧实业公司与甘肃省建设厅、洮河林场就新堡工作站阻挠洮河林场伐木的往来公文

【发文单位】　甘肃林牧实业公司

【收文单位】　甘肃省建设厅；洮河林场

【档案编号】　039-001-0400-（0028-0030）

【成文时间】　1947-06-26—1947-06-28

【收藏单位】　甘肃省档案馆

【涉及地域】　临洮县

【关 键 词】　伐木

【内容提要】

　　此案卷共3份文件。洮河林场购得古川寺内大材300余株，砍伐时被省农部新堡工作站阻止。后在调查后认为新堡工作站阻止砍伐属于非法，请求查办。

【叙录编号】　0588

【档案题名】

　　甘肃林牧实业公司与洮河林场就改组后移交清册事务的往来公文

【发文单位】　甘肃林牧实业公司；洮河林场

【收文单位】　洮河林场；甘肃林牧实业公司

【档案编号】　039-001-0407-（0006-0008）

【成文时间】　1948-08-05—1948-09-30

【收藏单位】　甘肃省档案馆

【涉及地域】　临洮县

【关 键 词】　清册交接

【内容提要】

　　此案卷共3份文件，内容如题。附洮河林场民国三十八年（1949）林区房产牲畜清册（0008）。

【叙录编号】　0589

【档案题名】

　　临洮站木厂就木料手续给李代表和马处长的函

【发文单位】　甘肃林牧实业公司职员杨致英、赵德权

【收文单位】　李代表；马处长

【档案编号】　039-001-0408-（0009-0010）

【成文时间】　1950-09-28—1950-10-09

【收藏单位】　甘肃省档案馆

【涉及地域】　临洮县

【关 键 词】　木料手续

【内容提要】

　　此案卷共2份文件，内容如题。

【叙录编号】　0590

【档案题名】

　　甘肃林牧实业公司与洮河林场就设立临洮物料管理站相关事务的往来公文

【发文单位】　甘肃林牧实业公司

【收文单位】　洮河林场

【档案编号】　039-001-0409-（0001-0002）

【成文时间】　1948-08-26

【收藏单位】　甘肃省档案馆

【涉及地域】　临洮县

【关 键 词】　临洮物料管理站

【内容提要】

　　此案卷共2份文件，内容如题。后附临洮物料管理站组织规章（0002）。

【叙录编号】　0591

【档案题名】

　　甘肃林牧实业公司与临洮物料管理站就物料发放报表事项的往来文件

【发文单位】　甘肃林牧实业公司；临洮物料管理站

【收文单位】　临洮物料管理站；甘肃林牧实业公司

【档案编号】

　　039-001-0409-（0003-0005、0010-0021、

0029-0035)

【成文时间】

1948-10-09—1948-10-16；

1948-11-13—1948-12-26；

1948-12-24—1949-01-12

【收藏单位】 甘肃省档案馆

【涉及地域】 临洮县

【关 键 词】 木料

【内容提要】

此案卷共22份文件。主要为甘肃林牧实业公司就与电信局换木料（0003-0004）；填报相关存料报表（0005、0019）；发放木材（0010-0014、0016、0029）；报告物料变动（0015、0021、0030-0035）等事务的相关往来文件。

【叙录编号】 0592

【档案题名】

临洮物料管理站与甘肃林牧实业公司就发林警使用办法的函

【发文单位】 临洮物料管理站

【收文单位】 甘肃林牧实业公司

【档案编号】 039-001-0409-0008

【成文时间】 1948-10-24

【收藏单位】 甘肃省档案馆

【涉及地域】 临洮县

【关 键 词】 林警

【内容提要】

此案卷共1份文件，内容如题。

【叙录编号】 0593

【档案题名】

甘肃林牧实业公司为催恒丰昌补交木料一事致甘肃林牧实业公司的函

【发文单位】 甘肃林牧实业公司

【收文单位】 临洮物料站

【档案编号】 039-001-0410-0031

【成文时间】 1949-04-13

【收藏单位】 甘肃省档案馆

【涉及地域】 临洮县

【关 键 词】 木料

【内容提要】

此案卷共1份文件，内容如题。

【叙录编号】 0594

【档案题名】

《甘肃林牧实业公司临洮物料管理站出售木料表》

【发文单位】 不详

【收文单位】 不详

【档案编号】 039-001-0410-0039

【成文时间】 不详

【收藏单位】 甘肃省档案馆

【涉及地域】 临洮县

【关 键 词】 木料

【内容提要】

此案卷共1份文件，内容如题。

【叙录编号】 0595

【档案题名】

洮河林场为报临洮放运至兰木材数量及价格致甘肃林牧实业公司的函

【发文单位】 洮河林场

【收文单位】 甘肃林牧实业公司总管理处

【档案编号】 039-001-0410-0038

【成文时间】 1949-05-05

【收藏单位】 甘肃省档案馆

【涉及地域】 临洮县

【关 键 词】 木料

【内容提要】

此案卷共1份文件，内容如题。

【叙录编号】 0596

【档案题名】

甘肃林牧实业公司洮河物料管理站为报本站放运木料数目致甘肃林牧实业公司总管理处的函

【发文单位】 临洮物料管理站

【收文单位】 甘肃林牧实业公司总管理处

【档案编号】 039-001-0411-0001

【成文时间】 1949-04-16

【收藏单位】 甘肃省档案馆

【涉及地域】 临洮县

【关 键 词】 木料

【内容提要】

此案卷共1份文件。内容涉及《甘肃林牧实业公司临洮物料管理站购进木料验收清册》《甘肃林牧实业公司临洮物料管理站验收省建委会木料清册》《甘肃林牧实业公司临洮物料管理站运交木料清册》。

【叙录编号】 0597

【档案题名】

临洮物料管理站、甘肃林牧实业公司与恒丰昌就购售、运输、验收松木一事的往来公文

【发文单位】 甘肃林牧实业公司；临洮物料管理站

【收文单位】 临洮物料管理站；甘肃林牧实业公司总协理

【档案编号】

039-001-0411-（0002、0017、0020）

【成文时间】 1949

【收藏单位】 甘肃省档案馆

【涉及地域】 临洮县

【关 键 词】 松木

【内容提要】

此案卷共3份文件。附《甘肃林牧实业公司运交木料清单》（0017）。

【叙录编号】 0598

【档案题名】

甘肃林牧实业公司与临洮物料管理站就验收甘肃省政府交付木料一事的往来公文

【发文单位】 甘肃林牧实业公司总管理处；临洮物料管理站

【收文单位】 临洮物料管理站；甘肃林牧实业公司总协理

【档案编号】

039-001-0411-（0003、0014、0025）

【成文时间】 1949-05-07—1949-07-20

【收藏单位】 甘肃省档案馆

【涉及地域】 临洮县

【关 键 词】 木料

【内容提要】

此案卷共3份文件，内容如题。

【叙录编号】 0599

【档案题名】

临洮物料管理处为报运木水费一事致甘肃林牧实业公司总协理的呈

【发文单位】 临洮物料管理站

【收文单位】 甘肃林牧实业公司总协理

【档案编号】 039-001-0411-0004

【成文时间】 1949-05-12

【收藏单位】 甘肃省档案馆

【涉及地域】 临洮县

【关 键 词】 运木；水费

【内容提要】

此案卷共1份文件，内容如题。

【叙录编号】 0600

【档案题名】

临洮物料站为请核销运兰木料编造木筏消耗木材致甘肃林牧实业公司总协理的呈

【发文单位】 临洮物料管理站

【收文单位】 甘肃林牧实业公司总协理

【档案编号】 039-001-0411-0009

【成文时间】 1949-05-23

【收藏单位】　甘肃省档案馆

【涉及地域】　兰州市

【关 键 词】　木料；木筏

【内容提要】

　　此案卷共1份文件，内容如题。

【叙录编号】　0601

【档案题名】

　　临洮物料管理站为报洮河林场运至宝舌口木材数目致甘肃林牧实业公司总协理的呈

【发文单位】　临洮物料管理站

【收文单位】　甘肃林牧实业公司总协理

【档案编号】　039-001-0411-0010

【成文时间】　1949-06-10

【收藏单位】　甘肃省档案馆

【涉及地域】　临洮县

【关 键 词】　木材

【内容提要】

　　此案卷共1份文件，内容如题。

【叙录编号】　0602

【档案题名】

　　《甘肃林牧实业公司洮河林场临洮本栈移交物料管理站木料清册》

【发文单位】　不详

【收文单位】　不详

【档案编号】　039-001-0412-0001

【成文时间】　不详

【收藏单位】　甘肃省档案馆

【涉及地域】　临洮县

【关 键 词】　木料移交

【内容提要】

　　此案卷共1份文件，内容如题。

【叙录编号】　0603

【档案题名】

　　临洮县木料商业同业公会为续炸九甸峡礁石通畅河运请求援助致甘肃林牧实业公司的函和经费预算表

【发文单位】　临洮县木料商业同业公会

【收文单位】　甘肃林牧实业公司

【档案编号】　039-001-0412-（0003-0004）

【成文时间】　1948-11-22

【收藏单位】　甘肃省档案馆

【涉及地域】　临洮县

【关 键 词】　九甸峡；通河运

【内容提要】

　　此案卷共2份文件。附件为《续炸九甸峡礁石工资预算表》（0004）。

【叙录编号】　0604

【档案题名】

　　甘肃林牧实业公司为请临洮站代为验收电信局续交大木一事致临洮物料管理站的函

【发文单位】　甘肃林牧实业公司

【收文单位】　临洮物料管理站

【档案编号】　039-001-0412-0011

【成文时间】　1949-07-12

【收藏单位】　甘肃省档案馆

【涉及地域】　临洮县

【关 键 词】　大木

【内容提要】

　　此案卷共1份文件，内容如题。

【叙录编号】　0605

【档案题名】

　　临洮物料管理站为报本站7月底木材存量一事致甘肃林牧实业公司的呈

【发文单位】　临洮物料管理站

【收文单位】　甘肃林牧实业公司

【档案编号】　039-001-0412-0037

【成文时间】　1949-09-22

【收藏单位】　甘肃省档案馆

【涉及地域】　临洮县

【关 键 词】　木材

【内容提要】

　　此案卷共1份文件，内容如题。

【叙录编号】　0606

【档案题名】

　　临洮物料管理站为报本站所存木料总数致甘肃林牧实业公司总协理的呈

【发文单位】　临洮物料管理站

【收文单位】　甘肃林牧实业公司总协理

【档案编号】　039-001-0412-0038

【成文时间】　1949-08-27

【收藏单位】　甘肃省档案馆

【涉及地域】　临洮县

【关 键 词】　木料

【内容提要】

　　此案卷共1份文件。内容涉及木料购售、运输损失等。

【叙录编号】　0607

【档案题名】

　　恒丰昌代表人就运送至永乐渠木料损失详情致甘肃林牧实业公司的函

【发文单位】　恒丰昌

【收文单位】　甘肃林牧实业公司

【档案编号】　039-001-0416-0045

【成文时间】　1948-09-28

【收藏单位】　甘肃省档案馆

【涉及地域】　临洮县；临夏县

【关 键 词】　木料

【内容提要】

　　此案卷共1份文件。永乐渠所需木料以临洮县为放运起点，运至野狐峡高家嘴处，损失数根。

【叙录编号】　0608

【档案题名】

　　甘肃省政府为将莲花山运来木料转存至小西湖木场致甘肃林牧实业公司的函

【发文单位】　甘肃省政府建修委员会

【收文单位】　甘肃林牧实业公司

【档案编号】　039-001-0416-0047

【成文时间】　1948-10-02

【收藏单位】　甘肃省档案馆

【涉及地域】　临潭县；兰州市

【关 键 词】　木料；转存

【内容提要】

　　此案卷共1份文件，内容如题。

【叙录编号】　0609

【档案题名】

　　甘肃林牧实业公司就临洮县政府寄存木料被军队强征用作燃料一事致临洮县政府的函

【发文单位】　甘肃林牧实业公司

【收文单位】　临洮县政府

【档案编号】　039-001-0418-0040

【成文时间】　1949-08-07

【收藏单位】　甘肃省档案馆

【涉及地域】　临洮县

【关 键 词】　木料

【内容提要】

　　此案卷共1份文件，内容如题。

【叙录编号】　0610

【档案题名】

　　卓尼林场就业务开展所需巨款给甘肃林牧实业公司总管理处的电

【发文单位】　卓尼林场

【收文单位】　甘肃林牧实业公司总管理处

【档案编号】　039-001-0424-0026

【成文时间】　1948-04-02

【收藏单位】　甘肃省档案馆

【涉及地域】　甘肃省

【关 键 词】　经费

【内容提要】

此案卷共1份文件，内容如题。

【叙录编号】　0611

【档案题名】

中国银行兰州支行就甘肃林牧实业公司以临洮所存松木为贷款抵押的回函

【发文单位】　中国银行兰州支行

【收文单位】　甘肃林牧实业公司

【档案编号】　039-001-0444-0009

【成文时间】　1948-05-28

【收藏单位】　甘肃省档案馆

【涉及地域】　临洮县

【关 键 词】　木料；抵押

【内容提要】

此案卷共1份文件，内容如题。

【叙录编号】　0612

【档案题名】

甘肃林牧实业公司与洮河林场就甘肃林牧实业公司借还岷县运输站汽油一事的函

【发文单位】　甘肃林牧实业公司；洮河林场

【收文单位】　洮河林场；甘肃林牧实业公司

【档案编号】　039-001-0449-（0025-0026）

【成文时间】　1948-09-20—1948-09-25

【收藏单位】　甘肃省档案馆

【涉及地域】　岷县

【关 键 词】　汽油

【内容提要】

此案卷共2份文件，内容如题。

【叙录编号】　0613

【档案题名】

甘肃林牧实业公司就复购临洮存木材价格及移交验收与甘肃省政府秘书处、甘肃省建设厅的函件

【发文单位】　甘肃林牧实业公司

【收文单位】　甘肃省政府秘书处

【档案编号】　039-001-0454-（0010-0012）

【成文时间】　1949-01-14—1949-03-11

【收藏单位】　甘肃省档案馆

【涉及地域】　临洮县

【关 键 词】　木料购运

【内容提要】

此案卷共3份文件。内容如题。

【叙录编号】　0614

【档案题名】

甘肃林牧实业公司就交折断木材款项汇公司给杨世纬的函

【发文单位】　甘肃林牧实业公司

【收文单位】　甘肃林牧实业公司事务员杨世纬

【档案编号】　039-001-0454-0013

【成文时间】　1949-09-27

【收藏单位】　甘肃省档案馆

【涉及地域】　临夏县

【关 键 词】　汇款

【内容提要】

此案卷共1份文件，内容如题。

【叙录编号】　0615

【档案题名】

甘肃林牧实业公司与王本正就赴夏河验收羊毛并道经临夏处理木料事务的签呈文

【发文单位】　甘肃林牧实业公司职员王本正

【收文单位】　甘肃林牧实业公司

【档案编号】　039-001-0454-0015

【成文时间】　1948-09-21

【收藏单位】　甘肃省档案馆

【涉及地域】　夏河县；临夏县

【关 键 词】　羊毛验收；木料处理

【内容提要】

甘肃林牧实业公司职员王本正赴夏河验收羊毛，途径临夏处理木料事务。此签呈为其行

程及处理事务情形汇报。

【叙录编号】 0616
【档案题名】
　　甘肃省政府就收购建修委会所临存木料给甘肃林牧实业公司的代电
【发文单位】 甘肃省政府
【收文单位】 甘肃林牧实业公司
【档案编号】 039-001-0454-0016
【成文时间】 1949-01-08
【收藏单位】 甘肃省档案馆
【涉及地域】 临洮县
【关 键 词】 木料收购
【内容提要】
　　甘肃省政府就下属建修委员会所存在临洮的木料要求甘肃林牧实业公司按照市价收购。

【叙录编号】 0617
【档案题名】
　　甘肃林牧实业公司就已运木材应付运费给洮河林场的函
【发文单位】 甘肃林牧实业公司
【收文单位】 洮河林场
【档案编号】 039-001-0455-0010
【成文时间】 1948-08-10
【收藏单位】 甘肃省档案馆
【涉及地域】 临洮县
【关 键 词】 木材运输
【内容提要】
　　此案卷共1份文件，内容如题。

【叙录编号】 0618
【档案题名】
　　甘肃林牧实业公司与临洮木栈、洮河林场就莲冶分场交送木料数量及损失的往来公文
【发文单位】 甘肃林牧实业公司；洮河林场
【收文单位】 临洮木栈；甘肃林牧实业公司

【档案编号】 039-001-0458-（0003-0004）
【成文时间】 1948-07-26—1948-08-08
【收藏单位】 甘肃省档案馆
【涉及地域】 临洮县
【关 键 词】 木材损失
【内容提要】
　　此案卷共2份文件，内容如题。

【叙录编号】 0619
【档案题名】
　　甘肃林牧实业公司与甘肃林牧实业公司职员王举贤和赵德权就永乐渠工地木料运输事务的往来公文
【发文单位】 甘肃林牧实业公司；甘肃林牧实业公司职员赵德权
【收文单位】 甘肃林牧实业公司职员赵德权；甘肃林牧实业公司职员王举贤等
【档案编号】
　　039-001-0458-（0005-0008、0017）
【成文时间】 1948-08-18—1948-09-20
【收藏单位】 甘肃省档案馆
【涉及地域】 临洮县；永登县
【关 键 词】 木材交运
【内容提要】
　　此案卷共5份文件。甘肃林牧实业公司职员赵德权上报运至永乐渠木料等事情，后附运输木料详别表及清单（0007），后甘肃林牧实业公司就临洮新购买木料与表中不符合致函赵德权（0006）。催促甘肃林牧实业公司职员王举贤将临洮木料尽快运往永乐渠工地（0005）。后赵德权又向公司上报木料运输状况（0017）。

【叙录编号】 0620
【档案题名】
　　甘肃林牧实业公司就临洮物料管理站负责问题给王举贤的函
【发文单位】 甘肃林牧实业公司

【收文单位】　甘肃林牧实业公司职员王举贤

【档案编号】　039-001-0458-0015

【成文时间】　1948-09-23

【收藏单位】　甘肃省档案馆

【涉及地域】　临洮县

【关　键　词】　管理

【内容提要】

　　此案卷共1份文件。甘肃林牧实业公司函致王举贤，在甘肃林牧实业公司职员杨世纬未到前，临洮物料管理站由其负责，且临洮木栈全部木料移交至管理站接收。

【叙录编号】　0621

【档案题名】

　　甘肃省政府就代售其所存木料给甘肃林牧实业公司的电

【发文单位】　甘肃省政府

【收文单位】　甘肃林牧实业公司

【档案编号】　039-001-0458-0019

【成文时间】　1948-10-02

【收藏单位】　甘肃省档案馆

【涉及地域】　临洮县

【关　键　词】　木料售卖

【内容提要】

　　此案卷共1份文件，内容如题。

【叙录编号】　0622

【档案题名】

　　甘肃林牧实业公司职员王举贤就莲冶分场结束后剩余木料运往临洮存栈等项给甘肃林牧实业公司的签呈文

【发文单位】　甘肃林牧实业公司职员王举贤

【收文单位】　甘肃林牧实业公司

【档案编号】　039-001-0458-0020

【成文时间】　1948-10-21

【收藏单位】　甘肃省档案馆

【涉及地域】　临洮县

【关　键　词】　木料转存

【内容提要】

　　此案卷共1份文件，内容如题。

【叙录编号】　0623

【档案题名】

　　洮河林场送至甘肃林牧实业公司4月的工作简报的函

【发文单位】　洮河林场

【收文单位】　甘肃林牧实业公司

【档案编号】　039-001-0459-0001

【成文时间】　1948-05-10

【收藏单位】　甘肃省档案馆

【涉及地域】　临洮县

【关　键　词】　工作报告

【内容提要】

　　此案卷共1份文件。本份报告包括：行政部门事务，主要有在植树造林最适宜时期发动植树造林并指导卓尼设治局进行造林活动、加派林警协助木材河运工作、拟将木寨岭驮兽繁殖场恢复并作育苗荒山造林工作赴兰州汇报；业务部门事务，主要有采伐木材情形、运输木材情形；试验研究事务，主要有造林工作情况、育苗工作情况、气象观测继续按日记载。

【叙录编号】　0624

【档案题名】

　　甘肃林牧实业公司就仰绘造林区辖境图籍资金运用状况等给洮河林场的函

【发文单位】　甘肃林牧实业公司

【收文单位】　洮河林场

【档案编号】　039-001-0459-0002

【成文时间】　1948-06-16

【收藏单位】　甘肃省档案馆

【涉及地域】　临洮县

【关　键　词】　绘图；木材

【内容提要】

此案卷共1份文件。甘肃林牧实业公司就洮河林场仰绘造林区的辖境图送至甘肃林牧实业公司报备，及砍伐转运木材数量列表报备等事务致洮河林场的函。

【叙录编号】 0625
【档案题名】
洮河林场送至甘肃林牧实业公司5月工作简报的函
【发文单位】 洮河林场
【收文单位】 甘肃林牧实业公司
【档案编号】 039-001-0459-0003
【成文时间】 1948-06-06
【收藏单位】 甘肃省档案馆
【涉及地域】 临洮县
【关 键 词】 工作报告
【内容提要】
此案卷共1份文件。本份报告包括：行政部门事务，主要有林场经理张汉豪赴岷县、临洮县视察木材运输情况；业务部门事务，主要有采伐木材情形、运输木材情形、收购木材情形；试验研究事务，主要有造林工作情况、育苗工作情况、气象观测继续按日记载。

【叙录编号】 0626
【档案题名】
洮河林场送至甘肃林牧实业公司6月工作简报的函
【发文单位】 洮河林场
【收文单位】 甘肃林牧实业公司
【档案编号】 039-001-0459-0004
【成文时间】 1948-07-04
【收藏单位】 甘肃省档案馆
【涉及地域】 临洮县
【关 键 词】 工作报告
【内容提要】
此案卷共1份文件，本份报告包括：行

政部门事务，主要有因人力有限，木材放运迟缓，因而林场采取绩效措施；业务部门事务，主要有采伐木材情形、收购木材情形、运输木材情形；试验研究事务，主要有造林工作情况、育苗工作情况、气象观测继续按日记载。

【叙录编号】 0627
【档案题名】
洮河林场送至甘肃林牧实业公司7月工作简报的函
【发文单位】 洮河林场
【收文单位】 甘肃林牧实业公司
【档案编号】 039-001-0459-0005
【成文时间】 1948-08-07
【收藏单位】 甘肃省档案馆
【涉及地域】 临洮县
【关 键 词】 工作报告
【内容提要】
此案卷共1份文件。本份报告包括：行政部门事务，主要有临洮木栈的人事变动；业务部门事务，主要有采伐木材情形、收购木材情形、运输木材情形；试验研究事务，主要有造林工作情况、育苗工作情况、气象观测逐日记载。

【叙录编号】 0628
【档案题名】
洮河林场送至甘肃林牧实业公司8月的工作简报的函
【发文单位】 洮河林场
【收文单位】 甘肃林牧实业公司
【档案编号】 039-001-0459-0006
【成文时间】 1948-09-13
【收藏单位】 甘肃省档案馆
【涉及地域】 临洮县
【关 键 词】 工作报告

【内容提要】

此案卷共1份文件。本份报告包括：行政部门事务，主要有林场为提高大峪沟林区采伐及拉运工作派遣转任督导并驻足工作、林场派人前往临洮木栈调查该木栈会计报表记录不清的情况、临洮物料管理站的设立情况；业务部门事务，主要有采伐木材情形、运输木材情形；试验研究事务，主要有造林工作情况、育苗工作情况、气象观测逐日记载。

【叙录编号】 0629

【档案题名】

洮河林场送至甘肃林牧实业公司9月的工作简报的函

【发文单位】 洮河林场

【收文单位】 甘肃林牧实业公司

【档案编号】 039-001-0459-0007

【成文时间】 1948-10-16

【收藏单位】 甘肃省档案馆

【涉及地域】 临洮县

【关 键 词】 工作报告

【内容提要】

此案卷共1份文件。本份报告包括：行政部门事务，主要有林场将以原临洮木栈地址设立临洮物料管理站、林场派人前往大峪沟分场负责；业务部门事务，主要有采伐木材情形、运输木材情形；试验研究事务，主要有造林工作情况、育苗工作情况、气象观测逐日记载。

【叙录编号】 0630

【档案题名】

洮河林场为申复总字第408号指示给甘肃林牧实业公司总管理处的函

【发文单位】 洮河林场

【收文单位】 甘肃林牧实业公司总管理处

【档案编号】 039-001-0459-0008

【成文时间】 1948-12-04

【收藏单位】 甘肃省档案馆

【涉及地域】 临洮县

【关 键 词】 工作报告

【内容提要】

此案卷共1份文件。内容包括洮河林场向甘肃林牧实业公司解释其在大峪沟林区策动业务但未支分文外勤费用且押运木筏人员日用费用金额也十分稀少等事务。

【叙录编号】 0631

【档案题名】

洮河林场送至甘肃林牧实业公司11月的工作简报的函

【发文单位】 洮河林场

【收文单位】 甘肃林牧实业公司

【档案编号】 039-001-0459-0009

【成文时间】 1948-12-11

【收藏单位】 甘肃省档案馆

【涉及地域】 临洮县

【关 键 词】 工作报告

【内容提要】

此案卷共1份文件。本份报告包括：行政部门事务，主要有临洮木栈移交临洮物料管理站事务施行；业务部门事务，主要有采伐木材情形、运输木材情形；试验研究事务，主要有育苗造林工作已休止、气象观测按时进行。

【叙录编号】 0632

【档案题名】

洮河林场送至甘肃林牧实业公司总管理处民国三十七年（1948）的工作报告

【发文单位】 洮河林场

【收文单位】 甘肃林牧实业公司总管理处

【档案编号】 039-001-0459-0010

【成文时间】 1948-12-24

【收藏单位】 甘肃省档案馆

【涉及地域】 临洮县

【关 键 词】 工作报告
【内容提要】

此案卷共1份文件。本份报告包括：行政部门事务，主要有莲冶分场结束情况、聘请林场技术人员事务、对临洮木栈人员职务指定并配备林警、参加卓尼各界植树节造林并培植场园造林工作等全年行政工作总结；业务部门事务，主要有全年内采伐木材情形、运输木材情形、现存木材情形总结；试验研究事务，主要有全年的育苗造林采种工作情况和气象观测情况。

【叙录编号】 0633
【档案题名】

甘肃林牧实业公司与洮河林场为复木材总价数字等事务的往来公文
【发文单位】 甘肃林牧实业公司；交通部第八区电信管理局
【收文单位】 洮河林场；甘肃林牧实业公司
【档案编号】 039-001-0460-（0001-0002）
【成文时间】 1949-06-07—1949-06-08
【收藏单位】 甘肃省档案馆
【涉及地域】 临洮县
【关 键 词】 木材总价
【内容提要】

此案卷共2份文件，内容如题。

【叙录编号】 0634
【档案题名】

洮河林场送至甘肃林牧实业公司1月工作简报的函
【发文单位】 洮河林场
【收文单位】 甘肃林牧实业公司
【档案编号】 039-001-0460-0004
【成文时间】 1949-02-05
【收藏单位】 甘肃省档案馆
【涉及地域】 临洮县

【关 键 词】 工作报告
【内容提要】

此案卷共1份文件。本份报告包括：行政部门事务，主要有上年度工作总报编就呈核、拟定民国三十八年（1949）业务计划并请示施行；业务部门事务，主要有查清上年采伐及运输木材数量和经费情况、派员巡视查清上年沿河存放木材情况、加强保护苗圃及林木以免损伤；试验研究事务，主要有休闲期间由技术人员将历年勘察甘肃重要林木记录详予整理、鉴别所采各林木及草类标本并予定名研究、整理民国三十七年（1948）气象观测记录已誊清、本年度气象观测仍按日记载。

【叙录编号】 0635
【档案题名】

洮河林场为送洮河林场月度工作简报致甘肃林牧实业公司总管理处的函和工作报告
【发文单位】 洮河林场
【收文单位】 甘肃林牧实业公司总管理处
【档案编号】

039-001-0460-（0005、0007-0010、0013、0015-0017）
【成文时间】 1949-02-14—1949-12-13
【收藏单位】 甘肃省档案馆
【涉及地域】 临洮县
【关 键 词】 木料；林场；气象
【内容提要】

此案卷共10份文件。内容涉及气象观测、林木砍伐运输、苗木种植。

【叙录编号】 0636
【档案题名】

洮河林场就林场年度工作开展情况致甘肃林牧实业公司总管理处的函
【发文单位】 洮河林场
【收文单位】 甘肃林牧实业公司总协理

【档案编号】　039-001-0461-0001
【成文时间】　不详
【收藏单位】　甘肃省档案馆
【涉及地域】　临洮县
【关 键 词】　木材
【内容提要】

　　此案卷共1份文件。内容涉及洮河林场木材砍伐、木料运输、育苗试验等工作开展详情。

【叙录编号】　0637
【档案题名】

　　甘肃林牧实业公司为请临洮站代为保管莲花山木料一事致甘肃林牧实业公司的函
【发文单位】　甘肃林牧实业公司
【收文单位】　临洮物料管理站
【档案编号】　039-001-0461-0011
【成文时间】　1949-05-23
【收藏单位】　甘肃省档案馆
【涉及地域】　临洮县
【关 键 词】　木料；莲花山
【内容提要】

　　此案卷共1份文件，内容如题。

【叙录编号】　0638
【档案题名】

　　洮河林场就绘制大峪沟林木分布一事致甘肃林牧实业公司的函
【发文单位】　洮河林场
【收文单位】　甘肃林牧实业公司
【档案编号】　039-001-0461-0016
【成文时间】　1948-06-24
【收藏单位】　甘肃省档案馆
【涉及地域】　临洮县
【关 键 词】　林区图
【内容提要】

　　此案卷共1份文件，内容如题。

【叙录编号】　0639
【档案题名】

　　洮河林场为报本场10月份工作简报致甘肃林牧实业公司总管理处的函和工作报告
【发文单位】　洮河林场
【收文单位】　甘肃林牧实业公司总管理处
【档案编号】　039-001-0462-0023
【成文时间】　1948-11-13
【收藏单位】　甘肃省档案馆
【涉及地域】　临洮县
【关 键 词】　林区
【内容提要】

　　此案卷共1份文件。附《甘肃林牧实业公司洮河林场民国三十七年（1948）10月份工作简报》，内容涉及林场木材放运、育苗试验、气象观测等事业的开展。

【叙录编号】　0640
【档案题名】

　　洮河林场为报月度木材砍伐、运送情况致甘肃林牧实业公司的函
【发文单位】　洮河林场
【收文单位】　甘肃林牧实业公司
【档案编号】　039-001-0464-0026
【成文时间】　1948-06-14
【收藏单位】　甘肃省档案馆
【涉及地域】　临洮县
【关 键 词】　木材
【内容提要】

　　此案卷共1份文件，内容如题。

【叙录编号】　0641
【档案题名】

　　甘肃林牧实业公司就木材选购一事致党济民的电
【发文单位】　甘肃林牧实业公司
【收文单位】　洮河林场临洮木栈党济民

【档案编号】 039-001-0464-0033
【成文时间】 1948-06-26
【收藏单位】 甘肃省档案馆
【涉及地域】 临洮县
【关 键 词】 木材
【内容提要】
　　此案卷共1份文件，内容如题。

【叙录编号】 0642
【档案题名】
　　党济民、洮河林场、甘肃林牧实业公司总管理处为请拨发水费一事的电
【发文单位】 洮河林场临洮木栈党济民
【收文单位】 洮河林场
【档案编号】 039-001-0464-（0036、0039）
【成文时间】 1948-07-05
【收藏单位】 甘肃省档案馆
【涉及地域】 卓尼设治局
【关 键 词】 水费
【内容提要】
　　此案卷共2份文件，内容如题。

【叙录编号】 0643
【档案题名】
　　党济民等人为已编就运木木筏一事致洮河林场的笺
【发文单位】 洮河林场临洮木栈党济民；赵权法
【收文单位】 洮河林场
【档案编号】 039-001-0465-0003
【成文时间】 1948-07-22
【收藏单位】 甘肃省档案馆
【涉及地域】 临洮县
【关 键 词】 木材
【内容提要】
　　此案卷共1份文件，内容如题。

【叙录编号】 0644

【档案题名】
　　洮河林场就林场木材购售、放运情形致甘肃林牧实业公司的函
【发文单位】 洮河林场
【收文单位】 甘肃林牧实业公司总管理处
【档案编号】 039-001-0465-0015
【成文时间】 1948-08-07
【收藏单位】 甘肃省档案馆
【涉及地域】 岷县
【关 键 词】 木材
【内容提要】
　　此案卷共1份文件，内容如题。

【叙录编号】 0645
【档案题名】
　　甘肃林牧实业公司与临洮木栈就核销放运九甸峡损失木料一事致洮河林场的函
【发文单位】 甘肃林牧实业公司总管理处；洮河林场
【收文单位】 洮河林场；甘肃林牧实业公司总管理处
【档案编号】 039-001-0465-（0016-0017）
【成文时间】 1948-09-04—1948-09-07
【收藏单位】 甘肃省档案馆
【涉及地域】 临洮县
【关 键 词】 木材
【内容提要】
　　此案卷共2份文件，内容如题。

【叙录编号】 0646
【档案题名】
　　洮河林场职员为报临洮木栈林木事业发展情形致甘肃林牧实业公司总管理处的函
【发文单位】 洮河林场
【收文单位】 甘肃林牧实业公司总管理处
【档案编号】 039-001-0465-0023
【成文时间】 1948-08-31

【收藏单位】 甘肃省档案馆

【涉及地域】 临洮县

【关 键 词】 木材

【内容提要】

此案卷共1份文件。内容涉及临洮木栈木料运送、木材砍伐等。

【叙录编号】 0647

【档案题名】

甘肃林牧实业公司总管理处就移交临洮木栈存放木料至物料站并派林警驻守物料站致甘肃林牧实业公司总管理处的函

【发文单位】 甘肃林牧实业公司总管理处

【收文单位】 洮河林场

【档案编号】 039-001-0465-0024

【成文时间】 1948-09-23

【收藏单位】 甘肃省档案馆

【涉及地域】 临洮县

【关 键 词】 木料

【内容提要】

此案卷共1份文件，内容如题。

【叙录编号】 0648

【档案题名】

甘肃林牧实业公司总管理处就采伐粒珠沟木材一事致洮河林场的函

【发文单位】 甘肃林牧实业公司总管理处

【收文单位】 洮河林场

【档案编号】 039-001-0465-0025

【成文时间】 1948-09-25

【收藏单位】 甘肃省档案馆

【涉及地域】 岷县

【关 键 词】 木料

【内容提要】

此案卷共1份文件，内容如题。

【叙录编号】 0649

【档案题名】

洮河林场为发展粒珠沟林区木材采伐一事致甘肃林牧实业公司总管理处的函

【发文单位】 洮河林场

【收文单位】 甘肃林牧实业公司总管理处

【档案编号】 039-001-0465-0026

【成文时间】 1948-09-08

【收藏单位】 甘肃省档案馆

【涉及地域】 岷县

【关 键 词】 林地；伐木；粒珠沟森林

【内容提要】

此案卷共1份文件，内容如题。

【叙录编号】 0650

【档案题名】

洮河林场、甘肃林牧实业公司总管理处就洮河林场运兰木材被盗一事致甘肃林牧实业公司总管理处的函

【发文单位】 洮河林场；甘肃林牧实业公司总管理处

【收文单位】 甘肃林牧实业公司总管理处；临洮木业公会

【档案编号】 039-001-0465-（0027-0028）

【成文时间】 1948-09-04—1948-10-04

【收藏单位】 甘肃省档案馆

【涉及地域】 临洮县；兰州市

【关 键 词】 木材；盗窃

【内容提要】

此案卷共2份文件，内容如题。

【叙录编号】 0651

【档案题名】

洮河林场就运送林场旗布寺下河木材致甘肃林牧实业公司总管理处的电

【发文单位】 洮河林场

【收文单位】 甘肃林牧实业公司总管理处

【档案编号】 039-001-0465-0032

【成文时间】 1948-09-30

【收藏单位】 甘肃省档案馆

【涉及地域】 临洮县

【关 键 词】 木材

【内容提要】

　　此案卷共1份文件，内容如题。

【叙录编号】 0652

【档案题名】

　　甘肃林牧实业公司总管理处与临洮县木料商业同业公会为疏通河道炸毁九甸峡礁石的往返公文

【发文单位】 甘肃林牧实业公司总管理处；临洮县木料商业同业公会

【收文单位】 临洮县木料商业同业公会；甘肃林牧实业公司总管理处

【档案编号】 039-001-0465-（0033-0034）

【成文时间】 1948-10-20

【收藏单位】 甘肃省档案馆

【涉及地域】 卓尼设治局

【关 键 词】 礁石；九甸峡；河道

【内容提要】

　　此案卷共2份文件，内容如题。

【叙录编号】 0653

【档案题名】

　　电信管理局为申明寄存牛鼻峡木材从临洮县运至兰州市的往来公文

【发文单位】 电信管理局运输局魏子章

【收文单位】 甘肃林牧实业公司

【档案编号】 039-001-0465-（0036-0037）

【成文时间】 1938-09-22—1938-11-09

【收藏单位】 甘肃省档案馆

【涉及地域】 临洮县；兰州市

【关 键 词】 牛鼻峡；运木

【内容提要】

　　此案卷共2份文件，内容如题。

【叙录编号】 0654

【档案题名】

　　洮河林场为陈报处理充公私营木材用途一事致甘肃林牧实业公司总管理处的函

【发文单位】 洮河林场总经理张汉豪

【收文单位】 甘肃林牧实业公司总管理处

【档案编号】 039-001-0465-0038

【成文时间】 1948-12-07

【收藏单位】 甘肃省档案馆

【涉及地域】 临洮县

【关 键 词】 私营；木材

【内容提要】

　　此案卷共1份文件，内容如题。

【叙录编号】 0655

【档案题名】

　　洮河林场为报民国三十七年（1948）放运木材情形致甘肃林牧实业公司总管理处的函

【发文单位】 洮河林场总经理张汉豪

【收文单位】 甘肃林牧实业公司总管理处

【档案编号】 039-001-0465-0039

【成文时间】 1948-12-14

【收藏单位】 甘肃省档案馆

【涉及地域】 临洮县

【关 键 词】 木材

【内容提要】

　　此案卷共1份文件，内容如题。

【叙录编号】 0656

【档案题名】

　　甘肃林牧实业公司总管理处、临洮物料站、洮河林场就九甸峡积存木料数量的往来公文

【发文单位】 甘肃林牧实业公司总管理处；临洮物料站

【收文单位】 洮河林场

【档案编号】 039-001-0465-（0040-0041）

【成文时间】 1949-01-18
【收藏单位】 甘肃省档案馆
【涉及地域】 临洮县
【关 键 词】 木材
【内容提要】

此案卷共1份文件，内容如题。

【叙录编号】 0657
【档案题名】

洮河林场为报放运木材数量及成本一事致甘肃林牧实业公司总管理处的函
【发文单位】 洮河林场
【收文单位】 甘肃林牧实业公司总管理处
【档案编号】 039-001-0465-0048
【成文时间】 1949-06-08
【收藏单位】 甘肃省档案馆
【涉及地域】 临洮县
【关 键 词】 木材
【内容提要】

此案卷共1份文件，内容如题。

【叙录编号】 0658
【档案题名】

洮河林场为大峪沟购林木胚子的采伐情形致甘肃林牧实业公司总管理处的函
【发文单位】 洮河林场经理张汉豪
【收文单位】 甘肃林牧实业公司总管理处
【档案编号】 039-001-0466-0029
【成文时间】 1948-08-29
【收藏单位】 甘肃省档案馆
【涉及地域】 临洮县
【关 键 词】 木材
【内容提要】

此案卷共1份文件，内容如题。

【叙录编号】 0659
【档案题名】

甘肃林牧实业公司总管理处兰州牧场与甘肃林牧实业公司总管理处总管理处的往来公文与工作报告
【发文单位】 甘肃林牧实业公司总管理处兰州牧场；甘肃林牧实业公司总管理处总管理处
【收文单位】 甘肃林牧实业公司总管理处；甘肃林牧实业公司总管理处兰州牧场
【档案编号】 039-001-0476-（0001-0025）
【成文时间】 1948-05-07—1948-12-29
【收藏单位】 甘肃省档案馆
【涉及地域】 兰州市；陇南区
【关 键 词】 会计月报表；工作报告；疫症
【内容提要】

甘肃林牧实业公司总管理处兰州牧场为报本场年度工作简报及民国三十八年（1949）计划给总管理处的函（0001）；甘肃林牧实业公司总管理处兰州牧场为请派员分别分年度焚毁废奶卷给甘肃林牧实业公司总管理处总管理处函（0002）；甘肃林牧实业公司总管理处兰州牧场为报本场焚毁废奶卷情形给甘肃林牧实业公司总管理处总管理处函（0003）；甘肃林牧实业公司总管理处兰州牧场为报送本场6月份工作报告的函（0004）；甘肃林牧实业公司总管理处兰州牧场的业务报告（0005）；甘肃林牧实业公司总管理处兰州牧场为送本场8月份工作报告的函（0006）；甘肃林牧实业公司总管理处总管理处为仰即按照规定格式项目填报给甘肃林牧实业公司总管理处兰州牧场的函（0007）；甘肃林牧实业公司总管理处兰州牧场为陈本场近日业务情况给甘肃林牧实业公司总管理处总管理处函（0008）；甘肃林牧实业公司总管理处兰州牧场为报本场扩展奶产品业务计划及实施办法的函（0009）；甘肃林牧实业公司总管理处兰州牧场为报本场10月份工作报告的函（0010）；甘肃林牧实业公司总管理处总管理处为复该场乳牛疫病应注意治疗给甘肃林牧实业公司总管理处兰州牧场的函

（0011）；甘肃林牧实业公司总管理处为报本场牛只疫症等事项给甘肃林牧实业公司总管理处总管理处函（0012）；甘肃林牧实业公司总管理处总管理处为白塔油至成器足敷上供应时可停制给兰州牧场函（0013）；甘肃林牧实业公司总管理处兰州牧场的旬报表（0014）；甘肃林牧实业公司总管理处陇南畜牧场为订购明夏所需冰块的函（0015）；甘肃林牧实业公司总管理处兰州牧场为报11月份工作及会计月报给总管理处函（0016）；甘肃林牧实业公司总管理处兰州牧场为陈乳牛感染口蹄疫已痊愈给总管理处函（0017）；甘肃林牧实业公司总管理处兰州牧场为报1月份工作月报表给总管理处函（0018）；甘肃林牧实业公司总管理处兰州牧场为报2月份工作报告的函（0019）；甘肃林牧实业公司总管理处兰州牧场为报3月份工作报表的函（0020）；甘肃林牧实业公司总管理处为报鲜奶婉谢接受优待函件给总管理处函（0021）；甘肃林牧实业公司总管理处兰州牧场为送3月份会计月报表给甘肃林牧实业公司总管理处总管理处的函（0022）；甘肃林牧实业公司总管理处兰州牧场为送4月份工作月报表给甘肃林牧实业公司总管理处总管理处的函（0023）；甘肃林牧实业公司总管理处总管理处为兰州农业职业技术学校派学生前往该场实习给甘肃林牧实业公司总管理处兰州牧场的函（0024）；甘肃林牧实业公司总管理处为报本场年度工作简报及民国三十八年（1949）计划给甘肃林牧实业公司总管理处总管理处的函（0025）。

【叙录编号】　0660
【档案题名】
　　洮河林场为呈复报所列事情给甘肃林牧实业公司总管理处总管理处函
【发文单位】　洮河林场
【收文单位】　甘肃林牧实业公司总管理处总管

理处
【档案编号】　039-001-0480-0008
【成文时间】　1949-02-28
【收藏单位】　甘肃省档案馆
【涉及地域】　临洮县
【关　键　词】　实情
【内容提要】
　　此案卷共1份文件，内容如题。

【叙录编号】　0661
【档案题名】
　　甘肃林牧实业公司总管理处总管理处与夏河奶品制造厂关于会计账务部分的往来公文与相关文件
【发文单位】　甘肃林牧实业公司总管理处总管理处；夏河奶品制造厂；兰州牧场
【收文单位】　夏河奶品制造厂；甘肃林牧实业公司总管理处总管理处
【档案编号】　039-001-0660-（0012-0017）
【成文时间】　1946-04-10—1946-05-10
【收藏单位】　甘肃省档案馆
【涉及地域】　夏河县
【关　键　词】　会计报表
【内容提要】
　　甘肃林牧实业公司总管理处总管理处函知夏河奶品制造厂会计账务部分应并造报（0012）；夏河奶品制造厂函报交接日期并造清册（0013），后附员工清册（0014）财产清册（0015）与现金清册（0016）；兰州牧场代为函送夏河奶品制造厂会计报表以备审核（0017）。

【叙录编号】　0662
【档案题名】
　　甘肃林牧实业公司总管理处洮河林场就该场警工9人不足兼办对大峪沟分场岷县木厂河岸守材等工作，请求补加警工事致甘肃林牧实

业公司总管理处的函

【发文单位】　甘肃林牧实业公司总管理处洮河林场

【收文单位】　甘肃林牧实业公司总管理处总管理处

【档案编号】　039-001-0692-0006

【成文时间】　1949-10-17

【收藏单位】　甘肃省档案馆

【涉及地域】　岷县

【关　键　词】　林场林警变动

【内容提要】

　　此案卷共1份文件，内容如题。

【叙录编号】　0663

【档案题名】

　　会川县政府呈拉路寺一处私有松林请准予备案并保护由；农林部洮河流域国有林区管理处公私有森林登记表

【发文单位】　会川县政府

【收文单位】　会川县立中学筹备主任委员赵天乙

【档案编号】　129-1-172-（0010-0011）

【成文时间】　1945-01-09—1945-03-20

【收藏单位】　定西市档案馆

【涉及地域】　会川县

【关　键　词】　松林；木料

【内容提要】

　　会川县政府通知赵天乙，关于其在该县拉路寺登记私有松林一处已收到，准予备案，并附洮河流域国有林区公私有森林登记表（即赵天乙所有的180亩林地）1份。

【叙录编号】　0664

【档案题名】

　　会川县政府等关于县立中学筹备会修建校舍的各类文件

【发文单位】　会川县政府；会川县县立初级中学筹备会

【收文单位】　会川县政府

【档案编号】　129-1-172-（0012-0014）

【成文时间】

　　1945-04-16；1945-05-02；

　　1945-07-28；1945-08-05

【收藏单位】　定西市档案馆

【涉及地域】　会川县

【关　键　词】　木料

【内容提要】

　　会川县县立初中筹备会上呈本县县长，请求县长批准将莲花山已砍木料拨一部分给本校建设之用。县政府回复因这些木料系省上命令砍伐，不便拨给。该县县立中学筹备会民国三十四年（1945）7月28日追随该县建设科赴莲花山监视解板并查看木料，此事后撰成报告。报告主要包括解板事项、木料拉运事项、析收民工工资3方面内容。会川县政府又通知县立中学筹备处，要求其协助本县密查莲花山木料被督运人员盗卖一事。

【叙录编号】　0665

【档案题名】

　　夏河县修建公路、植树造林、随时整修道路、桥梁

【发文单位】　夏河县政府

【收文单位】　陌务乡公所

【档案编号】　1-1-1-207

【成文时间】　1949-02-22—1949-08-15

【收藏单位】　甘南藏族自治州档案馆

【涉及地域】　夏河县

【关　键　词】　修建公路；植树造林；整修桥梁

【内容提要】

　　此案卷共1份文件，7页。主要包括夏河县政府给陌务乡公所关于夏临公路封冻停工及开工令；于本年4月底之前将本年度每户栽种150株（另补植上年度差数每户50株）；随时检查道路桥梁并加强整修以利军需等事宜的

训令。

【叙录编号】 0666
【档案题名】
　　西平乡公所建设卷（中）
【发文单位】 临潭县政府
【收文单位】 西平乡公所
【档案编号】 1-2-1-229-1
【成文时间】 1946-10-12—1948-04-20
【收藏单位】 甘南藏族自治州档案馆
【涉及地域】 临潭县
【关 键 词】 保护树苗；养羊调查表；护林办法
【内容提要】
　　此案卷主要涉及西平乡林木、降雨等方面的内容，包括但不限于秋雨过后山水横流冲毁岷夏公路、本年岷县公路两旁树株长势良好打破纪录、木商杨效程抗交木料、西北羊毛改进处令临潭县政府办理养羊调查表、保护岷夏公路两侧树苗、修筑苗圃、西平乡护林实施细则等来往公文。

【叙录编号】 0667
【档案题名】
　　西平乡公所建设卷（下）
【发文单位】 临潭县政府
【收文单位】 西平乡公所
【档案编号】 1-2-1-229-3
【成文时间】 1946-10-12—1948-04-20
【收藏单位】 甘南藏族自治州档案馆
【涉及地域】 临潭县
【关 键 词】 育苗造林；苗圃；损坏树木
【内容提要】
　　此案卷主要涉及西平乡林木等方面的内容，包括但不限于保护农作物（田苗）实施办法、呈报栽植树株数目及护树人名册、护树公约、购买植树所需树苗、苗圃情形、损坏树木惩罚、育苗造林等来往公文。

【叙录编号】 0668
【档案题名】
　　农林部洮河流域国有林区管理处公函、临潭县中正国民学校呈文
【发文单位】 农林部洮河流域国有林区管理处
【收文单位】 临潭县政府
【档案编号】 1-2-1-142-（0001-0002）
【成文时间】 1947-06-16
【收藏单位】 甘南藏族自治州档案馆
【涉及地域】 临潭县
【关 键 词】 伐木许可证
【内容提要】
　　此案卷为临潭县政府为修建临潭县中正学校呈请核发伐木许可证的来往公文，农林部洮河流域国有林区管理处同意。

【叙录编号】 0669
【档案题名】
　　插岗、铁坝二乡关于配征丁马工作的呈文、训令、会议记录及卓尼设治局关于配征丁马的训令、指令
【发文单位】 卓尼设治局
【收文单位】 插岗乡公所；铁坝乡公所等
【档案编号】 1-3-2-（0024-0025）
【成文时间】 1947-07—1948-12
【收藏单位】 甘南藏族自治州档案馆
【涉及地域】 卓尼设治局
【关 键 词】 配征丁马
【内容提要】
　　此案卷共2份文件。内容如题，主要包括征马数量、征调骒马年龄体格情形调查及各地人民生活困难请求延期上交马骒等事件等来往公文。

【叙录编号】 0670
【档案题名】
　　甘肃省政府训令代电、县立苗圃民国三十

三年（1944）经费预算、分配表、第一中心□民学校人事交代清册商会记录（上）

【发文单位】 甘肃省政府；临潭县立中心苗圃

【收文单位】 临潭县政府

【档案编号】 1-2-1-190-1-（0001-0018）

【成文时间】 1938-10—1943-03

【收藏单位】 甘南藏族自治州档案馆

【涉及地域】 临潭县

【关 键 词】 苗圃；预算经费

【内容提要】

此案卷为甘肃省政府给临潭县政府的训令及临潭县中心苗圃向临潭县政府呈报苗圃工作情况及预算分配情况。

【叙录编号】 0671

【档案题名】

夏河县保安司令部、夏河县政府牲畜交易监证费票据用存月报表、交款与财政部直接税署代电（上）

【发文单位】 甘肃省政府

【收文单位】 夏河县政府

【档案编号】 1-1-1-88-11

【成文时间】 1945-09-05

【收藏单位】 甘南藏族自治州档案馆

【涉及地域】 夏河县

【关 键 词】 牲畜交易

【内容提要】

此案卷为甘肃省政府对夏河县政府的指令，是对夏河县政府所呈报的民国三十四年（1945）5、6月份的牲畜交易监证费月表进行指示，认为其对于征收范围只限制在骡、马、驴而未对猪、牛、羊征收监证费的行为不恰当，同时凭单证上贩往地点没填也不合适。

【叙录编号】 0672

【档案题名】

夏河县保安司令部、夏河县政府牲畜交易监证费票据用存月报表、交款与财政部直接税署代电（下）

【发文单位】 甘肃省政府

【收文单位】 夏河县政府

【档案编号】 1-1-1-88-（0120-0121）

【成文时间】 1946-10-09

【收藏单位】 甘南藏族自治州档案馆

【涉及地域】 夏河县

【关 键 词】 牲畜交易

【内容提要】

此案卷为甘肃省政府给夏河县政府的指令，内容为对夏河县政府呈交的民国三十五年（1946）8月份牲畜营业税月报表的回复，省政府认为该报表所填的牲畜价值过低，牛每头仅1万余元，马每匹仅2万余元，羊每只仅1000余元，与事实不符，应切实核查。

【叙录编号】 0673

【档案题名】

令转省政府使用牌税征收细则仰遵照办理

【发文单位】 卓尼设治局

【收文单位】 铁坝乡公所

【档案编号】 1-3-2-28-（0004-0009）

【成文时间】 1946-02-01

【收藏单位】 甘南藏族自治州档案馆

【涉及地域】 卓尼设治局

【关 键 词】 铁坝乡；牌照

【内容提要】

此案卷为卓尼设治局转发省政府的训令，其主要内容是转发《甘肃省各县市局使用牌照税征收细则》，在该细则中对于各户所有的驼、骡、马、驴等都要填报发牌照。

【叙录编号】 0674

【档案题名】

令转省政府代征牲畜营业税小法；为奉令

转饬把握时机征收牲畜营业税

【发文单位】 卓尼设治局

【收文单位】 铁坝乡公所

【档案编号】

　　1-3-2-28-（0010-0017、0067-0068）

【成文时间】 1946-03-17；1946-08-15

【收藏单位】 甘南藏族自治州档案馆

【涉及地域】 卓尼设治局

【关 键 词】 铁坝乡；牲畜交易

【内容提要】

　　此案卷共有2份文件，皆是卓尼设治局给铁坝乡公所的训令，其内容都与牲畜交易税相关。第1份主要内容为卓尼设治局转发的《甘肃省各县市局代征牲畜营业税办法》。第2份是卓尼设治局奉甘肃省政府指令要求铁坝乡公所趁着春秋两季人们买卖牲畜较多的时候积极征收牲畜营业税。

【叙录编号】 0675

【档案题名】

　　铁坝乡公所奉办建设工作的呈文、训令及卓尼设治局关于建设工作的训令、指令

【发文单位】 卓尼设治局；铁坝乡公所

【收文单位】 铁坝乡公所；卓尼设治局

【档案编号】 1-3-2-42

【成文时间】 1947-01-01—1947-12-24

【收藏单位】 甘南藏族自治州档案馆

【涉及地域】 铁坝乡

【关 键 词】 植树造林；骡；驼；新滩地

【内容提要】

　　令转该乡镇保甲长切实认真保护树苗（0228）；令发民国三十六年（1947）植树育苗办法及分配表（0328）；令饬转饬乡属妥慎保护林木以重林政（0430）；令转对保护森林重视林火消防（0722）；令发地方骡、驼调查统计表式1份仰详查填紧转（0709）；奉转将造林等项列入县级交代并收本年植活株数报局

（0713）；呈设本乡本年植树成活数字转鉴核（0815）；饬将雨水涨溢积淤之新滩地调查具报（0920）；令转卓尼参议会首届4次大会提案及保护林木实施办法（1027）；令饬该乡秋季植树先行试植125株并分别具报（1022）；案奉设治局1847号训，命植树（1105）；令催秋季试验植树情形（1107）；奉命催报秋季植树及保护情形（1229）。

【叙录编号】 0676

【档案题名】

　　铁坝乡公所奉令办理建设工作的呈文、训令及卓尼设治局关于建设工作的训令、指令、办法

【发文单位】 卓尼设治局；铁坝乡公所

【收文单位】 铁坝乡公所；卓尼设治局

【档案编号】 1-3-2-27

【成文时间】 1946-01-01—1946-08-31

【收藏单位】 甘南藏族自治州档案馆

【涉及地域】 铁坝乡

【关 键 词】 植树造林；物产

【内容提要】

　　令饬从速策动植树造林一案（0406）；为呈本年度植树情形并造表1份请鉴核示（0406）；呈报本年度植树情形并造表1份（0407）；令仰遵照本局民国三十五年（1946）建设部门决议案春季植树简易办法（0312）；令仰遵照造林简易办法（0316）；为该乡呈报植树情形准予备查（0414）；为命该乡征集当地特产物品送局以凭转寄（0522）；为命催该乡镇植树情形速拨来局以凭转拨（0523）；为呈复本乡植树情形（0614）。

【叙录编号】 0677

【档案题名】

　　插岗乡公所奉办建设工作及卓尼设治局关于建设工作的训令、指令

【发文单位】 卓尼设治局；插岗乡公所
【收文单位】 插岗乡公所；卓尼设治局
【档案编号】 1-3-2-7
【成文时间】 1946-01-01—1946-11-30
【收藏单位】 甘南藏族自治州档案馆
【涉及地域】 插岗乡
【关 键 词】 植树造林；木材
【内容提要】

令从速策动植树造林一案（0406）；为奉本年度植树情形并造表1份请鉴核示遵（0406）；呈报本年度植树情形并造表1份请鉴查核转（0407）；令仰遵照本局民国三十五年（1946）建设部门决议案春季植树简易办法（0312）；令仰遵照造林简易办法施引春季造林（0316）；呈报本年度植树造林情形（0411）；为令该乡征集当地特产物品送以凭转寄（0522）；为转饬该乡镇将本年成活树木数目报局并切实培植秋季育苗（0930）；令催秋季造林仰于10日内遵办报局（1102）；令饬将本年度春季植树成活数字并切实培植秋季育苗（1117）；令发荒地调查表式仰查填报局（1115）；据报春季植树成活数目一案仍仰随时保护（1128）。

【叙录编号】 0678
【档案题名】

铁坝乡公所奉办建设工作的呈文、训令及卓尼设治局关于建设工作的训令、指令
【发文单位】 卓尼设治局；铁坝乡公所
【收文单位】 铁坝乡公所；卓尼设治局
【档案编号】 1-3-2-47
【成文时间】 1948-01-01—1948-10-27
【收藏单位】 甘南藏族自治州档案馆
【涉及地域】 铁坝乡
【关 键 词】 植树造林
【内容提要】

令发植树办法（附办法）（0327）；附发

民国三十七年（1948）植树办法1份（0421）；令催具报植树情形及所植数量由（0423）；令发布告饬张贴并晓谕民众一体遵照（0427）；令催具报植树情形及数量（0514）；电饬刻印具报本年植树数目及种类（0505）；为命饬逾期具报杨柳插条造林一案（0501）；命将应交木材集中达只多河沿等核验收仰遵照由（0910）。卓尼设治局民国三十七年（1948）植树办法，内中包括植树地点、植树时期、植树数目、禾苗之供给、栽植方法与保护方法等。

【叙录编号】 0679
【档案题名】

插岗乡公所奉办建设工作的呈文、训令及卓尼设治局关于建设工作的训令、指令
【发文单位】 卓尼设治局；插岗乡公所
【收文单位】 插岗乡公所；卓尼设治局
【档案编号】 1-3-2-17
【成文时间】 1948-01-01—1948-10-29
【收藏单位】 甘南藏族自治州档案馆
【涉及地域】 插岗乡
【关 键 词】 植树造林；木材
【内容提要】

令发植树办法仰切实遵照办理具报（0327）；附发民国三十七年（1948）植树办法1份每户15株选地自植（0421）；令催具报植树情形及所植数量（0514）；为令饬遵期具报杨柳插条造林（0501）；电饬即刻具报本年植树数目及种类（0505）；保护植树苗的指令（0602）；令将应交木材集中达只多河沿等核验收仰即遵照（0910）。

【叙录编号】 0680
【档案题名】

夏河县苗圃请领公粮册指令、训令
【发文单位】 夏河县苗圃

【收文单位】 夏河县政府

【档案编号】 1-1-1-79-（0040、0043）

【成文时间】 1949-02-18—1949-03-28

【收藏单位】 甘南藏族自治州档案馆

【涉及地域】 夏河县

【关 键 词】 苗圃；工作计划；育苗

【内容提要】

此案卷含有夏河县苗圃民国三十八年（1949）工作计划、对苗址和苗木的调查。其中工作计划里涉及植树、育苗、垦荒等工作，并让警察局协助开荒。对苗址和苗木的调查提到，部分苗圃因为沙石地质和高寒气候育苗成活率低，现采用矮灌木。

【叙录编号】 0681

【档案题名】

临潭县冶海乡公所建设财政卷（上）

【发文单位】 临潭县冶海乡公所

【收文单位】 临潭县政府

【档案编号】

1-2-1-235-1-（0007-0023、0044-0009、0051-0057、0068）

【成文时间】 1948-01

【收藏单位】 甘南藏族自治州档案馆

【涉及地域】 临潭县

【关 键 词】 财政；植树；伐木；发展计划

【内容提要】

此案卷涉及临潭县民国三十七年（1948）农业和手工业发展计划、植树造林工作实施办法和措施、对护树人的管理、以马代丁等，包括建设卷和部分财政卷。民国三十七年（1948）农业和手工业发展计划中，提到农村副产品、畜产类等物品及重点发展区域。民国三十七年（1948）植树造林工作实施方法包括植树地点、动员人员、管理办法、注意事项等，并防止当地人放出圈养动物、砍伐破坏树苗的行为。临潭县政府有具体的护树人管理办

法，并动员董峰乡和莲峰乡民工砍树，同时鼓励洮河流域沿河地区种桑，要求每户种榆钱。以马代丁的工作提到，马草由各乡轮流供应到旧城镇。

【叙录编号】 0682

【档案题名】

临夏县政府关于民国三十年（1941）植树节活动给临夏农事试验场的指令；临夏县政府关于植树造林为目前切要攸关地方生产令饬该场切实种植给临夏县农事试验场的训令；临夏县政府关于植树造林出现问题及改正办法遵照办理给临夏县农事试验场的训令

【发文单位】 临夏县政府

【收文单位】 临县县农事试验场

【档案编号】

126-001-0003-（0001、0006、0010）

【成文时间】

1941-03-09；1941-03-29；1941-04-09

【收藏单位】 临夏回族自治州档案馆

【涉及地域】 临夏县

【关 键 词】 植树造林；农事试验场

【内容提要】

此案卷共有3份文件，都是临夏县政府关于推进植树造林活动给临夏县农事试验场的训令，要求农事试验场切实推行植树造林，针对植树造林活动中出现的问题给出指示。

【叙录编号】 0683

【档案题名】

康乐县设治局新生活运动促进会关于度量衡新制、征召服役、植树、筹饷、飞机募捐问题的办法、计划、训令、通知

【发文单位】 康乐县设治局局长童树新

【收文单位】 八松初级小学校长冯映川

【档案编号】 98-0006-（0002-0005）

【成文时间】 1936-02-21—1936-07-18

【收藏单位】　临夏回族自治州档案馆

【涉及地域】　临夏县

【关　键　词】　征召服役；植树

【内容提要】

康乐县设治局令八松初级小学出人参与民国二十四年（1935）冬令征工服役，其中包括修浚水渠、造林等工作，附《甘肃省民国二十四年（1935）冬令征工服役计划》。康乐县设治局令八松初级小学在孙中山先生逝世周年纪念（3月12日）举行植树活动，并附《甘肃省民国二十五年（1936）办理孙中山先生逝世11周年纪念植树注意要项》《民国二十五年甘肃省建设厅刊10种树木造林法》，并让其填写植树统计表。

【叙录编号】　0684

【档案题名】

临夏县政府关于民国三十四年（1945）该县春季原植树与成活株数及县保苗圃出圃苗木数情形给临夏县苗圃的训令；临夏县政府关于民国三十四年（1945）春季移苗育苗工作情形给临夏县苗圃的训令；临夏县政府关于民国三十四年（1945）春季育苗移苗报告表

【发文单位】　临夏县政府

【收文单位】　临夏县苗圃

【档案编号】　126-001-0006-（0004-0006）

【成文时间】　1945-04—1945-05

【收藏单位】　临夏回族自治州档案馆

【涉及地域】　临夏县

【关　键　词】　苗圃；育苗成效

【内容提要】

此案卷共有3份文件。其中2份为临夏县政府接省政府令要求呈报临夏县苗圃民国三十四年（1945）春季原植树与成活株数及县保苗圃出圃苗木数情形，以及春季移苗育苗工作情形；而第3份则是临夏县苗圃民国三十四年（1945）春季移苗育苗报告表，其内容包括移

苗及育苗的树种类别及数目与成活百分率。

【叙录编号】　0685

【档案题名】

临夏县苗圃关于民国三十四年（1945）办理各乡镇保苗圃实况报告表给临夏县政府的呈；临夏县苗圃各乡镇办理保苗圃实况报告表

【发文单位】　临夏县苗圃

【收文单位】　临夏县政府

【档案编号】　126-001-0006-（0015、0016）

【成文时间】　1945-12-29

【收藏单位】　临夏回族自治州档案馆

【涉及地域】　临夏县

【关　键　词】　保苗圃；工作实况

【内容提要】

此案卷共2份文件。即临夏县苗圃向临夏县政府报告民国三十四年（1945）各乡镇办理保苗圃实况的呈文及附报告表1份，其中报告表内容有涉及乡镇别、保别、管理人姓名、苗圃面积、育苗种类、成活株数、培养方法等多方面信息。

【叙录编号】　0686

【档案题名】

临夏县政府关于民国三十一年（1942）植树节各项事宜筹备给临夏县农事试验场的训令；临夏县政府关于培育苗圃调整办法及苗圃实施计划纲要给临夏县农事试验场的训令；临夏县农事试验场关于筹备苗圃地址并拟定实施计划及分配预算给临夏县政府的呈；临夏县农事试验场实施计划分配预算表；临夏县农事试验场关于遵令接受管理分别试种苗圃集资推行，并将办理情形致临夏县政府的呈；临夏县农事试验场关于请发苗圃开办费及经费并缮具开垦圃地；临夏县政府关于各县苗圃育苗工作及苗圃实施办法给临夏县农事试验场的公函；临夏县政府关于苗圃实施计划及分配预算表更

正给临夏县农事试验场的公函

【发文单位】 临夏县政府

【收文单位】 临夏县农事试验场

【档案编号】

126-001-0004-（0001-0002、0006-0009、0012-0013）

【成文时间】

1942-02-28；1942-03-27；1942-04-14

【收藏单位】 临夏回族自治州档案馆

【涉及地域】 临夏县

【关 键 词】 植树；苗圃；农事试验场

【内容提要】

此案卷共8份文件。其中，第1份是临夏县政府发给县农事试验场筹备植树节各项事宜的训令；其余7份是临夏县政府和临夏县农事试验场之间的往来公文，其中县政府主要是秉承上级指令对农事试验场培育苗圃的工作进行指导，而县农事试验场则就该项事宜向县政府汇报办理情形及呈报预算分配表，档案中有临夏县苗圃实施计划分配预算表1份，内容涉及该苗圃的内部组织情况、实施计划、分配预算明细等方面。

【叙录编号】 0687

【档案题名】

临夏县政府关于各县长考绩应以保护森林与造林成绩之优劣给临夏县农事试验场考察的训令

【发文单位】 临夏县政府

【收文单位】 临夏县农事试验场

【档案编号】 126-001-0004-0031

【成文时间】 1942-11-22

【收藏单位】 临夏回族自治州档案馆

【涉及地域】 临夏县

【关 键 词】 考绩；保护森林；造林成绩

【内容提要】

此案卷是临夏县政府接到甘肃省政府的训令后给县农事试验场的训令，省政府的训令内容主要是要求各县积极保护森林并造林，将该工作成绩与县长考绩相关联，并要求各县限期办理"将境内森林在怀抱以上未确实数目列册编号；将县苗圃情形所需□亩妥为准备"这两项业务，而县政府则是在训令中将该指示传达给县农事试验场，要求其认真办理。

【叙录编号】 0688

【档案题名】

临夏县政府关于各县局一律设立苗圃一案给临夏县农事试验场的训令；临夏县农事试验场关于造林护林经费列入县预算以重林政事业给临夏县政府的呈；临夏县苗圃关于开办林具费、灌溉设备费、整地费等支付预算书；临夏县苗圃关于模范造林岁出预算表；临夏县关于经常费分配预算表

【发文单位】 临夏县政府；临夏县农事试验场等

【收文单位】 临夏县农事试验场；临夏县政府等

【档案编号】

126-001-0004-（0035、0037-0040）

【成文时间】

1943-12-18；1942-12-19

【收藏单位】 临夏回族自治州档案馆

【涉及地域】 临夏县

【关 键 词】 农事试验场；苗圃；经费预算

【内容提要】

此案卷共有5份文件。其中1份是临夏县政府秉承甘肃省政府指令给临夏县农事试验场的训令，要求该农事试验场办理好采集树种以备播种的业务；其余4份文件与该县农事试验场与苗圃的经费预算相关。其中1份是县农事试验场向县政府建议将造林护林经费列入县预算以利该项工作进行；其余3份则是县苗圃的各项工作预算表，3个表格统计内容涉及林具费、设备费、整地费、模范造林区造林费以及相关工作人员薪俸等多方面。

【叙录编号】　0689

【档案题名】

临夏县农事试验场民国三十一年（1942）工作报告书

【发文单位】　临夏县农事试验场

【收文单位】　不详

【档案编号】　126-001-0004-0041

【成文时间】　1942-12

【收藏单位】　临夏回族自治州档案馆

【涉及地域】　临夏县

【关 键 词】　农事试验场；工作报告

【内容提要】

此案卷是临夏县农事试验场民国三十一年（1942）的工作报告书；内容分为"本年度试种农作物"及"整理圃地"两部分。

【叙录编号】　0690

【档案题名】

临夏县农事试验场苗圃民国三十二年（1943）育苗计划书；临夏县农事试验场苗圃经常费分配预算表

【发文单位】　临夏县农事试验场

【收文单位】　不详

【档案编号】　126-001-0004-（0048-0049）

【成文时间】　1943

【收藏单位】　临夏回族自治州档案馆

【涉及地域】　临夏县

【关 键 词】　育苗计划书；分配预算

【内容提要】

此案卷共有2份文件。内容涉及临夏县农事试验场民国三十二（1943）育苗计划及经常费分配预算表，其中计划书对于该场计划种植的苗木名称、种植法、数量等都有详细说明；而经常费预算表则是关于该场工作人员的薪俸详细规定。

【叙录编号】　0691

【档案题名】

临夏县苗圃关于谷麦草秆保护幼苗给临夏县政府的呈；临夏县苗圃关于修造苗圃给临夏县政府的呈；临夏县政府关于保圃育苗工作给临夏县苗圃的训令

【发文单位】　临夏县苗圃；临夏县政府

【收文单位】　临夏县政府；临夏县苗圃

【档案编号】

126-001-0005（0011、0013、0014）

【成文时间】

1944-10-23；1944-10-28；1944-10-26

【收藏单位】　临夏回族自治州档案馆

【涉及地域】　临夏县

【关 键 词】　苗圃；育苗木工作

【内容提要】

此案卷共3份文件，皆是临夏县政府与临夏县苗圃之间的往来公文。其中1份是临夏县苗圃因为当时正进入冬天，希望县政府能够发给麦谷草秆保护圃内培育的洋槐、白榆等树幼苗。第2份是临夏县苗圃向县政府汇报修造苗圃的相关情形。第3份则是县政府对于县苗圃的保苗圃育苗工作给予相关指示，包括要求县苗圃大量采集当地各种种子和对苗圃老弱病残工人予以替换。

【叙录编号】　0692

【档案题名】

临夏县政府关于育苗造林五年计划纲要给临夏县苗圃的指令

【发文单位】　临夏县政府

【收文单位】　临夏县苗圃

【档案编号】　126-001-0005-0019

【成文时间】　1949-12-21

【收藏单位】　临夏回族自治州档案馆

【涉及地域】　临夏县

【关 键 词】　育苗造林；临夏县苗圃

【内容提要】

此案卷为临夏县政府接甘肃省政府令，即根据育苗造林护林五年计划纲要，需要该县将县苗圃亩数、地址、土质及育苗种类株数、管理人姓名等项分别列表并绘制图说呈报。因此，县政府将此令转发给县苗圃，要求其迅速办理。

【叙录编号】　0693

【档案题名】

临夏县政府关于各县苗圃大半荒芜有失政府提倡育苗造林之意给临夏县苗圃的训令

【发文单位】　临夏县政府

【收文单位】　临夏县苗圃

【档案编号】　126-001-0006-0003

【成文时间】　1945-04-22

【收藏单位】　临夏回族自治州档案馆

【涉及地域】　临夏县

【关 键 词】　苗圃；育苗造林

【内容提要】

此案卷为临夏县政府接甘肃省建设厅令，即据报各县苗圃大半荒芜毫无成绩有失政府提倡育苗造林之意，因而建设厅制造了一批美式锄草工具，拟分发各县，希望有助各县苗圃工作顺利进行，而临夏县政府便将此令及这批工具发给县苗圃，并要求其之后将试用效果汇报上来。

【叙录编号】　0694

【档案题名】

甘肃省政府关于查本省各县市局苗圃组织规程未经编定一案给临夏县政府的训令；甘肃省各市县局特种苗圃组织规程

【发文单位】　甘肃省政府

【收文单位】　临夏县政府

【档案编号】　126-001-0007-（0002、0003）

【成文时间】　1946-01-20—1946-02-18

【收藏单位】　临夏回族自治州档案馆

【涉及地域】　临夏县

【关 键 词】　苗圃；组织规程

【内容提要】

此案卷共2份文件。第1份为临夏县政府接到甘肃省政府训令，内容是甘肃省政府查本省各县苗圃组织规程未经编定，致使该圃职员无法送审，为便利铨叙起见，拟定该圃组织规程分发各县。第2份为甘肃省各市县局特种苗圃组织规程，其内容对于苗圃的设立依据、人员设置等方面都有具体规定。

【叙录编号】　0695

【档案题名】

甘肃省政府关于省参议会决议各县苗圃培育大量树苗以便种植而免扰民一案给临夏县政府的训令

【发文单位】　甘肃省政府

【收文单位】　临夏县政府

【档案编号】　126-001-0007-0004

【成文时间】　1946-02-18

【收藏单位】　临夏回族自治州档案馆

【涉及地域】　临夏县

【关 键 词】　苗圃；培育树苗

【内容提要】

此案卷为甘肃省参议会的1份议案，其案由为建议省政府通令各县苗圃培育大量树苗以便移植而免扰民，理由是各县苗圃种植树木太少，一到植树节，县政府就令乡镇摊派栽树，人民不堪其扰，其具体解决办法为由大会咨省政府通饬各县苗圃大量播种树籽广种书秧以便移植，并禁止各县任意向民间摊派栽树。

【叙录编号】　0696

【档案题名】

临夏县政府、县苗圃关于人事、移交手续、业务等的清册、令、呈、文

【发文单位】　临夏县苗圃主任王希贤、王源等

【收文单位】　临夏县苗圃主任王希贤、王源等

【档案编号】

126-001-0009-（0002、0007-0008）

【成文时间】　不详

【收藏单位】　临夏回族自治州档案馆

【涉及地域】　临夏县

【关 键 词】　人事调动；土地分配

【内容提要】

王希贤离职，给王源留下的物品，包括美国菜子、几块土地等。张思涛、刘步云、唐国璠之前租种过仓院的公地，之后因为分家时发现租用土地不方便，于是兑换土地，最后获得一块水地，但没有发放权状。

肆　资源环境纠纷与诉讼类档案

一、土地纠纷与诉讼类档案

【叙录编号】　0697

【档案题名】
　　卓尼设治局、洮岷路保安司令部关于报送调查划拨林场场址发生纠纷经过情况致甘肃省政府的呈，附字据、地图

【发文单位】　甘肃林牧实业公司；卓尼设治局

【收文单位】　甘肃省政府

【档案编号】　027-002-0004-0010

【成文时间】　1944-01-22

【收藏单位】　甘肃省档案馆

【涉及地域】　卓尼设治局

【关 键 词】　农场；纠纷

【内容提要】
　　甘肃省水利林牧公司在卓尼设置办事处，洮岷路保安司令部、卓尼设治局将原给柳林学校土地转赠该公司，公司每年补助学校500元，签订合同，但建设时西界超过划定范围导致地方有怨言，筑墙阻碍交通，最后导致纠纷。甘肃省政府训令卓尼设治局随时协助农场工作。卓尼设治局、甘肃林牧实业公司致函第一区行政督察专员公署，称人民推倒城墙影响工作，请协助解决。甘肃省政府回令责令该公司日后谨慎行事并与地方政府取得联系以利工作。

二、水利纠纷与诉讼类档案

【叙录编号】　0698

【档案题名】
　　临洮县地方法院关于原告司存有与被告常善志水磨纠葛的司法案卷

【发文单位】　临洮县地方法院等

【收文单位】　渭源县司法处等

【档案编号】　131-1-45

【成文时间】　1945-06-08

【收藏单位】　定西市档案馆

【涉及地域】　临洮县；渭源县

【关 键 词】　水磨

【内容提要】
　　会川县县民司存有与常善志等3人因水磨的归属权一事产生纠纷。民国二十六年（1937），常占耕将其水磨租给司存有，6年后又托其六弟常建邦与水正荣为中人，欲将此水磨以法币26000元的价格卖给司存有。但在这之前，常占耕又将此磨以8000元的价格租给张顺泰。司存有遂对中扣留租金7000元，与常占耕约定，司付给张顺泰8000元，要回租约，即将此租约给常占耕换回7000元。但司存有将此磨买回后，因手中拮据，又将此磨转

卖给谭牛氏半盘。不意常占耕的同宗兄弟二人忽然扬言此磨有半盘归属于他们，将司存有的投税契约贿压在县政田赋粮食管理处，又损毁磨渠等物。司存有遂将常善志等3人告上法庭。此案初在临洮县地方法院审理，后常善志等人要求移交渭源县，遂在该县司法处审理。此案卷包含原告的诉状、审讯笔录、刑事保状、刑事声请、拘票、刑事自诉等文件。

【叙录编号】 0699
【档案题名】
　　临洮县政府等关于德远渠水磨纠纷的各类文件
【发文单位】 临洮县政府；临洮农职学校等
【收文单位】 临洮农职学校；临洮县政府
【档案编号】
　　138-1-13-（0014-0017、0021、0024-0026）
【成文时间】 1942-04-28—1942-09-17
【收藏单位】 定西市档案馆
【涉及地域】 临洮县
【关 键 词】 水磨

【内容提要】
　　首份文件为德远渠水磨纠纷的会议记录，双方主要围绕水磨的价格进行了协商。临洮县政府通知县农职学校，关于德远渠的水磨纠纷已经调解，现将调解结果及调解会议记录抄发1份给后者，该校则表示前者并不认同后者对德远渠水磨纠纷提出的调解结果，就此提出7点质疑。临洮农职学校又致函临洮县政府，近日有不法分子偷挖德远渠，给学校和附近民众带来很大的损失，请政府派人严查此案。该校又上呈省政府，关于德远渠水磨纠纷一事，前者不满临洮县组织的调解委员会所出具的调解结果，恳请省政府详查此案。临洮县政府通知临洮农职学校，定于6月25日下午1时在本县会议室开会，商讨工赈德远两渠水磨事宜，请后者代表准时出席。临洮农职学校发函给县政府，关于后者令前者拆除本校水磨一事，本校碍难遵行，正在等待省教育厅的处理结果。甘肃省政府通知该校，关于德远渠的呈文已收到，省政府已令临洮县政府详查此事。

三、林草纠纷与诉讼类档案

【叙录编号】 0700
【档案题名】
　　甘肃省政府等关于和政县民杨仁成诉杨连喜等人偷卖田地、侵占树木的司法案卷
【发文单位】 杨仁成；甘肃省政府
【收文单位】 甘肃省政府；杨仁成等
【档案编号】 004-002-0046-（0009-0012）
【成文时间】 1940-01-02—1940-03-16
【收藏单位】 甘肃省档案馆

【涉及地域】 和政县
【关 键 词】 树木
【内容提要】
　　和政县民杨仁成等人呈诉杨连喜等人将其所有的树木侵占砍伐偷卖，又将本为原告所有的草坡一处据为己有。杨仁成等人呈诉于和政县政府，没有结果，遂呈诉于甘肃省政府。甘肃省政府回批，此事已知悉，应补具铺保、切结书并注明详细地址，呈县政府核办，杨仁成

等人照办。甘肃省政府令和政县政府查明
此事。

【叙录编号】　0701
【档案题名】

甘肃省政府、甘肃省建设厅、临夏县政府
关于查处李和义、金常山私伐树木情况的训令
及李金两人的呈诉书
【发文单位】　甘肃省政府；临夏县政府等
【收文单位】　甘肃省政府
【档案编号】　027-001-0704-（0001-0012）
【成文时间】　1944-03-19—1944-04-26
【收藏单位】　甘肃省档案馆
【涉及地域】　临夏等县
【关　键　词】　木料；伐木；李和义
【内容提要】

此案卷主要关于李和义私伐莲花山木料。
0001-0002为甘肃省李和义控告石秉义诬告陷
害、拘押儿童、霸占山林一事，甘肃省政府训
令查明冤情、释放拘押儿童归还山林。附李和
义诉状《泣诉书》。甘肃省金常山请求取消榆
树木料合约，甘肃省建设厅取消金常山与李
义承运木料合约并将金常山暂行拘押。0008
为临夏县报送唐汪川木料树木大小尺寸一览
表。电灯电话局工程师傅式鑫清点李和义私伐
木料，甘肃省建设厅训令卢俊瀚、康乐县、临
洮县监运协助傅式鑫运输木料。世裕木材厂状
告卢俊瀚诬告卢俊瀚仗势欺商为捏造事实，附
《呈诉书》。

【叙录编号】　0702
【档案题名】

甘肃省政府、甘肃省建设厅、马海源等人
关于购买木材、承接押运木料、征集民工运送
木材、拨付运费的指令、代电与呈文
【发文单位】　甘肃省政府；马海源等
【收文单位】　甘肃省政府

【档案编号】　027-001-0705-（0001-0016）
【成文时间】　1944-02-28—1944-05-03
【收藏单位】　甘肃省档案馆
【涉及地域】　甘肃省政府；甘肃省建设厅
【关　键　词】　莲花山；木料；运费
【内容提要】

甘肃卢俊瀚、梁生俊呈文甘肃省建设厅、
临洮县教育局拟查封忠和木材厂卖给该校兴建
房屋木料，建设厅训令将查封木料数量、大小
尺寸报告建设厅。临洮县县长王重揆、梁生俊
报送封存忠和木厂木料长短价值表。甘肃省政
府训令临洮县、临潭县、康乐设治局征调民夫
协助运送莲花山木料，拘捕李和义、辞退金常
山，监运委员会卢俊瀚请甘肃省建设厅拨付忠
和木材厂运费。建设厅训令永靖县保护运送木
料。建设厅通知水夫马干花将临洮忠和木材运
往兰州。

【叙录编号】　0703
【档案题名】

甘肃省建设厅、康乐设治局关于保护莲花
山森林、李和义禁止伐木、报送查勘祁连山森
林情况的训令、呈文
【发文单位】　康乐设治局
【收文单位】　甘肃省政府；甘肃省建设厅
【档案编号】　027-001-0706-（0001-0012）
【成文时间】　1943-03-31—1943-12-21
【收藏单位】　甘肃省档案馆
【涉及地域】　康乐设治局
【关　键　词】　莲花山；木料；运费
【内容提要】

甘肃省建设厅职员阎寿乔签呈建设厅，请
尽快制止李和义破坏莲花山林木，甘肃省建设
厅转告鲁大昌师长保护莲花山林木致函西安绥
靖公署。0003为临洮县县长郝兆先报送《查
勘莲花山情形》县南百二十里有莲花山天然森
林一处，位于临潭、康乐之间，面积30余方

里，多为松树杂有桦树，各占80%、20%。去年十四师退伍旅长李和义砍伐损其10%，需要严加保护，此情形报告一式两份。西安绥靖公署指令建设厅已通知大昌师长保护莲花山林木。0008康乐设治局局长李霞呈报《保护禁止砍伐莲花山森林一案办理情形》李和义假借师长名义砍伐莲花山树木、派夫修路，民众怨声载道。康乐设治局、临潭县会同保护，遵照林木砍伐规则，不准任意入山砍伐。（注李和义又称李中方）。莲花山为陇右名山，明代万历年间因起纠葛除立案外山间有立铁碑可证，道光二十七年（1847年）莲花山主持争夺控案洮州厅从此给四姓发给管业执照、纳粮执照，今尚在。

【叙录编号】 0704
【档案题名】
　　甘肃省建设厅、西安绥靖公署甘肃行署关于查处李和义砍伐莲花山林木的训令、呈文
【发文单位】 康乐县政府
【收文单位】 甘肃省政府；甘肃省建设厅
【档案编号】 027-001-0707-（0001-0014）
【成文时间】 1943-08-21—1943-12-16
【收藏单位】 甘肃省档案馆
【涉及地域】 康乐县
【关 键 词】 莲花山；木料；运费
【内容提要】
　　西安绥靖公署已经训令十四师禁止砍伐莲花山树木，甘肃省建设厅指令甘肃林垦处西安绥靖公署已经训令十四师禁止砍伐莲花山树木，但李和义已经退伍，现在属于平民，军队不便干预。于是甘肃省建设厅派警察逮捕李和义，建设厅训令康乐县政府详细调查李和义砍伐森林情况，甘肃省建设厅训令卢俊瀚秘密查勘李和义伐木一事。0011为康乐县县长李露报送《调查李和义砍伐莲花山森林树株数目》，李和义砍伐松木2000余根，林中存木料千余

根，运往临洮2100根，最大者5丈，直径3尺，小者2～3丈、大者6丈不等。建设厅训令康乐设治局逮捕白振声、训令临洮县查封李和义木料。

【叙录编号】 0705
【档案题名】
　　甘肃省建设厅、临洮县政府、临夏县政府关于查封忠和木材厂、严办李和义的训令、呈文
【发文单位】 临洮县政府；临夏县政府等
【收文单位】 甘肃省政府；甘肃省建设厅
【档案编号】 027-001-0708-（0001-0024）
【成文时间】 1943-12-03—1943-12-13
【收藏单位】 甘肃省档案馆
【涉及地域】 临洮、临夏等县
【关 键 词】 木料；李和义
【内容提要】
　　建设厅请求甘肃省政府逮捕李和义之子李寿福并依法严惩。兰州市政府呈文已经将李寿福拘捕，查封李和义所开忠和木材厂。临洮县政府电报已经奉令查封木材厂。甘肃省政府训令临夏县政府查勘李和义在唐汪川盗伐木料，临夏县将之查封，建设厅训令皋兰县调查忠和木材厂，建设厅训令卢俊瀚查明李和义私伐林木现存树木种类并交给当地政府保管，训令临洮县、洮沙县相关单位。

【叙录编号】 0706
【档案题名】
　　甘肃省建设厅、临洮县政府、临夏县政府关于查世裕木材厂、严办李和义的训令、呈文
【发文单位】 临洮县政府；临夏县政府等
【收文单位】 甘肃省政府；甘肃省建设厅
【档案编号】 027-001-0709-（0001-0009）
【成文时间】 1943-12-20—1944-01-10
【收藏单位】 甘肃省档案馆

【涉及地域】　临洮县；临夏县等

【关　键　词】　木材

【内容提要】

此案卷主要关于查封世裕木材厂木料情况、唐汪川封存木料情况、李和义廉价拍卖木料、李和义去向，李寿昌、李寿福拘捕严办一事。

【叙录编号】　0707

【档案题名】

甘肃省政府、甘肃省建设厅、省公安局关于查处李和义私伐林木、报送忠和公账簿、释放抓错人员的训令、呈文

【发文单位】　甘肃省公安局

【收文单位】　甘肃省政府；甘肃省建设厅

【档案编号】　027-001-0710-（0001-0013）

【成文时间】　1934-11-10—1934-11-19

【收藏单位】　甘肃省档案馆

【涉及地域】　临洮县；临夏县等

【关　键　词】　木料；运费

【内容提要】

甘肃省公安局关于报送孙善昌误认为李和义之子李寿昌抓错情况，甘肃省政府训令建设厅李寿福移交绥靖公署并训令建设厅会同临洮、康乐查封木料。甘肃省政府训令临洮、临夏、康乐查封李和义伐运莲花山木料，临洮县政府报送忠和木材厂公账簿。世裕木材厂控告卢俊瀚滥押无辜、查封木材，附0010《世裕木材厂呈诉书》，甘肃省政府训令建设厅查办。

【叙录编号】　0708

【档案题名】

甘肃省建设厅关于查处李和义盗伐莲花山林木报送甘结供单的训令、呈文

【发文单位】　甘肃省建设厅

【收文单位】　甘肃省政府；甘肃省建设厅

【档案编号】　027-001-0711-（0001-0006）

【成文时间】　1933-12—1934-11

【收藏单位】　甘肃省档案馆

【涉及地域】　临洮县；临夏县等

【关　键　词】　木料；伐木；李和义

【内容提要】

卢俊瀚报送彻查李和义盗伐莲花山森林案件，建设厅报送甘肃省政府关于李和义盗伐莲花山森林案件调查材料。0003为甘肃省建设厅调查李和义盗伐莲花山森林证明材料《呈赍甘结供单及呈文粘件簿》。0004为丁秉魁、罗友、丁志周等6人各自供述李和义砍伐莲花山森林经过。

【叙录编号】　0709

【档案题名】

甘肃省政府、永靖县政府、临夏县政府关于查处刘升裕偷盗木材、退还卢俊瀚保状、拉运树梢的训令、呈文

【发文单位】　永靖县政府；临夏县政府等

【收文单位】　甘肃省政府；甘肃省建设厅

【档案编号】　027-001-0742-（0001-0013）

【成文时间】　1936-05-29—1936-06-11

【收藏单位】　甘肃省档案馆

【涉及地域】　临夏县；永靖县等

【关　键　词】　木料；运费

【内容提要】

前监运委员卢俊瀚呈文甘肃省政府请退还保状，郭炳垫等报送临洮县政府借款100元购置鸽子物品花费数目，甘肃省政府同意，永靖县请另派员来本县调查刘升裕偷盗官木一案。临夏县政府交送卢俊瀚欠薪，卢俊瀚请甘肃省政府安排工作，甘肃省政府言等有合适工作再安排。康乐设治局报送汪从顺等人请调查莲花山盗伐树木拉运树梢数量。

【叙录编号】　0710

甘肃省政府、临洮县政府关于查处偷伐莲

花山树木人犯、报送偷伐树木数量、人犯姓名、归还垫款的训令、呈文

【发文单位】 临洮县政府
【收文单位】 甘肃省政府；甘肃省建设厅
【档案编号】 027-001-0743-（0001-0012）
【成文时间】 1936-03-21—1936-06-25
【收藏单位】 甘肃省档案馆
【涉及地域】 临洮县
【关 键 词】 木料；运费
【内容提要】

临洮县第五区民众代表徐秉乾控告监委郭炳垫殴打民工、扣发工资一事，附王有福等16人原呈意见，甘肃省政府训令临洮县政府调查，监运委员郭炳垫报送盗伐林木情况的呈文，附甘肃省包文俊等人的担保书。甘肃省政府训令康乐、临洮严办砍伐林木并加派民夫拉运木料。郭炳垫报送偷伐出后莲花山出售木料树木及盗伐林木犯人姓名，甘肃建设厅厅长拟将莲花山剩余木料就地拨付洮惠渠使用和拉运木料费用由修筑水渠工程费下开支。临洮县从违禁款项下拨发500元给郭炳垫。

【叙录编号】 0711
【档案题名】

甘肃省政府、康乐设治局、临夏县政府关于拉运调拨莲花山木材、查复郭炳垫侵吞民工工资、刘升裕等人偷伐树木情况的指令、呈文
【发文单位】 康乐县政府；临夏县政府
【收文单位】 甘肃省政府；甘肃省建设厅
【档案编号】 027-001-0744-（0001-0016）
【成文时间】 1936-06-25—1936-08-24
【收藏单位】 甘肃省档案馆
【涉及地域】 康乐设治局；临洮县等
【关 键 词】 木料；运费
【内容提要】

康乐设治局通知所属各保甲派夫拉运莲花山木料函致甘肃省政府，甘肃省政府将莲花山

代运木料拨给洮惠渠工程使用，拉运木料与第一区行政督察专员公署协商办理，郭炳垫致电甘肃省政府请临洮、康乐两地民工按日期拉运木料，甘肃省建设厅签呈甘肃省政府称，刘升裕偷盗木料一事暂无证据。夏河县报送刘升裕等人偷盗国有木材情况，第一区行政督察专员公署报送莲花山树木不能照数点收，甘肃省政府训令另派员点收莲花山树木造册。

【叙录编号】 0712
【档案题名】

甘肃省政府、甘肃省建设厅、第二区行政督察专员公署关于各账单票据、保释郭炳垫、木料重新估价的训令、呈文
【发文单位】 农林部祁连山国有林区管理处
【收文单位】 甘肃省政府；甘肃省建设厅
【档案编号】 027-001-0745-（0001-0020）
【成文时间】 1936-09-26—1939-12-18
【收藏单位】 甘肃省档案馆
【涉及地域】 莲花山等
【关 键 词】 木料；运费
【内容提要】

郭炳垫呈文甘肃省政府，因匪患未能点交林木情况，等匪患平定再行点交。建设厅第一科、第二科报送郭炳垫运送木料情况，甘肃省建设厅训令康乐设治局查报莲花山、火烧洼木料损毁情况，最后为任志勇报差旅8天、工作日记及单据簿。其余为保释郭炳垫。

【叙录编号】 0713
【档案题名】

甘肃林牧实业公司关于停止搜查木材的公函
【发文单位】 甘肃省建设厅
【收文单位】 洮河林场
【档案编号】 027-002-0006（0001-0007）
【成文时间】 1946-12-19

【收藏单位】 甘肃省档案馆

【涉及地域】 甘肃省

【关 键 词】 叶维熙；盗窃；纠纷

【内容提要】

　　甘肃林牧实业公司洮河林场经理叶维熙因木材被盗派员搜查导致人民不满，甘肃省政府电令警局局长调停和平了结。甘肃省政府转洮岷保安司令部、卓尼设治局军政长官停止搜查。甘肃省政府致电第一区行政督察专员兼保安司令公署彻查并上报搜查洮河林场木材纠纷情况，岷县派宋时熙前往彻查搜查木材纠纷，训令一区行政督察专员兼保安司令公署派员调查，附洮河林场代电3件。建设厅致函甘肃省政府由建设厅派员彻查，洮河林场致电建设厅将调解情况另行上报。

【叙录编号】 0714

【档案题名】

　　蒙藏委员会关于查办张汉壕擅搜遗失木材纠纷给甘肃省政府的代电

【发文单位】 蒙藏委员会

【收文单位】 甘肃省政府

【档案编号】 027-002-0006-0008

【成文时间】 1947-02-11

【收藏单位】 甘肃省档案馆

【涉及地域】 甘肃省

【关 键 词】 木材

【内容提要】

　　洮河林场遗失木材，张汉壕擅自搜查并严刑拷打居民，请制止搜查。

【叙录编号】 0715

【档案题名】

　　甘肃省政府关于已责令第一区行政督察专员公署彻查遗失木材纠纷给蒙藏委员会的代电

【发文单位】 甘肃省政府

【收文单位】 蒙藏委员会

【档案编号】 027-002-0006-0009

【成文时间】 1947-02-13

【收藏单位】 甘肃省档案馆

【涉及地域】 甘肃省

【关 键 词】 木材

【内容提要】

　　甘肃省政府回令已责令第一区行政督察专员公署彻查。

【叙录编号】 0716

【档案题名】

　　卓尼设治局关于参议会建议请解除洮河林警武装给甘肃省政府的代电

【发文单位】 卓尼设治局

【收文单位】 甘肃省政府

【档案编号】 027-002-0006-（0010-0011）

【成文时间】 1947-01-09

【收藏单位】 甘肃省档案馆

【涉及地域】 卓尼设治局

【关 键 词】 纠纷；武装

【内容提要】

　　卓尼设治局转呈参议会请解除当地武装因洮河林场纠纷，现当地士绅已经从旁调解请予撤销武装。附提案原文1份。甘肃省政府不同意解除当地武装。

【叙录编号】 0717

【档案题名】

　　甘肃朱哲夫、杨进才、汪积庆等5人关于控告林警殴打人民、搜查木材一事致行政院的呈

【发文单位】 朱哲夫等

【收文单位】 行政院；甘肃省政府

【档案编号】 027-002-0006-0012

【成文时间】 1947-02-21

【收藏单位】 甘肃省档案馆

【涉及地域】 甘肃省

【关　键　词】　纠纷；武装

【内容提要】

　　朱哲夫、杨进才、汪积庆向行政院状告洮河林场军警殴打人民，行政院批示交甘肃省政府彻查。甘肃省政府责令第一区行政督察专员公署彻查殴打人民、搜查木材纠纷资料并回电行政院，甘肃省政府训令第一区行政督察专员公署即日上报彻查殴打人民、搜查木材情况。第一区行政督察专员兼保安司令公署报送洮河林场与卓尼民众纠纷案卷给甘肃省政府的代电，附洮河林场与卓尼民众纠纷案卷，岷县呈甘肃省政府已报送卷宗。

【叙录编号】　0718

【档案题名】

　　甘肃省政府、洮河林场关于甘肃杨进才、朱哲夫、汪积庆请裁制洮河林场纵兵殃民一案的各类文件

【发文单位】　杨进才等

【收文单位】　甘肃省政府

【档案编号】　027-002-0007-（0001-0008）

【成文时间】　1946-12-14—1947-10-02

【收藏单位】　甘肃省档案馆

【涉及地域】　甘肃省

【关　键　词】　军警

【内容提要】

　　朱哲夫、杨进才、汪积庆两次向甘肃省政府状告洮河林场军警殴打人民一事，甘肃省政府秘书处移送建设厅办理，卓尼设治局详细回复此案件情形并附原函状伤单6份。

【叙录编号】　0719

【档案题名】

　　甘肃省政府、建设厅关于处理洮河林场与卓尼纠纷、林场经理张汉豪营私舞弊一案的各类文件

【发文单位】　甘肃省政府；康乐县政府等

【收文单位】　甘肃省建设厅；第一区行政督察专员兼保安司令公署

【档案编号】

　　027-002-0005-（0010-0015）；

　　027-002-0007-（0005-0008）；

　　027-002-0008-（0001-0009）；

　　027-002-0009-（0001-0005）

【成文时间】　1947-01-21—1948-02-05

【收藏单位】　甘肃省档案馆

【涉及地域】　临潭县

【关　键　词】　洮河林场；贪污

【内容提要】

　　甘肃省政府秘书处控告洮河林场经理张汉豪违法贪污情况、洮河林场副主任桑国鑫贪污情况，甘肃省政府批示彻查此事，并令甘肃省第一区行政督察专员兼保安司令公署车有无营私舞弊违法渎职行为。省建设厅向甘肃省政府报送洮河林场纠纷情形，甘肃省政府回令未收到，并令第一区行政督察专员兼保安司令公署速报材料，第一区行政督察专员兼保安司令公署派员执行处理洮河林场与卓尼秋谷庄民众纠纷意见情况致电甘肃省政府，第一区行政督察专员兼保安司令公署报送彻查洮河林场经理张汉壕吊拷民众违法渎职情况给甘肃省政府的代电，附调查笔录4份。

【叙录编号】　0720

【档案题名】

　　甘肃省政府等关于西北羊毛改进所河西推广站盗伐木料、岷县民众纠纷等事的各类文件

【发文单位】　岷县政府；甘肃省政府；第六区行政督察专员公署

【收文单位】　甘肃省政府；甘肃省建设厅

【档案编号】　027-002-0143-（0001-0014）

【成文时间】　1945-12-19—1946-11-30

【收藏单位】　甘肃省档案馆

【涉及地域】　河西各县；岷县

【关　键　词】　盗伐木料；民政纠纷

【内容提要】

此案卷共14份文件，均与西北羊毛改进所盗伐木料、岷县民众纠纷有关。第六区行政督察专员公署致电甘肃省政府，将西北羊毛改进所河西推广站因修建房屋大量砍伐祁连山林木一事的调查结果上报。永昌县政府向甘肃省政府报送本县之前扣存河西推广站的大小木料、尺寸与数目详情。甘肃省政府致电农林部，请该部迅将此案的调查意见回复。农林部致电甘肃省政府，请将永昌县政府扣存的农林部西北羊毛改进所河西推广站木料发还，以便修建羊舍，甘肃省政府同意。农林部西北羊毛改进所致电甘肃省政府，也要求发还永昌县政府扣存的木料，甘肃省建设厅也申请发还，甘肃省政府应允。岷县政府上报甘肃省政府，该县迭阳乡野人保设有西北羊毛改进所，当地民众发生纠纷，为永息纷争，特约同西北羊毛改进所陇南分所经理许竞武前往视察，甘肃省政府回令，将处理情形上报，岷县上报已与许竞武一同前往调查，详情另报，甘肃省政府回电要求速报调查结果。岷县政府将此案的调查结果上报，甘肃省政府回令准予备查。

【叙录编号】　0721

【档案题名】

甘肃省政府、联勤总司令部、省参议会关于调查马啣山军牧场纠纷问题的呈文、代电、咨文、训令

【发文单位】　军政部马政司；联合勤务总司令

【收文单位】　甘肃省政府；临洮县政府

【档案编号】　027-002-0188-（0001-0008）

【成文时间】　1946-06-03—1946-08-05

【收藏单位】　甘肃省档案馆

【涉及地域】　临洮县

【关　键　词】　马啣山；纠纷

【内容提要】

军政部马政司驻甘办事处致电甘肃省政府，该处已派人前往临洮县调查上营乡民与马啣山军牧场纠纷，并报送《上营乡五六保保长及民众问话记录》，0002为一等正兽医王连仲报送调查上营乡民众控告马啣山分场致联合勤务总司令，附原呈，联合勤务总司令训令甘肃省政府查勘，甘肃省政府训令第九区行政督察专员公署调查，军政部马政司致函甘肃省政府已派员调查。

【叙录编号】　0722

【档案题名】

夏河县政府、甘肃省政府关于处理哈尔仓和马犇允林木争执案的往来文件

【发文单位】　甘肃省政府；夏河县政府

【收文单位】　甘肃省政府；夏河县政府

【档案编号】　027-007-0297-（0018-0019）

【成文时间】　1947-06-14—1947-06-24

【收藏单位】　甘肃省档案馆

【涉及地域】　夏河县

【关　键　词】　林木争执；纠纷

【内容提要】

夏河县政府代电甘肃省政府，报送哈尔仓和马犇允林木争执经过，请省政府鉴核处置。省政府回文以乡老和解方式妥当，准予备查。

【叙录编号】　0723

【档案题名】

民国三十一年（1942）洮河林场、甘肃林牧实业公司就递交与接收札路沟森林契约、民事判决书等资料的往来公文

【发文单位】　洮河林场

【收文单位】　甘肃林牧实业公司

【档案编号】　039-001-0228-（0017-0020）

【成文时间】　1942-03—1942-05

【收藏单位】　甘肃省档案馆

【涉及地域】　卓尼设治局

【关 键 词】 林木纠纷
【内容提要】

此案卷共4份文件，附《思卜车庄札路沟森林契约（抄件）》（0017，第3—4页）《甘肃临潭司法处民事判决书》，其他内容如题。

【叙录编号】 0724
【档案题名】

岷县垦区管理局、渭河林场就购买包家沟林地一事致甘肃林牧实业公司的函

【发文单位】 农林部甘肃岷县垦区管理局；渭河林场等

【收文单位】 甘肃林牧实业公司；甘肃省建设厅等

【档案编号】

039-001-0321-（0001-0010、0014-0015）

【成文时间】 1943-05-06—1943-12-16
【收藏单位】 甘肃省档案馆
【涉及地域】 岷县；天水县
【关 键 词】 购地；纠纷；契约
【内容提要】

此案卷共3份文件。岷县垦区管理局中止渭河林场购买包家沟林地（0001）；甘肃林牧实业公司为请小陇山境内林地致岷县垦区管理局（0002）；渭河林场函知甘肃林牧实业公司收购包家沟林地纠纷过程（0003）；彭德兴与甘肃林牧实业公司就首购包家沟林地一事所订的购地契约（0004）；岷县垦区管理局就荒地收购发布的公告（0005）；渭河林场收购小陇山林地与天水军垦区发生纠纷一案由当地政府裁决（0020）；甘肃省政府、第四区行政督察专员公署介入调查林地收购纠纷（0017）。

【叙录编号】 0725
【档案题名】

关于判决洮河林场职员桑国鑫偷运林区木材一事的往来公文

【发文单位】 包效文；甘肃林牧实业公司总管理处

【收文单位】 洮河林场；地方法院
【档案编号】

039-001-0466-（0007-0008、0010）

【成文时间】 1948-07-02
【收藏单位】 甘肃省档案馆
【涉及地域】 临潭县
【关 键 词】 木材
【内容提要】

此案卷共2份文件。关于甘肃林牧实业公司前副主任桑国鑫偷运林场木材的切结书（0007）。

【叙录编号】 0726
【档案题名】

夏河陌务乡与卓尼北山焚烧森林卷、夏河县政府代电、卓尼设治局代电

【发文单位】 夏河县政府；卓尼设治局等

【收文单位】 夏河县县长；卓尼设治局局长丁剑纯等

【档案编号】 1-1-1-284
【成文时间】 1947-05-14—1947-05-31
【收藏单位】 甘南藏族自治州档案馆
【涉及地域】 夏河县；卓尼设治局
【关 键 词】 焚烧森林；草山纠纷；卓尼北山
【内容提要】

此案卷为卓尼北山韦子庄告陌务乡民卓巴加下老的各类呈文、训令、调查报告等，共11页。卓尼北山韦子庄头人告老称夏河陌务乡民卓巴加下老率10余人将保护林砍伐过半，又将本庄保护林、草山完全用火焚尽，本庄民众无法生活；卓巴加下老称他依旧例用白洋购买伐木允许权，但伐至中途即听说不许再伐，此因告老之兄扎喜素不本分，偷盗卓巴加下老之牧马事发后怀恨在心所致。火起原因不敢断定，应为卓巴加下老烧茶时余烬未熄导致

火起。

【叙录编号】　0727

【档案题名】

　　卓尼设治局、司法处请求追还林木等案卷（上）

【发文单位】　甘肃高等法院民事科

【收文单位】　卓尼设治局司法处

【档案编号】　1-3-1-121-1

【成文时间】　1946-11-27—1946-03-21

【收藏单位】　甘南藏族自治州档案馆

【涉及地域】　卓尼

【关　键　词】　林木交易

【内容提要】

　　杨顺喜以60元向扈生芳售卖自有乍路沟（黄草坡）的400株树苕。扈生芳雇人砍树，但因地权问题，被录巴寺及录巴湾人阻止。杨顺喜没有归还扈生芳钱，理由是不确定扈生芳砍树的数量。最后卓尼设治局判决杨顺喜归还扈生芳钱财。裁定书原先在民国三十五年（1946）9月要从兰州送往卓尼，但因为洮河水暴涨只好延缓送达。

【叙录编号】　0728

【档案题名】

　　卓尼设治局司法处木材、牛款、牛价、租粮地基建路贷款涉讼卷

【发文单位】　卓尼设治局

【收文单位】　不详

【档案编号】　1-3-1-125-1

【成文时间】　1946-05—1946-10

【收藏单位】　甘南藏族自治州档案馆

【涉及地域】　卓尼

【关　键　词】　林木交易

【内容提要】

　　杨顺喜不服原判，就控告杨顺喜伪造契约，并称黄草坡没有树木，不可能砍伐，而且

扈生芳只砍30棵树后被阻止的事情也不明悉。最后卓尼设治局司法处驳回诉讼。

【叙录编号】　0729

【档案题名】

　　国民党卓尼设治局司法处交付木材、交付典房等案卷（上）

【发文单位】　卓尼设治局司法处

【收文单位】　不详

【档案编号】　1-3-1-110-1-（0023-0034）

【成文时间】　1948-08-30

【收藏单位】　甘南藏族自治州档案馆

【涉及地域】　卓尼县设治局

【关　键　词】　卓尼设治局；交付木材

【内容提要】

　　此案卷为关于交付木材的诉讼案卷，其原告为高石匠，被告为王四百子，两人皆是卓尼设治局拉力沟门人，争议内容为高石匠向王四百子购买了一批木材，但王四百子却一直拖延交付，因此高石匠将其告上卓尼设治局司法处。

【叙录编号】　0730

【档案题名】

　　卓尼设治局司法处交付木材、交付典房等案卷（下）

【发文单位】　卓尼设治局司法处

【收文单位】　不详

【档案编号】　1-3-1-110-2-（0087-0123）

【成文时间】　1948-08-30

【收藏单位】　甘南藏族自治州档案馆

【涉及地域】　卓尼设治局

【关　键　词】　卓尼设治局；交付、拉运木材

【内容提要】

　　此案卷为诉讼案卷，共2份文件，原告皆为陕西商人汪子俊，第1份案卷是汪子俊状告卓尼当地吕元哥、吕平庆两人拖欠他55根木

材迟迟未交付；第2份案卷是汪子俊状告卓尼当地的穆初智将其所购买的150根木材迟迟未拉至目的地。

【叙录编号】 0731

【档案题名】

卓尼设治局司法处交付木材、交赏木价案卷

【发文单位】 卓尼设治局司法处

【收文单位】 不详

【档案编号】 1-3-1-117-（0001-0040）

【成文时间】 1946-06-03

【收藏单位】 甘南藏族自治州档案馆

【涉及地域】 卓尼设治局

【关 键 词】 卓尼设治局；交付木材

【内容提要】

此案卷为诉讼案，其内容为陕西木材商人陈阜山状告卓尼当地朱个、□怕怕抗交木材，后经被告朱个解释是陈阜山悔约并试图退材索价，后经司法处判决，原告陈阜山撤回诉讼。

【叙录编号】 0732

【档案题名】

卓尼设治局司法处交付木材、交赏木价案卷

【发文单位】 卓尼设治局司法处

【收文单位】 不详

【档案编号】 1-3-1-117-（0053-0103）

【成文时间】 1946-06-01

【收藏单位】 甘南藏族自治州档案馆

【涉及地域】 卓尼设治局

【关 键 词】 卓尼设治局；承揽木材

【内容提要】

此案卷为诉讼案，其内容为临洮木材商人田伟和卓尼当地农民扈生芳关于承运木材发生的诉讼，首先是田伟状告扈生芳没有将其购买的300根木材如数运至临洮，而且在后来讨要

时还不认账；接着扈生芳辩解又状告田伟，认为其说法是污蔑，田伟并没有让他运300根木材，之前的100根已经运清。

【叙录编号】 0733

【档案题名】

卓尼设治局司法处交付木材、交赏木价案卷

【发文单位】 卓尼设治局司法处

【收文单位】 不详

【档案编号】 1-3-1-117-（0041-0052）

【成文时间】 1946-06-28

【收藏单位】 甘南藏族自治州档案馆

【涉及地域】 卓尼设治局

【关 键 词】 卓尼设治局；木材执行

【内容提要】

此案卷为诉讼案，其内容为刘玉如状告王怀义等逾期不履行交付他购买的40根木材的行为，请求卓尼县设治局司法处依法执行，了结此事。

【叙录编号】 0734

【档案题名】

临夏县农事试验场关于民人秦韩庆偷挖树苗依法惩办以儆效尤给临夏县政府的呈

【发文单位】 临夏县农事试验场

【收文单位】 临夏县政府

【档案编号】 126-001-0002-0012

【成文时间】 1939-05-19

【收藏单位】 临夏市档案馆

【涉及地域】 临夏县

【关 键 词】 保护树苗；农事试验场

【内容提要】

此案卷为临夏县农事试验场向县政府报告了在民国二十八年（1939）5月17日下午发生在该试验场内的一起民人偷挖树苗的案件，并请求县政府依法将其抓捕并严惩，以儆效尤。

【叙录编号】　0735

【档案题名】

　　临夏县锁南镇公所受理的民呈状子

【发文单位】　马得有；马热麦

【收文单位】　锁南镇公所

【档案编号】　153-0002-（0030-0032）

【成文时间】　1947-01-18—1947-04-28

【收藏单位】　临夏回族自治州档案馆

【涉及地域】　临夏县

【关键词】　植树；放牧

【内容提要】

　　马得有的7株树木被马一卜拉全部剥皮而死，马得有向锁南镇镇长控诉。马热麦藏与马麻保在一红泉草坡有土地使用纠纷，前者在此地放羊，后者在此地种树。马热麦藏的儿子马法禄根赶羊到此地被马麻保用石块打伤，马热麦藏控诉马麻保。

【叙录编号】　0736

【档案题名】

　　临夏县锁南镇公所受理的民呈状子

【发文单位】　马得有；妥尕奴等人

【收文单位】　锁南镇公所

【档案编号】　153-0003-（0002-0007）

【成文时间】　1947-08-06—1947-10-24

【收藏单位】　临夏回族自治州档案馆

【涉及地域】　临夏县

【关键词】　放牧；荒山；种树

【内容提要】

　　马得有的土地被马明种树占有并被诬告，地方老人调节土地纠纷无效，马得有告马明诬陷，还告其带家人砍掉自己的树苗。妥姓四人在洒木妥家庄的早沟板子处的牧羊草坡原本有一条通道，但马尚才开垦荒山的时候，将通道占有，甚至还不停止开垦荒山的举动，妥姓四人就将马尚才的驴拉走。

【叙录编号】　0737

【档案题名】

　　临夏县锁南镇公所受理的民呈状子

【发文单位】　马明福；马伏海等

【收文单位】　锁南镇公所

【档案编号】　153-0005-（0002-0009）

【成文时间】　1947-05-12—1947-07-24

【收藏单位】　临夏回族自治州档案馆

【涉及地域】　临夏县

【关键词】　种树；放牧

【内容提要】

　　马明福在自家花圃外墙根种小树，堂兄弟马二洒冬在庄窠外墙根种小树，结果树被马二洒剥皮而死。此外马二洒还在马明福的胡拉孙沟田边种树，并在马明福的田中开一道水渠，马明福为此控诉马二洒。马伏海在地界阿力麻淯种树，所拥有的阿力麻淯树木、莫诡岭大榆树被张白克塄、张五十、张热麦藏等人破坏。第八保保长妥万仓表明，之前妥一四麻而力和妥乃必赶羊到麻昌庄坑牙沟淯，结果被妥乃个赶走，而妥乃个所言的两人破坏田苗和强奸妥外拉西的妻子是假的。